AF536305

Hans und Doris Maresch

Mecklenburg-Vorpommerns

Schlösser, Burgen & Herrenhäuser

Husum

Umschlaggestaltung unter Verwendung von Motiven aus dem Buch
Alle Aufnahmen stammen, soweit nicht anders bezeichnet, vom Autor Hans Maresch.

Bibliografische Information der Deutschen Nationalbibliothek

Die Deutsche Nationalbibliothek verzeichnet diese Publikation in der Deutschen Nationalbibliografie; detaillierte bibliografische Daten sind im Internet über http://dnb.d-nb.de abrufbar.

Gesamtherstellung: Husum Druck- und Verlagsgesellschaft
Postfach 1480, D-25804 Husum – www. verlagsgruppe.de

ISBN 978-3-89876-495-7

Inhaltsverzeichnis

Vorwort

Eine einzigartige Seenlandschaft und kilometerlange gepflegte Strände an der Ostsee ziehen jährlich Touristen aus ganz Deutschland und dem Ausland nach Mecklenburg-Vorpommern. Was für Bayern die Alpen, sind hier die Hunderte von Seen und die teils unberührte Natur mit seltener Flora und Fauna. Eine Reise durch Mecklenburg-Vorpommern lässt jedoch nicht nur wunderschöne Landschaften erleben, sondern als Teil des reichen kulturellen Erbes auch prächtige Schlösser, Burgen sowie viele Herren- und Gutshäuser, oft umgeben von weiträumigen Parkanlagen mit prächtigem altem Baumbestand und leuchtenden Blumengärten oder Wasserspielen. Das Schloss Schwerin, die Orangerie Putbus, der Schlosspark Neustrelitz, das Residenzschloss Güstrow und die Burg Stargard seien als bekannte Beispiele genannt. Diese architektonischen Perlen im Lande und ihre Geschichte gilt es zu entdecken.

Wir haben uns für Sie, liebe Leser, nach Mecklenburg-Vorpommern begeben und knapp 300 der schönsten, oft für die Öffentlichkeit zugänglichen historischen Adelssitze – besonders die zahlreichen Herrenhäuser, aber auch Schlösser und Burgen oder ihre Ruinen – aufgesucht, sie fotografiert und zur Historie der Gebäude und ihrer Besitzer recherchiert. Letzteres war nicht immer einfach, da zu DDR-Zeiten wenig Interesse an der langjährigen geschichtlichen Tradition bestand und deshalb zu einigen Objekten kaum Material vorhanden war.

Zu Beginn der Beschreibung der einzelnen Objekte geben wir jeweils einen kurzen Lagehinweis und einen knappen historischen Abriss. Piktogramme weisen schnell erfassbar auf Einrichtungen wie Museen, Einkehr- und Übernachtungsmöglichkeiten und weitere Besonderheiten im Zusammenhang mit dem jeweiligen Anwesen hin. Die Bauwerke haben wir den Ortschaften zugegliedert, in oder bei denen sie sich befinden. Dem schließen sich die Gemeinden oder Städte sowie die Landkreise an. Das Objektregister im Anhang gewährleistet ein schnelles Auffinden der Häuser. Auf die Angabe von Telefonnummern und Öffnungszeiten der in den Schlössern und Herrenhäusern befindlichen Museen oder anderen Einrichtungen wurde wegen der häufigen Änderungen verzichtet. Zur Bauge-

Vorwort

schichte haben wir uns an Georg Dehio, Handbuch der Deutschen Kunstdenkmäler Mecklenburg-Vorpommern, angelehnt. Gerade in den sog. neuen Bundesländern unterliegen die historischen Bauwerke jedoch noch häufig Veränderungen. Daher kann keine Gewähr für die Vollständigkeit und Aktualität aller Angaben gegeben werden.
Die Objekte wurden nach ihrem Status bezeichnet. Wir haben uns hier an die Eingruppierung durch die Verwaltung der Staatlichen Schlösser und Gärten angelehnt. Ein Schloss wird als solches bezeichnet, wenn es ein Landesherr errichten ließ oder es als seinen Wohnsitz innehatte. Die Herrenhäuser (Wohnsitze der Gutsherren, also auch „Gutshäuser") wurden für den Landadel errichtet oder das aufstrebende reiche Bürgertum. Aufgrund ihrer Pracht werden manche Herrenhäuser landläufig gern als Schlösser bezeichnet, dieser Praxis folgen wir jedoch hier nicht. Beim Besuch von Schlössern und Herrenhäusern, die sich in Privatbesitz befinden und keine öffentlichen Einrichtungen haben, bitten wir darum, diese aus respektvollem Abstand zu betrachten, ohne die Privatsphäre zu stören.
Besonderen Dank sagen wir den Mitarbeitern der Gemeinde- und Stadtverwaltungen, Touristinformationen, den Hotel- und Museumsmitarbeitern sowie den Schloss-, Guts- und Herrenhausbesitzern, die uns aktiv, umfassend und freundlich bei den Recherchen zum Buch unterstützten.
Wir wünschen Ihnen viel Freude beim Besuch der Burgen, Schlösser und Herrenhäuser in Mecklenburg-Vorpommern.

Das Bundesland Mecklenburg-Vorpommern

Das nördlichste der ostdeutschen Bundesländer erstreckt sich von der Ostseeküste mit ihren Nehrungen und seichten Buchten in Richtung Süden über fruchtbare Böden, von Buchenwäldern durchsetzte Niederungen bis hin zum sandigen Hügelland der Mecklenburgischen Seenplatte mit der Müritz, dem Schweriner, Plauer, Kummerower und Krakower See sowie dem Kölpin- und Tollensesee. Ein Paradies für den Menschen, aber auch für die Tier- und Pflanzenwelt. Begrenzt wird Mecklenburg-Vorpommern im Norden von der Ostsee, im Osten von der Republik Polen, im Süden vom Bundesland Brandenburg und im Westen von Niedersachsen und Schleswig-Holstein. Das Land lebt vorwiegend von der Agrarwirtschaft, der zweitgrößte Arbeitgeber sind der Schiffbau sowie die Fischerei. Der Seehandel wurde seit jeher über die Häfen Rostock, Stralsund und Wismar abgewickelt. Die Ostseeküste, einschließlich der Inseln Usedom, Rügen und Hiddensee, mit den zahlreichen Seebädern, ist ein beliebtes Urlaubs- und Erholungsgebiet.

Gebildet wurde das heutige Mecklenburg-Vorpommern 1945 von der sowjetischen Besatzungsmacht aus dem Land Mecklenburg, dem westlich der Oder gelegenen Teil der preußischen Provinz Pommern sowie kleineren brandenburgischen, rechtselbischen und hannoverschen Gebieten. Doch die Geschichte des Landes beginnt weit früher, in der Zeit um 600 nach Christus, als germanische Stämme (Langobarden, Semnonen und andere) das Gebiet des heutigen Mecklenburg besiedelten. Christianisiert wurde Mecklenburg durch die Ostsiedlung. Heinrich der Löwe von Sachsen unterwarf bis 1164 das gesamte Gebiet bis zur Peene. Nach seinem Sturz kam das Gebiet in dänische Oberherrschaft, bis König Waldemar II. 1227 bei Bornhöved geschlagen wurde. Gesellschaftspolitische und territoriale Veränderungen gab es in den nachfolgenden Jahrhunderten noch häufig. Wismar und Rostock errangen im 14. Jahrhundert durch die Hanse im nordeuropäischen Raum eine maßgebliche Macht. Im Jahre 1621 gaben die Stände ihre Zustimmung zur Teilung des lutherischen Landes in die Herzogtümer Mecklenburg-Schwerin und Mecklenburg-Güstrow. 1628 erhielt Wallenstein beide Herzogtümer zu Lehen. Nachdem die Güstrower Linie 1695 erloschen war, kam es 1701 zur letzten dynastischen Teilung des Landes in die Herzogtümer Mecklenburg-Schwerin und Mecklenburg-Strelitz, die bis ins Jahr 1934 bestanden. Ihre Fürsten wurden auf dem Wiener Kongress 1814/15 zu Großherzögen erhoben, und nach dem Ende des Deutschen Bundes traten beide 1866/67 dem Norddeutschen Bund, 1868 dem Deutschen Zollverein und schließlich 1871 dem Deutschen Reich bei. Nachdem 1918 die alte Ständeversammlung aufgehoben worden war, entstanden 1919 und 1920 aus den beiden Großherzogtümern Freistaaten und 1934 wurden beide zum Land Mecklenburg vereinigt. Mit der Besetzung durch amerikanische, englische und sowjetische Truppen 1945 und der darauf folgenden Eingliederung des gesamten Gebietes in die sowjetische Besatzungszone wurde es zu Mecklenburg-Vorpommern.

Als 1918 das Zeitalter der Herzöge und 1945 auch das des Adels endete, wurden die Eigentümer der Schlösser und Herrenhäuser meist vertrieben, die Anlagen gerieten in Vergessenheit und verwahrlosten. Heute stehen mehr als die Hälfte der Anwesen unter Denkmalschutz, wurden vor allem nach der Wiedervereinigung Deutschlands umfassend und liebevoll saniert und stellen wieder architektonische Perlen im Lande dar. Der Bund, das Land, vor allem die Deutsche Stiftung Denkmalschutz, die Deutsche Bundesstiftung Umwelt sowie die Kommunen und Vereine und nicht zu vergessen die privaten Investoren waren es, die die verwahrlosten, meist von der Landwirtschaft genutzten, historisch wertvollen Bauwerke wieder zur Blüte brachten. Selbst schon fast vergessene Schlösschen, Herren- oder Gutshäuser erstrahlen in einem neuen Glanz als zauberhafte Werke großer Meister. Viele von ihnen sind heute dank neuer Nutzungskonzepte, z. B. als Hotels oder Veranstaltungsorte, jedermann zugänglich. Beim Aufspüren und Erleben der schönsten historischen Anlagen in Mecklenburg-Vorpommern soll Ihnen dieses Buch ein hilfreicher Begleiter sein.

Die Piktogramme bedeuten

 Herrenhaus

 Burg

 Burgruine

 Schloss

 Museum

 Park, Garten

 Übernachtungsmöglichkeit

 Gaststätte, Café, Imbiss

 Veranstaltungen

 Golf

 Reiten

 Jagd

 Aussicht

Schlösser, Burgen und Herrenhäuser von A–Z

Herrenhaus Alt Gaarz

17194 Alt Gaarz/Gem. Neu Gaarz
Landkreis Müritz

Das einst auf einem Feldsteinsockel als eingeschossiger Backsteinbau mit einem hohen, markanten Eckturm von 1863 errichtete Gutshaus ist nordwestlich von Waren/Müritz zwischen den Naturparks Nossentiner/Schwinzer Heide und der Mecklenburgischen Schweiz sowie dem Kummerower See zu finden. Es liegt an der Spitze einer Halbinsel mit Zugang zum Hofsee. Alt Gaarz war seit 1860 im Besitz der Familie Greffrath und bekam von 1990 bis 1999 durch Renovierungsarbeiten ein neues Aussehen. Ein auffallender Mittelrisalit mit einer großen, vorgelagerten Treppe vor dem Eingangsbereich sowie der vierstöckige Turm mit Ziertürmchen verleihen dem Bau ein majestätisches Aussehen. Die Räumlichkeiten des Gutshauses werden seit dem Jahre 2001 als Wohn- und Ferienunterkunft genutzt und das Anwesen befindet sich in Privatbesitz.

Herrenhaus Alt Sammit

18292 Alt Sammit/
Stadt Krakow am See
Landkreis Güstrow

Das aus der Mitte des 19. Jahrhunderts stammende zweigeschossige Herrenhaus liegt südlich von Güstrow, unmittelbar südwestlich von Krakow am See in landschaftlich reizvoller Lage am Naturpark Nossenti-

Herrenhaus Alt Gaarz

ner/Schwinzer Heide mit größeren Waldgebieten und kleinen Seen. Eine erste urkundliche Nennung des Ortes stammt von 1274. Alt Sammit war über Jahrhunderte ein Gutsdorf. Im Jahre 1674 ließ die Familie von Weltzin vermutlich ein Schloss im niederländischen Barockstil mit Ställen und Landarbeiterhäusern errichten. Nachdem dieses Ende des 19. Jahrhunderts verfiel, wurde von 1880 bis 1888 das neue Gutshaus erbaut, über einem aus Feldsteinen gemauerten Kellergeschoss, mit Halbgeschoss unter dem Ziegelsatteldach. Die Westseite besitzt einen dreiachsigen und die Ostseite einen zweiachsigen Mittelrisalit. Lange Zeit gehörte das Anwesen der Familie von Weltzien, in deren Besitz sich auch Neu Sammit befand. Nach dem Zweiten Weltkrieg wurden Flüchtlinge und Vertriebene im Gutshaus untergebracht. Im Jahr 1969 zog das Volkseigene Gestüt Ganschow in das Haus ein und betrieb dort bis 1991 ein Schulungs- und Erholungsheim. Nachdem das Herrenhaus fünf Jahre nicht genutzt wurde, verwahrloste es allmählich, ging aber 1996 in Privatbesitz über und man bereitet eine touristische Nutzung als Konferenzzentrum und mit Ferienwohnungen vor. Im stilvollen Ambiente wurde ein Standesamt eingerichtet.

Oben: Herrenhaus Alt Sammit

Unten: Herrenhaus Alt Schönau

Herrenhaus Alt Schönau

17192 Alt Schönau/
Gem. Lansen-Schönau
Landkreis Müritz

In der Mecklenburgischen Seenplatte liegt unweit nördlich von Waren der kleine Ort Alt Schönau mit seinem Gutshaus. Erwähnt wurde das Dorf bereits 1230 als „Schonowhage" in einer Besitzurkunde des Klosters Broda. Das Gutshaus mit seinem halbbogigen Mittelrisalit und Eingangsvorbau entstand

Ende des 18. Jahrhunderts. Der verputzte Backsteinbau wurde nach 1945 als Kindergarten, Gemeindebüro und Bauernstube genutzt. Noch heute hat Alt Schönau einen Gutsbetrieb und wird privat genutzt.

Herrenhaus Alt Schwerin

17214 Alt-Schwerin

Landkreis Müritz

6 Kilometer nordwestlich von Malchow, nahe dem Plauer See und der A 19, steht der schlichte eingeschossige, barocke Backsteinbau mit Souterrain und einem hohen Mansarddach. Bereits im 14. Jahrhundert wird hier eine erste Anlage erwähnt, umgeben von einem Wassergraben. Sie war 1330 Lehenssitz der Familie Gamm. Im Jahre 1700 erwarb die Familie von Wangelin den Besitz, worauf 1733 das Gutshaus in seinem heutigen Aussehen mit dem übergiebelten Mittelrisalit und der vorgelagerten zweiläufigen Treppe sowie einer zum Garten hin liegenden Veranda und Altan entstand. 1786 ging der Herrensitz durch Kauf an die Familie von Flotow. Darauf folgte ein häufiger Besitzerwechsel und das Gut kam schließlich 1901 an Johannes Schlutius. Die Familie wurde 1945 enteignet und in das Gutshaus zog ein Seniorenpflegeheim ein, das sich noch heute darin befindet. Das um 1890 entstandene schmucke schmiedeeiserne Hoftor im Stil des Rokoko, gerahmt von rustizierten verputzten Pfeilern, ist sehenswert. Der Gartenfront schließt sich ein kleiner Landschaftspark mit einem See an.

Herrenhaus Alt Schwerin

Herrenhaus Alt Vorwerk

17179 Alt Vorwerk/Gem. Boddin

Landkreis Güstrow

Alt Vorwerk liegt zwischen Laage und Gnoien, gut 20 Kilometer nördlich von Teterow.

Das Herrenhaus im neugotischen Stil entstand in der Zeit von 1859 bis 1861 nach Plänen von Thormann für die zu Mecklenburg gehörende uradlige Fa-

Herrenhaus Alt Vorwerk

milie von Oertzen, die hier seit 1826 ansässig war. Der Bau wurde zweistöckig in Putz mit Drempel (auch Kniestock) und flachem Walmdach ausgeführt, am dreistöckigen Anbau befindet sich ein Wappen. Eine gusseiserne Veranda in neugotischen Formen führt im rückwärtigen Bereich in den wild wachsenden Park. Nach dem Vorbild von Sanssouci ließ der Besitzer unweit des Gutshauses eine Mühle errichten, um direkt vom Schlossfenster aus den Blick auf diese zu haben. Als letzter Eigentümer der Familie lebte Arthur von Oertzen bis 1945 im Herrenhaus. Das Familienwappen zeigt zwei geharnischte Arme auf rotem Grund. Die Hände halten einen Ring mit Juwel. Seit 1990 wieder in Privatbesitz, wurde der neugotische Putzbau saniert, steht jedoch leer.

Herrenhaus Altenpleen

18445 Altenpleen

Landkreis Nordvorpommern

Die Gemeinde Altenpleen mit ihrem sehenswerten Herrenhaus wurde erstmals urkundlich 1312 erwähnt und liegt etwa 15 km nordwestlich von Stralsund unmittelbar an der Ostsee. Die Be-

Herrenhaus Altenpleen

siedlung dieses Bereiches, der eine bewegte Geschichte aufweist, geht bis in das Jahr 300 vor Christus zurück. So gehörte die Region bis in das 14. Jahrhundert zum Fürstentum Rügen und später zur Stadt Stralsund, nach Beendigung des Dreißigjährigen Krieges bis zum Jahr 1815 zu Schweden und später zu Preußen. Ein Nikolaus Baumann war im 17. Jahrhundert Besitzer des Gutes. Nach seinem Tode gelangte es 1695 in das Eigentum des Hof- und Landrates Christian Schwartzer aus Greifswald. Dem wiederum folgte Amtmann Ernst Ludolph Groth, und auch dieser veräußerte den Besitz 1718 an Jürgen Friedrich Gundelach. Durch die Heirat einer Tochter Gundelachs kam Alexander Johann Gustav von Berg an das Rittergut. In den 1930er-Jahren wurde es aufgesiedelt. Das Restgut gelangte in den Besitz von Fritz Keunecke. Der zweigeschossige Putzbau entstand in der zweiten Hälfte des 19. Jahrhunderts. Nach dem Zweiten Weltkrieg wurde das Gebäude zu Wohnzwecken bezogen. 1993 wurde mit Sanierungsarbeiten begonnen, gegenwärtig steht das Gebäude leer. Im Jahre 2007 wurde das Herrenhaus für einen symbolischen Euro versteigert und steht nun wieder zum Verkauf.

Herrenhaus Ankershagen

17219 Ankershagen
Landkreis Müritz

Ankershagen liegt auf halber Strecke zwischen Waren und Penzlin. Ab 1435 gehörte es zum Besitz der Familie von Holstein. Der Bauherr des zwischen 1550 und 1570 errichteten Herrenhauses stammte ebenfalls aus dieser Familie. In den zurückliegenden 400 Jahren wurde der schlichte,

Herrenhaus Ankershagen

Herrenhaus Badow

rechtwinklig angelegte Bau mit einem Turm im Winkel der beiden Flügel, dessen Mansardendach aus jüngerer Zeit stammt, häufig verändert und umgebaut. Im Herrenhaus befand sich nach dem Zweiten Weltkrieg bis 1998 die Polytechnische Oberschule Heinrich-Schliemann. Im Jahre 1987 wurde dem einstigen Herrensitz als Erweiterungsbau ein zweigeschossiges Gebäude südlich vor das Gutshaus gelegt. Beide Bauten wurden durch ein Treppenhaus verbunden. Das ehemalige Herrenhaus und die Parkanlage befinden sich derzeit in einem maroden bzw. verwilderten Zustand. Bei einem Besuch des Herrenhauses in Ankershagen sollte man einen Abstecher in den Nachbarort Friedrichsfelde zum dortigen Gutshaus mit dem Heinrich-Schliemann-Museum und der Informationsstelle des Müritzer Nationalparks mit Beobachtungsstation für Störche nicht versäumen.

Herrenhaus Badow

19209 Badow/Gem. Schildetal
Landkreis
Nordwestmecklenburg

Den Ort Badow mit seinem alten, mehrfach überformten Gutshaus aus dem 18. Jahrhundert findet man 15 Kilometer südlich von Gadebusch. Ort und Gut können auf eine wechselvolle Geschichte verweisen. Schon im 14. Jahrhundert ist von einem Rittergut in Badow die Rede. Um 1700 errichtet die Familie Döring auf den Grundmauern der Vorgängeranlage ein Gutshaus, das 200 Jahre lang in ihrem Besitz ist, bis es durch einen Brand zerstört wird. Das Herrenhaus wurde 1906 nach Entwürfen von Paul Korff in barockisierender Form mit zwei Geschossen und Walmdach für den deutschstämmigen Südamerikaner Heinrich Littmann erbaut. Es erhebt sich zum Teil über gewölbten Kellern aus dem 18. Jahrhundert. Im Jahre 1992 kaufte das Herrenhaus ein Hamburger Kaufmann und ließ es 1993 komplett renovieren und umbauen. Die Fassade ist mit einem dreiachsigen Giebel und bekröntem Mittelrisalit geziert. An der Schmalseite besitzt sie einen quadratischen Anbau. Im Inneren befindet sich eine Bauernstube mit Vertäfelung und Stuckatur aus der Erbauungszeit. Die Wirtschaftsgebäude der einstigen Gutsanlage spiegeln den Heimatstil wider. Die Reithalle von 1913/14 ist einer der schönsten Nutzbauten der Anlage. Heute werden im Herrenhaus Ferienwohnungen vermietet und die Hausgäste können mit den Pferden der heutigen Besitzerfamilie in der Reithalle und im Umland Ausritte vornehmen.

Herrenhaus Ballin

17349 Ballin/Gem. Lindetal

Landkreis Mecklenburg-Strelitz

Das südöstlich von Burg Stargard liegende Gutshaus wurde im Jahre 1837 durch den Pächter Johann Christian Hollin errichtet. In den Jahren 1846, 1909 und 1935 wurde es durch An- und Umbauten verändert. Bis 1450 befand sich das Gut im Besitz der Familie von Warburg, der mehrere Besitzer folgten, bis es 1810 an das Herzogtum Mecklenburg-Strelitz ging und bis 1945 eine Domäne war. Von da an diente das Gutshaus als Flüchtlingsunterkunft, Kindergarten und als Büro des Volkseigenen Gutes und schließlich als Lehrlingswohnheim. 1992 ging es mit Dr. Hermann Kronseder wieder in private Hände, wurde

Herrenhaus Ballin

saniert und mit Wohnungen sowie Büroräumen belegt. Der Bau zeigt sich heute als eingeschossiger rechteckiger Putzbau mit Krüppelwalmdach und barockisierender geschlossener Laterne sowie einem zweigeschossigen sechsachsigen Vorbau zur Hofseite.

Herrenhaus Bandelin

Herrenhaus Bandelin

17506 Bandelin
Landkreis Ostvorpommern

Bandelin, mit seinem neobarocken Putzbau von zwei Geschossen über Souterrain von 1930, liegt 18 Kilometer südlich von Greifswald. Als im Jahre 1927 das alte Herrenhaus aus dem 18. Jahrhundert einem Brand zum Opfer fiel und vollständig zerstört wurde, entstand der heutige Bau im Auftrag der Familie von Behr, in deren Besitz sich das Gut viele Jahrhunderte lang befand. Eine Wappenkartusche der Familie ziert das Giebeldreieck des Herrenhauses. Hinter den rundbogigen Fenstertüren im Untergeschoss liegt ein ovaler Saal. In den 1750 angelegten und im 19. Jahrhundert zum Landschaftsgarten mit Teich und kleiner Insel umgestalteten Park gelangt man vom Gartensaal über eine großzügige Freitreppe, dessen Fassade in diesem Bereich einen halbkreisförmigen Mittelrisalit mit Kolossalpilastern zeigt. Im Park befindet sich ein 1922 errichtetes Erbbegräbnis der Familie von Behr. Der Marstall und die Wirtschaftsgebäude entstanden in den Jahren 1860 bis 1870. Das Herrenhaus wurde von 1946 bis 1991 als staatliches Kinderheim genutzt und 1991 von der Diakonie übernommen. Seit 2001 befindet sich das Anwesen wieder in Privatbesitz, wurde saniert und ist bewohnt.

Herrenhaus Bandelstorf

18196 Bandelstorf/
Gem. Dummerstorf
Landkreis Bad Doberan

Am Rande des Urstromtales der Kösterbeck, gut 12 km südöstlich von Rostock gelegen, befindet sich die sehenswerte Gutsanlage. Erwähnt wurde der Ort bereits 1242. Bis 1827 war das Rittergut im Besitz der Familie von Preen. Dieser folgten bis 1945 noch drei weitere Besitzer. Danach war es bis 1991 in staatlichem Besitz und wurde als Lehr- und Versuchsgut der Universität Rostock und der Akademie der Landwirtschaftswissenschaften genutzt, bis es schließlich landwirtschaftlicher Betrieb wurde. Der Förderverein Rittergut Bandelstorf e. V. bemüht sich seit 1991 um die Erhaltung und Nutzung der Hofanlage. Im Ergebnis der Vereinsarbeit, nach umfangreichen Sanierungs- und Restaurierungsarbeiten, entstand eine sehenswerte Gutsanlage mit einem Gästehaus. Errichtet wurden die meisten Gebäude um die Jahrhundertwende, wobei das Gutshaus auf eine längere Geschichte verweisen kann. In den letzten 150 Jahren wurden mehrfach Um- und Anbauten am Objekt vorgenommen und so entstand 1904 der Turm und 1920 der Wintergarten. An der Gestaltung des Gutshauses hatte auch Architekt Paul Korff mitgewirkt. Heute dienen die Räume des Gemeindeeigentums unterschiedlichen Kultur- und Bildungsveranstaltungen. Zu bestimmten Anlässen kann man in und am Gutshaus Oldtimer und eine Sammlung historischer Büromaschinen besichtigen, ebenso den historisch interessanten Gutshof.

Herrenhaus Bandelstorf

Herrenhaus Bansow

18279 Bansow/Gem. Lalendorf

Landkreis Güstrow

Das den kleinen Ort dominierende zweigeschossige Gutshaus im Stile der Neugotik aus dem 19. Jahrhundert liegt im Dreieck südlich von Güstrow und Teterow, 5 Kilometer südlich von Lalendorf. Seit 1883 war eine Familie Meyer im Besitz des Gutes, die ab 1913 die beiden Prinzessinnen von Sachsen-Altenburg und Herzoginnen zu Sachsen, Olga Elisabeth und Maria, ablösten. Im Jahre 1880 wurde dem

Herrenhaus Bansow

Herrensitz der Wasserturm, der bis 1975 genutzt wurde, angesetzt. Nach dem Zweiten Weltkrieg diente das Herrenhaus Wohnzwecken und ging 1996 in Privatbesitz über. Es wurde restauriert und wird heute von zwei Familien bewohnt.

Herrenhaus Barkow

19395 Barkow/Gem. Barkhagen
Landkreis Parchim

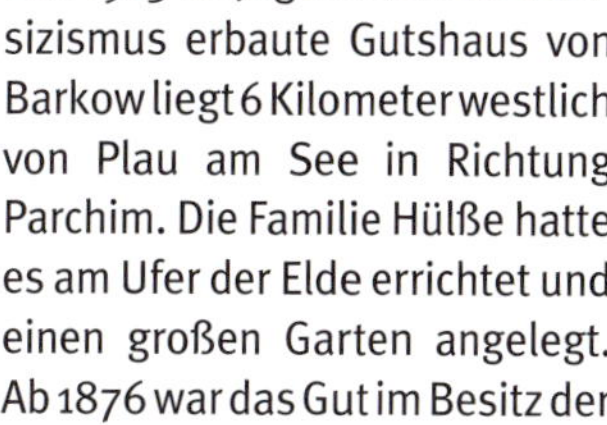

Das 1913 im Jugendstil und Klassizismus erbaute Gutshaus von Barkow liegt 6 Kilometer westlich von Plau am See in Richtung Parchim. Die Familie Hülße hatte es am Ufer der Elde errichtet und einen großen Garten angelegt. Ab 1876 war das Gut im Besitz der Familie Bethge und bald wieder Eigentum der Hülße, die es bis zur Vertreibung im Jahre 1945 besaßen. Zunächst wurde das Haus von Flüchtlingen genutzt, ab 1949 wurde es eine Schule und ab Mitte der 70er-Jahre des 20. Jahrhunderts Ferienheim, Konsum, Arztstation, Küche der Landwirtschaftlichen Produktionsgenossenschaft und Büro. Heute steht das renovierte Gutshaus den Besuchern als Hotel garni offen, nachdem es 1992 wieder die Nachfahren der Familie Hülße

Herrenhaus Barkow

von der Treuhandanstalt zurückgekauft hatten und sanierten. Geboten werden den Gästen Kanu- und Fahrradvermietung, Sauna, Kinderspielplatz, Pool-Billard und verschiedene Schnupperangebote.

Herrenhaus Bartmannshagen

18516 Bartmannshagen/ Gem. Süderholz

Landkreis Nordvorpommern

Die Gemeinde Bartmannshagen liegt östlich von Grimmen. Bartmannshagen entstand wie alle Hagendörfer durch Waldrodung und hieß einst „Bertramshagen“. Der Ort zählte über Jahrhunderte hinweg zu den ritterschaftlichen Ortschaften der deutschen Vogtei bzw. des schwedischen Distrikts Loitz/Grimmen, dessen erster Lehnsherr Ritter von Schmalensee 1491 und 1524 urkundlich erwähnt wurde. Seine Familie stammte aus Schleswig-Holstein und war ein angesehenes, pommersches Adelsgeschlecht, das 1754 dem schwedischen König huldigte. Im Jahre 1802 war Bartmannshagen ein Lehen der adligen Familie von Balthasar, der 1862 ein von Hagenow folgte. Als Ökonomierat Carl Hecht das Anwesen käuflich erwarb, kam es erstmals in bürgerliche Hände. Er gab es 1896 an den Landwirt Arthur Becker weiter. Dieser baute 1903 ein repräsentatives dreigeschossiges Gutshaus nebst Gartenhaus in neubarocken Formen und befasste sich mit Pflanzenzucht sowie dem Obst- und Gemüseanbau. Das alte Gutshaus ließ er abbrechen, große Stallanlagen und ein Arbeiterhaus neu bauen. Eine weitere Leidenschaft des Gutsherrn war die Pferdezucht, wofür er einen Marstall und eine Reithalle errichten ließ. Der jüdische Sozialdemokrat Becker ließ aus Altersgründen 1911 den Ort Bartmannshagen aufsiedeln. Von dem verbliebenen Restgut konnte die Familie jedoch nicht existieren und Becker hinterließ nach seinem Tode 1933 einen Schuldenberg, infolge dessen das Gut 1937 zwangsversteigert wurde. Genutzt wurde es für den Arbeitsdienst und im

Herrenhaus Bartmannshagen

Zweiten Weltkrieg als Lazarett. Nach Kriegsende wurde auf Anweisung der russischen Kommandantur ein Krankenhaus eingerichtet. Durch umfangreiche Modernisierungen auf dem Gutsgelände entstand ein moderner Krankenhauskomplex. Das 1903 errichtete dreigeschossige Gutshaus ist heute im Besitz des DRK, steht aber leer.

Herrenhaus Basedow

Herrenhaus Basedow

17139 Basedow/Stadt Malchin
Landkreis Demmin

Nahe dem Malchiner See, 7 Kilometer südwestlich der gleichnamigen Stadt, liegt Basedow mit seinem in prunkvollen Renaissanceformen gestalteten „Schloss“. Im Jahre 1337 wurden die vier Brüder Hahn durch den Fürsten Johann II. von Werle-Goldberg mit Basedow belehnt, bis 1349 der älteste Bruder Nikolaus allein in den Besitz kam. Dieser ließ hier die erste Burg errichten, und Mitte des 16. Jahrhunderts baute man für Joachim von Hahn, Rat und Hofmarschall der Herzöge von Mecklenburg-Schwerin, ein dreigeschossiges Herrenhaus auf den Resten der alten Burg, aus deren Zeit die Stuckdecken im ersten Obergeschoss stammen. Seither war es bis 1945 Eigentum der 1802 in den Reichsgrafenstand erhobenen von Hahn. Das weitverzweigte Adelsgeschlecht hatte mit Friedrich II. Graf Hahn, der von 1742 bis 1805 lebte, einen international anerkannten Astronomen, nach dem ein Mondkrater benannt wurde. Im Siebenjährigen Krieg wurde Basedow 1761 geplündert, viele Häuser brannten nieder. Der wohl älteste Teil ist der dreigeschossige Mittelbau mit einem eingebundenen Treppenturm, versehen mit der Jahreszahl 1552. Dem Herrenhaus wurde im 17. Jahrhundert ein neuer zweigeschossiger Flügel hinzugefügt und seine Räume im 18. Jahrhundert zum Teil stuckiert. Nur sechs Jahre später entstand aus dem bereits erwähnten Renaissanceherrensitz des 16. Jahrhunderts durch Friedrich Wilhelm Adolf Graf Hahn und seine Frau Agnes eine völlig neu gestaltete Anlage mit Schlosscharakter. Der dafür engagierte Friedrich August Stüler ergänzte den Bau 1837/38 mit einem Torhaus, das durch Brand 1945 zerstört wurde, sowie einem neugotischen Wirtschaftsgebäude an der Auffahrt. 1892 bis 1895 errichtete man nach einem Brand in aufwendiger Gestaltung den Südflügel im Neurenaissancestil nach einem Entwurf von Albrecht Haupt. Der Eingangsrisalit wurde backsteinsichtig mit Sandsteingliederung gestaltet und die Giebel den Originalen aus dem 16. Jahrhundert angeglichen sowie die Fassade mit Abgüssen von Terrakotten aus der Werkstatt des S. von Düren ausgestattet. Als 1945 die Familie von Hahn enteignet wurde, legte man Wohnungen an. 1951 wurde die Anlage unter Denkmalschutz gestellt und im Jahre 1972 erfolgte der Abriss von Stülers Südterrasse. Vor allem im Südflügel blieben Reste der historischen Ausstattung erhalten, mit Stilelementen vom 16. bis 19. Jahrhundert. In den älteren Teilen befinden sich einige Räume mit Stichbogentonnen, die zum Teil später mit Stuckaturen versehen wurden. Peter Joseph Lenné setzte sich mit dem zwischen 1835 und 1852 weitläufig angelegten Park, einer der bedeutendsten Gartenschöpfungen Mecklen-

burgs, ein bleibendes Denkmal. Verschiedene Bauten nach Entwürfen von Stüler geben der Anlage ein besonderes Gepräge. Geringe Reste der ursprünglichen Wasserburg wurden als romantische Ruine im Park integriert. Beachtenswert auch ein Gedenkstein des letzten Sprosses vom Hause Hahn-Basedow, Friedrich Franz Graf von Hahn, mit der Inschrift: „*5. Februar 1921 in Rostock; gefallen 11. Dezember 1941 bei Taganrog." Vor Einzug der Roten Armee floh die Familie, und das Herrenhaus wurde geplündert. Im Frühjahr 2004 erfolgte eine Versteigerung. Der Förderverein „Geschmücktes Landgut Basedow e. V." nahm sich des historischen Gebäudes an, sodass Führungen möglich sind.

Herrenhaus Basthorst

19089 Basthorst/Stadt Crivitz

Landkreis Parchim

Herrenhaus Basthorst

Östlich von Schwerin und nördlich von Crivitz, direkt am schönen Glambecksee, liegt Basthorst mit seinem Herrenhaus. Das malerisch gelegene, von einem Landschaftspark umgebene Gebäudeensemble lohnt einen Besuch. Im Jahre 1649 kaufte Emeke von Schack das Lehngut Rehhagen, das 1777 an Christian von Plessen überging und danach verschiedene Besitzer innerhalb dieser Familie hatte. 1821 kaufte den Besitz Ernst Johann Wilhelm von Schack, gründete 1823 das Gut Basthorst und veranlasste die Umbe-

Herrenhaus Basthorst, Turmhaus

nennung der damaligen Gemarkung Rehhagen. 1824, zusammen mit der Gutsanlage, entstand ein schlicht gegliedertes, unverputztes backsteinsichtig belassenes klassizistisches Herrenhaus. Weitere sechs Besitzer sollten dem Bauherrn folgen, zwei aus dem Familienkreis und später Fabrikanten und Kaufleute. An den Kern fügten sich die späteren Erweiterungen aus der Zeit nach 1900 an. So bekam der Herrschaftssitz 1910 einen neobarocken Stil mit offenem Dachreiter. Die kraftvolle traditionelle Bautechnik lässt künstlerische Reformarchitektur erkennen, die sich früher am Backsteinbau orientierte. 1945 folgte die Enteignung der Großgrundbesitzer, die bald darauf Flüchtlinge im Herrenhaus ablösten. Von 1950 bis 1989 richtete man hier zuerst eine Lungenheilanstalt, dann eine Bildungsstätte für Mediziner ein. Im Jahre 1987 wurden Dachgliederungen und der Glockenturm abgebrochen. Gustav Graf von Westarp und dessen Ehefrau Bärbel kauften 1994 das Anwesen und führten eine Komplettsanierung und den Wiederaufbau aus. Von den Räumlichkeiten besticht die holzgetäfelte Bibliothek, in der Trauungen vollzogen werden. Im Jahre 1994 eröffnete das Schlossrestaurant, ab 1997 als Hotel und Restaurant geführt. 2003 ging das Areal durch Verkauf an die Servaas Schlosshotel GmbH, die ab 2004 eine umfassende Sanierung vornahm und Grünanlagen neu gestaltete. 2007 folgte die Eröffnung der großen Wellnesslandschaft. Der Schlosspark kann auf einen jahrhundertealten, seltenen Baumbestand verweisen.

Herrenhaus Groß Behnkenhagen

18510 Behnkendorf/Gem. Sundhagen

Landkreis Nordvorpommern

20 Kilometer südöstlich von Stralsund liegt der Ort Behnkendorf mit seinem 1885 errichteten Gutshaus. Ursprünglich geht

der Hof bis in das 14. Jahrhundert zurück. Als der Vorgängerbau 1880 durch einen Brand vernichtet wurde, baute der damalige Besitzer Bruno Schmidt ihn im Stile der Gründerzeit wieder auf. Diese Familie saß bis zu ihrer Vertreibung 1945 auf Gut Groß Behnkenhagen, in das, wie in viele andere derartige Häuser, Flüchtlinge Einzug hielten. Das Land und die Wirtschaft wurden von der LPG genutzt. Doch die Nachkommen der Schmidts kamen 1990 zurück, kauften ihre einstigen Besitzgüter und sanierten umfassend das gesamte Areal mit seinen Gebäuden. Heute kann man hier im Landhotel in ruhiger Lage und erholsamer Umgebung seine Ferien verbringen. Auch den Bund der Ehe kann man hier eingehen oder die beliebten Blues- und Country-Feste sowie Märkte besuchen.

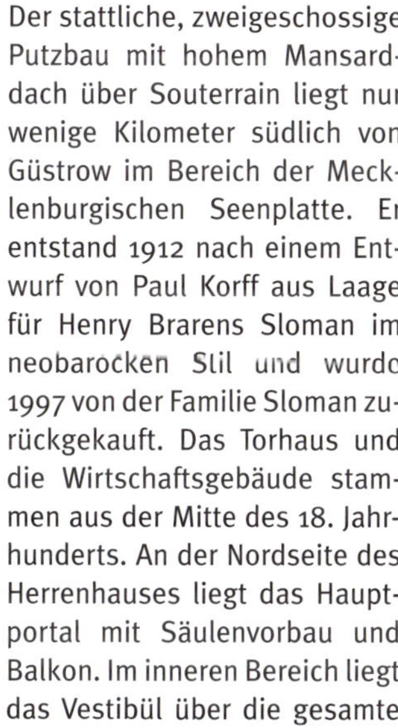

Herrenhaus Bellin

18292 Bellin/Stadt Krakow am See

Landkreis Güstrow

Der stattliche, zweigeschossige Putzbau mit hohem Mansarddach über Souterrain liegt nur wenige Kilometer südlich von Güstrow im Bereich der Mecklenburgischen Seenplatte. Er entstand 1912 nach einem Entwurf von Paul Korff aus Laage für Henry Brarens Sloman im neobarocken Stil und wurde 1997 von der Familie Sloman zurückgekauft. Das Torhaus und die Wirtschaftsgebäude stammen aus der Mitte des 18. Jahrhunderts. An der Nordseite des Herrenhauses liegt das Hauptportal mit Säulenvorbau und Balkon. Im inneren Bereich liegt das Vestibül über die gesamte

Herrenhaus Groß Behnkenhagen, Behnkendorf

Herrenhaus Bellin

Gebäudetiefe und ist mit Vertäfelung aus der Bauzeit, Wandgliederung und Stuckdecken geziert, die zum Teil erhalten geblieben sind. Auf der Gartenseite befinden sich leicht vorspringende Seitenflügel. Der in den Park überleitende Wintergarten wurde 1998/99 entfernt. Der um 1750 angelegte barocke Garten wurde im 19. Jahrhundert als Landschaftspark mit altem Baumbestand und Gondelteich umgestaltet und erneut 1912 barockisiert. Das im Jahre 2000 eröffnete Appartement-Hotel bietet Trauungen im „Schloss" an und gestaltet Feste. In der großzügigen Parklandschaft mit Teichen kann man die Natur in Stille und Geborgenheit genießen.

Herrenhaus Berglase

18573 Berglase/Gem. Samtens

Landkreis Rügen

Auf halber Strecke zwischen Samtens und Garz, am Niederungsrand im flachwelligen Gebiet, ist der zweigeschossige Backsteinbau mit Mittelrisalit zu finden, der im 19. Jahrhundert errichtet wurde. Die Herkunft des Namens konnte bis in die Gegenwart nicht ermittelt werden. Im Jahre 1695 gab es hier ein Gut derer von Normann und drei Halbbauern mit je 18 Morgen Acker. 1885 gab es den Ort Berglase, bestehend aus einem Hof mit abseitsliegenden Katen. Als das Herrenhaus 1988 durch einen Brand stark beschädigt wurde, bekam das Gebäude ein flaches Satteldach und wurde neu verputzt. Die Familie Rühe, deren Vorfahren bereits das Gut besaßen, konnte den großelterlichen Besitz zurückerwerben, sanierte ihn aufwendig und richtete Ferienwohnungen ein.

Herrenhaus Bernstorf

23936 Bernstorf

Landkreis Nordwestmecklenburg

Das Herrenhaus entstand von 1879 bis 1882 und stellt einen sehenswerten, nach Plänen von Georg Daniel in Form der holländischen Renaissance historisch geschaffenen Bau dar, der südwestlich von Grevesmühlen nahe der A 20 zu finden ist. Bereits seit der Zeit um 1300 sind die Bernstorff urkundlich bezeugt. Die später in den Grafenstand erhobenen Bernstorff mögen unter Herzog Heinrich dem Löwen als Kolonisten ins Land gekommen sein. Mitglieder dieser Familie waren wiederholt seit dem 17. Jahrhundert im Staatsdienst in Erscheinung getreten. Die Bernstorffs erlangten in Mecklenburg umfangreichen Grundbesitz und im Jahre 1769 besaß Joachim Bechthold Graf von Bernstorff das gleichnamige Stammgut. Für das bestehende ältere Herrenhaus entstand zwischen 1879 und 1882 ein größeres Haus als repräsentativer Neubau im Neorenaissancestil. Nach Kriegsende 1945 erfolgte die Enteignung und auf dem alten Gut wurde zunächst eine Ansiedlung vorgenommen, dann schließlich eine Landwirtschaftliche Produktionsgenossenschaft gebildet. Das Herrenhaus ist die hohe künstlerische Leistung eines Architekten, der in Mecklenburg-Vorpommern verschiedene Proben seines Könnens vorgelegt hat. Es ist in Privatbesitz, befindet sich in Rekonstruktion und unterliegt zurzeit keiner Nutzung. Der Park weist einen ungepflegten Zustand auf.

Oben: Herrenhaus Bernstorf

Unten: Herrenhaus Berglase

Herrenhaus Beseritz

Herrenhaus Beseritz

17039 Beseritz

Landkreis Mecklenburg-Strelitz

Nordwestlich von Friedland liegt das einstige ritterschaftliche, zweigeschossige, breit gelagerte Gutshaus von 1881, das sich bis 1945 im Besitz der Familie von Bernstorff befand. Es wurde im neugotischen Backsteinbaustil durch G. Daniel errichtet. Zuvor gehörte das Anwesen 1847 der mecklenburgischen Familie von Lepel, die es an die Bernstorffs verkaufte. Arthur Graf Bernstorff schenkte Beseritz seinem dritten Sohn, Christian, einem promovierten Juristen und späteren großherzoglich-mecklenburgischen Regierungsrat. Gleichzeitig entstanden ab 1891 zwei Hofgebäude, eine Scheune und ein Kuhhaus, ebenso ein neues Herrenhaus im gotischen Stil aus Backstein mit Zinnen und Türmchen sowie überdachter großzügiger Terrasse. Das Portal wurde mit dem Bernstorff'schen Wappen überkrönt. Der Turm an der Nordostecke mit offenem Obergeschoss und Spitzhelm wurde nachträglich ausgebaut. Im kleinen Park wurde der Teich erweitert. Erbe des Fideikommissgutes wurde Ludwig Graf von Bernstorff. Er war wie sein Vater Mitglied des städtischen Landtages. Als er 1922 verstarb, hinterließ er acht unmündige Kinder. Der älteste Sohn, Christian Ludwig, übernahm 1932 den Gutsbetrieb. 1945 folgte die Enteignung, worauf die Bernstorffs die Heimat verließen. Das Anwesen wurde von der Landwirtschaftlichen Produktionsgenossenschaft übernommen. Heute befindet es sich wieder in Privatbesitz.

Jagdschloss Granitz

18609 Binz

Landkreis Rügen

Binz, ein bekannter Bade- und Kurort, liegt im Osten der Insel Rügen. 3 Kilometer südlich gelangt man zum Jagdschloss Granitz. Nachdem Graf Moritz Ulrich I. Herr zu Putbus 1723 die Verwaltung des Familienbesitzes übernommen hatte, entstand 1726 hier ein barockes Jagdhaus und 1730 unweit auf der höchsten Erhebung der Granitz ein schlichtes, zweigeschossiges Belvedere. Als Graf Moritz Ulrich I. 1787 verstarb, war sein Sohn Wilhelm Malte vier Jahre alt und die Witwe übernahm die Vormundschaft. In seinen jungen Jahren unternahm Wilhelm Malte mehrere Bildungsreisen durch verschiedene europäische Länder und sammelte Kontakte, wobei er auch mit Goethe zusammentraf. Er heira-

Jagdschloss Granitz, Binz

tete 1806 Luise von Veltheim, eine geborene Baroness von Lauterbach. Für seine Verdienste erhielt er 1807 die Fürstenwürde und wurde 1815 zum Kanzler der Universität Greifswald ernannt. Der sechseckige Fachwerkbau des Jagdschlosses wurde 1810 wieder abgebrochen. An gleicher Stelle folgte 1836 ein im Tudorstil errichteter Backsteinbau durch den Berliner Architekten Johann Gottfried Steinmeyer für den Fürsten Wilhelm Malte I. von Putbus. Gebaut wurde er für das jagdliche Vergnügen als annähernd quadratische Anlage mit vier runden Ecktürmen um einen Lichthof, wobei man die Vorderfront durch eine breite Freitreppe betonte. Der riesige, 38 Meter hohe Aussichtsturm wurde von 1838 bis 1841 in den ehemaligen Lichthof nach einem Entwurf von Karl Friedrich Schinkel eingebaut. Selten bewohnte die fürstliche Familie das Schloss, da es vornehmlich repräsentativen Zwecken während der alljährlichen Jagd diente. Als 1865 das Schloss zu Putbus, der Stammsitz der fürstlichen Familie, abbrannte, wurde das Jagdschloss bis 1874 als Wohnsitz bezogen. Das neu sanierte Schloss beherbergt eine umfangreiche Trophäensammlung von Geweihen und repräsentative Salons sowie verschiedene Ausstellungen. Die Erdgeschossräume tragen an den Wänden Kacheln und die Decken sind in Stuck ornamentiert. Im Rittersaal befindet sich eine Sammlung alter Waffen und im Marmorsaal vier Gemälde zur Geschichte Rügens von Kolbe und Eybel sowie weitere Gemälde der Familie von Putbus. Das Interieur in den Ausstellungsräumen besteht aus antiken Möbeln verschiedener Epochen. Im Marmorsaal werden Konzerte gegeben. Angeboten werden auch Mondscheinwanderungen durch die Granitz. Gern werden auf Jagdschloss Granitz auch Eheschließungen vorgenommen. Im Keller des Schlosses wurde ein Restaurant „Alte Brennerei“ etabliert, das mittelalterliche Speisen serviert und das entsprechende Ambiente bietet. Seit dem Jahre 2003 betreut die Verwaltung der Staatlichen Schlösser und Gärten das Jagdschloss.

Herrenhaus Blengow

18230 Blengow/Stadt Rerik

Landkreis Bad Doberan

Nahe dem Salzhaff bei Rerik wurde im 18. Jahrhundert das Herrenhaus erbaut und ihm um 1830 sein heutiges, klassizistisches Aussehen gegeben. Blengow als Ort wurde erstmals 1238 erwähnt. Das Gut, das im Laufe der Zeit häufig die Besitzer wechselte, wurde vermutlich 1582 durch Heidenreich von Bibow gegründet. 1777 erwarb es die Landratswitwe Charlotte von Oertzen und ließ den Park mit vielen seltenen Bäumen anlegen. Ihr kam von 1797 bis 1805 Freiherr von Ledebur nach und weiter eine Familie Pauli. Dr. Karl Wilhelm Anton Beste wurde 1828 als Erb- und Gerichtsherr Eigentümer der Gutsanlage und erbaute unter Einbeziehung alter Grundmauern und des Gewölbekellers eines Vorgängergebäudes das heutige Herrenhaus. Diese Familie war seitdem in Blengow ansässig und bewirtschaftete das Gut bis 1945. Das völlig heruntergekommene Gutsgebäude, umrahmt von weitläufigen Wiesen, Wäldern und Feldern, wurde 1996 mit der den Park bereichernden Skulpturensammlung von der Bauträgergesellschaft Kulsa wiederhergestellt. Die Skulpturen wurden im Jahre 2001 während eines Künstlersymposiums erschaffen. Ein Wanderweg führt direkt bis zum Ostseestrand. Im Herrenhaus entstanden moderne Ferienwohnungen.

Herrenhaus Blengow

Herrenhaus Boek

17248 Boek/Gem. Rechlin
Landkreis Müritz

Boek, gelegen am südöstlichen Ufer der Müritz, kann auf eine interessante Geschichte zurückblicken. Der Klosterstiftshauptmann von Dobbertin, Baron Peter von Le Fort, dessen Familie ursprünglich aus Norditalien stammte, erwarb 1842 das hiesige Gut. Die bekannte Schriftstel-

Herrenhaus Boek

lerin Gertrud von Le Fort verbrachte auf Boek einen Teil ihrer Kindheit, schrieb als junges Mädchen Gedichte und kleine Erzählungen und studierte später in Heidelberg, Berlin und Marburg Geschichte und Theologie. Für ihre Arbeiten und ihr Engagement erhielt sie nach dem Krieg das Große Verdienstkreuz der Bundesrepublik Deutschland. Dagegen erlangte Stephan Baron von Le Fort traurige Berühmtheit im Zusammenhang mit dem Kapp-Putsch von 1920, als er einen Arbeiterstreik in Waren/Müritz gewaltsam auflösen ließ, wobei mehrere Menschen ums Leben kamen.

Das lang gestreckte Herrenhaus Boek ist ein heller Bau mit vereinfachten klassizistischen Gliederungen und einem Mittelgiebel. Die gesamte Anlage ist sehr gepflegt. Hier befindet sich heute das Informationszentrum des Müritz-Nationalparks. Es werden zahlreiche kulturelle und touristische Veranstaltungen zum Naturschutz angeboten. Eine kleine Ausstellung ist der Schriftstellerin Gertrud von Le Fort gewidmet. Außerdem gibt es ein Zinnfigurenmuseum zu besichtigen. Ein Wildpark und ein Hotel mit Gaststätte gehören zur Anlage.

Herrenhaus Bohlendorf

18556 Bohlendorf/Gem. Wiek

Landkreis Rügen

Im nördlichsten Teil der Insel Rügen, nahe bei Wiek, liegt Bohlendorf mit seinem lang gestreckten, klassizistischen, eingeschossigen, verputzten Backsteinbau, erbaut von 1793 bis 1796. Im dreiachsigen Mittelri-

Herrenhaus Bohlendorf

Herrenhaus Boldevitz

salit befindet sich das Wappen des Bauherrn Ernst Casimir von Bohlen. 1923 und 1990 sanierte man das Herrenhaus, wobei nach der letzten Erneuerung die einstige Putzbänderung nur noch an der Hoffront erhalten blieb. Die damaligen Besitzer wurden 1945 vertrieben. Von den zwei Kavalierhäusern blieb nur das nördliche erhalten. Zur DDR-Zeit wurde das Herrenhaus unter Denkmalschutz gestellt und vom Volkseigenen Betrieb Erdöl/Erdgas Grimmen in Besitz genommen. Vor dem Gebäude breitet sich ein Park mit Linden- und Pyramideneichen aus, an einer kleinen Minigolfanlage kann man sich die Zeit vertreiben. Der einstige Gutsherrensitz dient heute als Landhotel mit vielen Arrangements und Veranstaltungen.

Herrenhaus Boldevitz

18528 Boldevitz/Gem. Parchtitz
Landkreis Rügen

Im 14. Jahrhundert befand sich Boldevitz im Eigentum der Familie von Rotermund. Es liegt 8 Kilometer nordwestlich von Bergen. 1635 wurde der Kernbau des dreigeschossigen, verputzten Backsteingebäudes für Philipp Gützlaff von Rotermund errichtet, der Kapitän in schwedischen Diensten und von 1620 bis 1660 ritterschaftlicher Landrat auf Rügen war. Seine Frau war in erster Ehe mit einem Lancken verheiratet, dessen Familie später auf Boldevitz noch eine Rolle spielen sollte. Letzter Repräsentant der Familie war Caspar Detlev von Rotermund, der 1712 während des

Herrenhaus Bömitz

Nordischen Krieges starb und von dem heute noch als berüchtigtem Haudegen in der Volkssage Rügens erzählt wird. Im 18. Jahrhundert erfolgte ein Umbau im Inneren mit einem großen Festsaal, geziert mit Stuckaturen und Leinentapeten, sowie eine Erweiterung durch zweigeschossige Seitenflügel. Die Leinentapeten im Festsaal wurden von 1762 bis 1764 von Philipp Hackert mit Ideallandschaften bemalt. Im Jahre 1744 wurde Graf Moritz Ulrich von Putbus durch Kauf neuer Herr auf Boldevitz, der den Besitz jedoch schon 18 Jahre später an den Stralsunder Regierungsrat Adolf Friedrich Olthof, Abgeordneter der schwedisch-pommerschen Ritterschaft in Stockholm, verkaufte. Dieser war eng mit dem Maler Philipp Hackert befreundet, der 1763 einige Bilder im Herrenhaus schuf. Um 1750 wurde der Park umgestaltet. Hier befinden sich eine Erbbegräbnisstätte und eine Kapelle von 1839. Friedrich Christian von der Lancken kaufte das Anwesen 1780 und vollendete 1784 das mittlere Hauptportal mit Inschrifttafel und Wappen und gestaltete den doppelläufigen Treppenaufgang. Die stattliche, dreigeschossige Anlage mit Fassadengliederung durch Eckrustika erfuhr 1922 eine Restaurierung. Im Jahre 1938 kam das Gut durch Adoption und Erbschaft an die Familie von Albedyll, die darauf den Namen von der Lancken-Wakenitz-Albedyll führte. Der letzte Repräsentant dieser Familie wurde 1945 verhaftet und gilt seither als verschollen. 1945 enteignete man die Familie von der Lancken und legte hier später ein Volkseigenes Gut der DDR ein, wobei man das Gutshaus zu Wohnzwecken nutzte. Im Jahre 1991 verpachtete es die Treuhandanstalt. Heute werden hier Ferienwohnungen vermietet und verschiedene Veranstaltungen durchgeführt. Die Reitanlage kann von den Gästen genutzt werden.

Herrenhaus Bömitz

17390 Bömitz/Gem. Rubkow

Landkreis Ostvorpommern

Der barocke, eingeschossige Putzbau mit dorischem Säulenportikus des ehemaligen Rittergutes von Bömitz, das nach dem

Zweiten Weltkrieg als Ortsteil zu Rubkow kam, ist nördlich von Anklam zu finden. Einst zu Schweden gehörend, wurde das Gut erstmals 1340 urkundlich erwähnt. Unterlagen von 1693 lassen vermuten, dass der Gutshof in kriegerischen Auseinandersetzungen des 17. Jahrhunderts zur Wüstung verkommen war. Erst 1729 wird für Bömitz wieder ein Pächter vermeldet. Erbaut hatte das Herrenhaus um 1750 der ritterliche Hauptmann Hermann Christoph von Hertell als Dreiflügelanlage. Der Vorbau mit Dreieckgiebel auf der Hofseite sowie Veranda an der Rückseite wurde zu Beginn des 19. Jahrhunderts hinzugefügt. In Bömitz wechselten häufig die Eigentümer, von denen im 18. und 19. Jahrhundert die Familien von Blankerhahn, von Zansen und Finelius hier ansässig waren. Nach dem Ersten Weltkrieg wurde Bömitz von der Familie Grunert betrieben, die 1924 das Gut an die Pommersche Landsiedelgesellschaft verkaufte. Das Herrenhaus veräußerte man an die Landkreisverwaltung Greifswald, die 1929 durch Julius Bröckel ein Altersheim einrichten ließ, das bis 1952 bestand. Bei Kriegsende wurden Flüchtlinge im Haus untergebracht. Später stand das von einem kleinen Park mit einem Pavillon aus Fachwerk umgebene Herrenhaus zeitweise leer und verfiel. Nach erfolgter Restaurierung wird im Herrenhaus seit dem Jahre 1995 ein Hotelbetrieb geführt. Die Besucher können hier auch an Kutsch- und Kremserfahrten teilnehmen.

Herrenhaus Borkow

19406 Borkow
Landkreis Parchim

Borkow liegt an der B 192 zwischen Sternberg und Goldberg im Sternberger Seenland. Zum Ort gehört ein schlichtes Herren-

Herrenhaus Borkow

haus, dessen Ursprungsbau auf das 18. bzw. Anfang 19. Jahrhundert zurückgeht. In vergangener Zeit gehörte dieses zu einem alten ritterschaftlichen Lehnsgut. Bis zum Jahr 1789 befand sich Borkow im Besitz der Familie von Levetzow, einem alten eingeborenen Geschlecht, das von Heinrich Levzowe aus der Zeit um 1219 abstammte. Der Gutsbesitz ging 1932 in den Besitz der Familie Tiedemann über und auch die Familie Segnitz war hier längere Zeit ansässig. In den Jahren nach dem Zweiten Weltkrieg wurde das Gut von einer Landwirtschaftlichen Produktionsgenossenschaft genutzt. Im Herrenhaus waren der Sitz des Rates der Gemeinde von Borkow und ein Kindergarten untergebracht. In den Jahren 1996/97 wurde das Herrenhaus von der Familie Röhrdanz restauriert und umgebaut. Heute werden Ferienwohnungen vermietet.

Herrenhaus Brahlstorf

Herrenhaus Brahlstorf

19273 Brahlstorf

Landkreis Ludwigslust

Östlich von Boizenburg, im Naturpark Mecklenburgisches Elbtal, und nordwestlich von Lübtheen, ist Brahlstorf mit seinem zweigeschossigen, verputzten Herrenhaus im Stile der englischen Neugotik zu finden. Erbaut wurde es um 1850. Die erste urkundliche Erwähnung Brahlstorfs stammt aus dem Jahr 1194. Unmittelbar am Gutshaus liegt der Dorfteich und mit der Parkanlage hat das Objekt eine idyllische Lage. Ab 1945 wurde es zu Wohnzwecken und für Verwaltungen genutzt. Zurzeit wird es von einer Immobilienfirma angeboten.

Herrenhaus Bredenfelde

17153 Bredenfelde

Landkreis Demmin

Auf halber Strecke zwischen Waren und Stavenhagen, an der B 194, sind Bredenfelde und das Herrenhaus zu erreichen. Erbaut wurde Letzteres von 1852 bis 1854 durch Ernst Hans Heinrich von Heyden, der in Kartlow aufgewachsen war. Sein Bruder Woldemar von Heyden ließ zur gleichen Zeit ein Herrenhaus in Kartlow nach Entwürfen von Hitzig, einem Schüler des berühmten Friedrich Schinkel, erbauen. Es entstand ein romantischer, zweigeschossiger Putzbau mit seitlich gelagerten Türmen und Säulenvorbau in neugotischen und klassizistischen Formen. Der Landschaftspark wurde 1840 von Peter Joseph Lenné entworfen und wird nach alten Plänen wiederhergestellt. Schon fünf Jahre nach Fertigstellung verstarb der Bauherr und seine Witwe Charlotte Bernhardine Sophie führte das Gut Bredenfelde bis zu ihrem Tode 1908 weiter. Ernst Werner von Heyden, der Sohn des Gründers von Bredenfelde, verschuldete sich während der Weltwirtschaftskrise 1929 und der Besitz wurde 1932 aufgesiedelt, wobei die Siedlerfamilie Ladendorff das Herrenhaus erwarb und eine Gaststätte sowie einen Kolonialwarenhandel einrichtete. Nach der Enteignung im Zweiten Weltkrieg blieb die Gaststätte weiter in Betrieb und im Herrenhaus wurden der Sitz der Verwaltung Bredenfelde und Umsiedler untergebracht. Im Jahre 1968 kaufte das Wohnungsbaukombinat Bitterfeld die Anlage und erwog die Sprengung des bereits verfallenen Gebäudes. 1972 war der Bau bereits Ruine. 25 Jahre später kam das Herrenhaus erneut in private Hände und das Ehepaar Muschke hat es bis 2002 umfassend saniert und ein Hotel eingerichtet.

Herrenhaus Bredenfelde

Herrenhaus Bröllin

17309 Bröllin/
Gem. Fahrenwalde
Landkreis Uecker-Randow

Südöstlich von Pasewalk, nahe der brandenburgischen Landesgrenze, liegt Bröllin mit seinem großzügigen, einen Hof vierseitig einschließenden Komplex aus Putz-, Feldstein- und Ziegelbauten sowie einem Landschaftspark aus der zweiten Hälfte des 19. Jahrhunderts. Im Jahre 1233 gründeten die deutschen Ritter Nicolaus und Robertus de Brelin den Ort. 1850 wurde er an den Gutsbesitzer Stoewahs verkauft, dessen Nachkommen bis 1949 hier ansässig waren. Im Ergebnis der Bodenreform bestand hier bis 1990 eine Landwirtschaftliche Produktionsgenossenschaft. Mit Gründung des Vereins „Schloss Bröllin e. V." im Jahre 1992 mietete und kaufte dieser 2000 von der Treuhandanstalt das Gutsgelände und begann mit Instandsetzungsmaßnahmen. 1993 wurde der Gutshof unter Denkmalschutz gestellt und 1995 mit dem Kulturpreis des Landes gewürdigt. Der Verein betreibt ein internationales Forschungszentrum für interdisziplinäre Kunst mit vielfältigen Angeboten und ein deutsch-polnisches Begegnungszentrum. Die Schwerpunkte liegen auf dem freien Theater, auf Tanzproduktionen und kultureller Jugendarbeit. Das Gutshaus ist ein schlichter zweigeschossiger Putzbau mit Mittelrisalit und eineinhalbgeschossigem, verputztem Anbau sowie einem malerischen, viergeschossigem Turm im Stil englischer Gotik.

Herrenhaus Bröllin

Herrenhaus Broock

17129 Broock/Gem. Alt Tellin
Landkreis Demmin

Prunkvoll muss der zweieinhalbgeschossige, neugotische stattliche Bau des Gutshauses aus der Zeit um 1765 auf die einstigen Betrachter gewirkt haben, als südöstlich von Demmin noch ein ritterschaftliches Gut betrieben wurde. Bereits im Mittelalter stand auf dem einstigen Rittersitz ein sogenanntes „Festes Haus", das bis 1653 als Lehen von der ritterschaftlichen Familie von Buggenhagen bewohnt wurde. Zur Familie gehörte auch ein großer Reformator Pommerns und der schlossgesessene Landmarschall Andreas Buggenhagen zu Broock und Nehringen. Im Übergang vom 17. zum 18. Jahrhundert gaben diese Herren ihren Sitz auf. Es war die Familie von Linden, die abseits vom Vorgängerbau, einer ehemaligen Burganlage, das breit gelagerte Herrenhaus errichtete. Der Stettiner Getreidegroßhändler Christian Linden, Sohn eines Pastors, wurde vom schwedischen König Karl XII. aufgrund seiner Verdienste als Armeelieferant im Nordischen Krieg geadelt und 1705 mit Broock und weiteren Ortschaften belehnt. Die Familie von Linden starb 1785 aus und so gelangte die Familie von Heyden

Herrenhaus Broock

durch Erbschaft und Adoption an Broock und nannte sich ab da von Heyden-Linden. Sie war bis 1945 auf Tützpatz ansässig. Doch verlor sie in fortlaufender Zeit einiges an Besitz, zu dem auch Broock zählte. Als das Gut in der ersten Hälfte des 19. Jahrhunderts an die Familie von Seckendorff ging, sollte das Gutshaus bald zu einem repräsentativen Wohnsitz umgestaltet werden. F. A. Stüler gab sich bei seinen Entwürfen viel Mühe, für Hans von Seckendorff zwischen 1840 und 1850 einen romantisch anmutenden Bau aus dem Vorhandenen zu gestalten. So fügte er diesem ein Halbgeschoss mit Zinnenbekrönung und den Mittelrisalit sowie den Ecken kleine Türmchen hinzu. Die innere barocke Raumfolge blieb weitgehend erhalten. Lange gehalten haben sich die von Seckendorff auch über die Erbengemeinschaft auf Broock, dessen umfassender Besitz sich noch gegen Ende des Zweiten Weltkrieges in ihrer Hand befand. Noch 1944 wurde das Eigentum der Familie beschlagnahmt. Dem folgte die entschädigungslose Enteignung. Wie häufig auch bei anderen Gütern und Herrenhäusern geschehen, wurden nach Kriegsende Flüchtlinge in den historischen Bauten untergebracht, so auch in Broock. Betrachtet man heute das einst grandiose Gebäude, das seit Beginn der 1980er-Jahre ungenutzt steht, bekommt man bei dem Anblick Herzweh.

Kaum ein Guts- oder Herrenhaus ist in Mecklenburg-Vorpommern zu finden, das nicht von einem im englischen Stil gestalteten Park gesäumt ist. Aber kein Geringerer als Peter Joseph Lenné hat den hiesigen entworfen, der in der Mitte des 19. Jahrhunderts entstand.

Brook

Herrenhaus Brook

23948 Brook/Gem. Kalkhorst
Landkreis
Nordwestmecklenburg

Der Klützer Winkel ist eine beliebte Ausflugs- und Urlaubsregion, die auch zahlreiche Schlösser und Herrenhäuser besitzt. Hier, nur 500 Meter vom Ostseestrand an der Lübecker Bucht und unweit von der schleswig-holsteinischen Landesgrenze entfernt, steht der im Vergleich zu anderen Guts- oder Herrenhäusern schlichte einstige Herrensitz. Errichtet wurde die weitläufige Gutsanlage in einer gewellten, erhöht gelegenen Endmoränenlandschaft. Sie zählt heute zu den gepflegtesten Anlagen mit Herrenhaus und zahlreichen Gutsgebäuden. Brook gehörte in längst vergangener Zeit neben vielen anderen Gütern lange zur Grafschaft Bothmer, deren aus Hannover stammende gleichnamige Reichsgrafen 1715 eine Majoratsgrafschaft gründeten. So entstand infolgedessen das Schloss Bothmer bei Klütz, die größte barocke Schlossanlage in Mecklenburg. Das Gutshaus von Brook wurde im neogotischen Stil errichtet und Peter Joseph Lenné gestaltete um 1840 für Hans Karl Franz Alexander von Seckendorff den englischen Landschaftspark, dem ein vorheriger Barockgarten weichen musste. Seit einigen Jahren wird der einstige Herrensitz mit dem ebenfalls ehemaligen Bothmerschen Gut Christinenfeld privat und ökologisch bewirtschaftet. Auch für den Tourismus wollte man sich engagieren und gestaltete eine Reihe von Ferienwohnungen. Zahlreiche kulturelle Veranstaltungen finden das Jahr über auf Gut Brook statt, von denen besonders in den Sommermonaten die klassischen Konzerte von den Besuchern sehr geschätzt werden.

Herrenhaus Brook

Herrenhaus Buggenhagen

Herrenhaus Buggenhagen

17440 Buggenhagen
Landkreis Ostvorpommern

Nahe dem Peenestrom, nordöstlich von Anklam, steht am Rande von Buggenhagen das um 1800 errichtete Herrenhaus, im Stil spätbarock, zweigeschossig und mit übergiebeltem Mittelrisalit. Seine Baugeschichte ist nahezu unbekannt. Errichtet wurde es vermutlich über älteren Fundamenten. Bereits um 1260 erhielt diesen Landstrich für besondere Verdienste ein Ritter Berend von Bughe, der hier eine Wehrburg errichtete. Das Herrenhaus besitzt an der östlichen Seite einen angefügten eingeschossigen Flügel mit kleinem Turm im Winkel und an der Gartenseite einen Säulenportikus mit Terrasse und Freitreppe. Wie an vielen derartigen Bauten nachweisbar, erfolgten bei häufigem Besitzerwechsel auch meist Umbauten bzw. Erweiterungen oder Veränderungen, so auch am Herrenhaus Buggenhagen. Der zentrale Saal war mit Leinwandtapeten und illusionistischer Landschafts- und Architekturmalerei aus der Zeit um 1850 geziert, wurde jedoch um 1900 verändert. Der Landschaftsgarten am See, um 1850 mit Lindenallee und ehemaliger Wagenremise mit dekorativem Schnitzwerk gestaltet, gibt dem sich im guten Zustand befindenden Herrenhaus eine romantische Anmutung. Im Jahre 1928 gehörte das Rittergut Hans Detlev von Buggenhagen. Ab 1995 wurde ein Hotel betrieben und Kutsch- und Bootsfahrten, Veranstaltungen und Tagesausflüge zur Insel Usedom angeboten. Das unter Denkmalschutz stehende Haus, einschließlich Park, Allee und Pferdestall, ist heute wieder verwaist. Es befindet sich im Privatbesitz eines Holländers, der einen Pächter sucht.

Herrenhaus Bülow

19089 Bülow
Landkreis Parchim

Bülow mit seinem Herrenhaus, das im 13. Jahrhundert erstmals erwähnt wurde, liegt 8 Kilometer östlich von Crivitz. Ein Hinrich von Rolstede besaß 1262 Besitzungen in Bülow. Von 1590 bis 1945 saß auf Bülow das Geschlecht von Barner, und 1746 war ein zweigeschossiger Barockbau mit dreiachsigem Mittelrisalit mit Allianzwappen von Barner / von Maltzan für Magnus Friedrich III. von Barner fertiggestellt worden. Kaiser Leopold I. schenkte dem Generalfeldzeugmeister Christoph von Barner zwei Kanonen aus den Türkenkriegen, die ihren Platz in Bülow gefunden hatten. 1842 erhöhte man das Anwesen um ein Halbgeschoss und vier angesetzte Ecktürme. Handwerker aus der Region gestalteten die Innenräume mit Marmor- und Stuckarbeiten aus, den Festsaal zieren Doppelpilaster sowie Stuckdekorationen. In der ersten Hälfte des 19. Jahrhunderts genügte der Herrensitz nicht mehr den Ansprüchen und es erfolgte ein Umbau. 1880/90 wurde er im Stil der altdeutschen Renaissance überformt. Von 1936 bis 1938 ließ Heinrich Franz von Barner die Innenräume restaurieren und schmückte sie mit wertvollem Familienmobiliar und Gemälden der verschiedensten Jahrhunderte aus. Im Jahre 1945 folgte die Enteignung der Familie von Barner und das Herrenhaus wurde zu Wohnzwecken genutzt. Der einstige im französischen Stil angelegte Park wurde abschnittsweise in einen englischen Landschaftspark umgestaltet. Im Zuge der Bodenreform wurde der Besitz aufgesiedelt und teilweise zerstört. Beherbergt wurden über Jahre ein Kindergarten, Wohnungen, Arztpraxen, ein Konsum und Veranstaltungsräume. Seit fünf Jahren erneut in Privatbesitz wird das Herrenhaus von den neuen Eigentümern schrittweise liebevoll rekonstruiert. Die Eröffnung eines Weinladens mit Probierstube im italienischen Stil ist in der Scheune mit Café vorgesehen. Auch die Vermietung von Räumen für Festlichkeiten und Konzerte ist geplant.

Herrenhaus Bülow

Burg Stargard

17094 Burg Stargard

Landkreis Mecklenburg-Strelitz

Südlich von Neubrandenburg und westlich der Stadt Burg Stargard liegt die Höhenburg der Markgrafen von Brandenburg, die wohl von 1236 bis 1258 anstelle der Alten Burg errichtet wurde. Otto III. erhob den Ort zur Stadt mit brandenburgischem Recht. Im Jahre 1292 heiratete Heinrich II. von Mecklenburg („Der Löwe") Beatrix von Brandenburg, die das Land Stargard als Hochzeitsgut in die Ehe einbrachte. Die Burg war von 1352 bis 1701 Wohnsitz und zeitweise Residenz der Mecklenburger Herzöge, die in der Folge für unterschiedliche hoheitliche Aufgaben diente. Im Jahre 1471 kommt das Land Stargard an Mecklenburg-Schwerin und von 1520 bis 1547 lässt Herzog Albrecht VII. die Burg gründlich um- und ausbauen. Herzog Ulrich III. setzt 1555 erstmals Amtsleute auf der Burg ein. Im Dreißigjährigen Krieg erleidet 1631 die Burg starke Beschädigungen, als sie General Tilly als Hauptquartier für die Erstürmung Neubrandenburgs nutzt. 1701 wird das Herzogtum Mecklenburg-Strelitz errichtet und die Burg wird bis 1919 Amtssitz der Landdrosten und anderer Behörden. Einen traurigen und abscheulichen Schauplatz bildete 1726 die Anlage beim letzten Hexenprozess von Mecklenburg-Strelitz. Von 1821 bis 1823 baut Friedrich Wilhelm Buttel den Bergfried zum Aussichtsturm um und 1919 wird das „Krumme Haus" durch Brand-

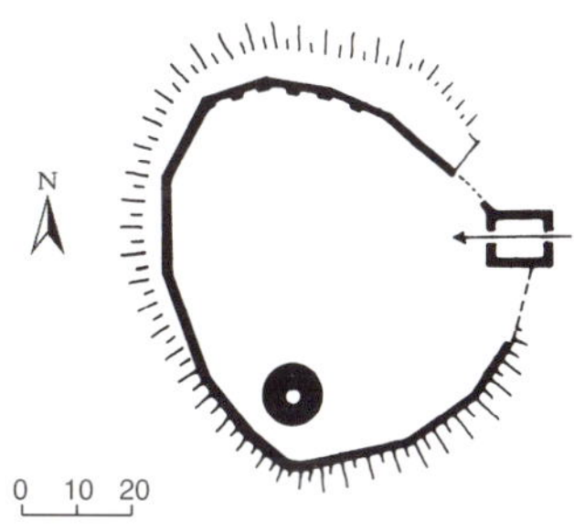

Burg Stargard, Grundriss

Burg Stargard

stiftung zur Ruine. Ab 1926 erfährt die Burg bessere Zeiten, als die Stadt die Anlage erwirbt. Von 1938 bis 1944 wird die „Alte Münze“ zum Gasthaus umgebaut und 1946 eine Landesjugendschule für Mecklenburg-Vorpommern eingerichtet. Von 1963 bis 1990 dienten die Münze und andere Gebäude als Jugendherberge. 1990 beginnen Instandsetzungen der Gebäude und der Freianlagen. Spätromanische Schmuckformen, gotische Spitzbögen und Netzgewölbe zieren die Bauten. Der Bergfried, das Museum im Marstall, der Burgpark, der Wurz- und Kräutergarten sowie der Burggasthof und das Hotel „Zur Alten Münze“ im Gefangenenhaus werden wiedereröffnet. Auch heiraten im historischen Ambiente kann man hier. Der Burgpark ist fast vollständig von einer Trockenmauer umgeben und kann auf einen alten Baumbestand mit einer 500-jährigen Eiche und einer Friedenslinde von sechs Meter Umfang verweisen. Die ursprüngliche Anlage blieb trotz zahlreicher Zerstörungen und entstellender Veränderungen sowie der Instandsetzungen im 19. und 20. Jahrhundert erhalten.

Burg Stargard

Herrenhaus Bütow

17209 Bütow
Landkreis Müritz

Bütow liegt südwestlich der Stadt Röbel an der A 19. Über 700 Jahre alt ist das ehemalige Gutsdorf von Bütow. Das im Jugendstil errichtete Gutshaus befand sich im Besitz der Familie von Knuth, der die Familien Prignitz, von Lepel, von Pritzbuer, von Pederstorf und die von Blücher sowie im Jahre 1938 Rudolf Karstadt folgten. Nach Kriegsende 1945 wurden der Sitz und die Gutsverwaltung zu Wohnzwecken genutzt. Bütow war ein bedeutender Reitsport-Standort der DDR, der noch heute seine Bedeutung erhalten hat. Die Treuhand verpachtete nach 1990 das Gut langfristig, bis es später verkauft wurde. Das Herrenhaus, in dem auch die Gutsverwaltung untergebracht ist, wird heute privat bewohnt.

Herrenhaus Bütow

Herrenhaus Büttelkow

18230 Büttelkow/
Gem. Biendorf
Landkreis Bad Doberan

Büttelkow hat eine ideale Lage für vielseitig interessierte Besucher, denn es liegt nur 10 Kilometer südlich der Ostseebäder Kühlungsborn oder Rerik und Städtebummler haben es nicht weit nach Bad Doberan, Rostock und Wismar. Das zweigeschossige Herrenhaus liegt mitten im Grünen, umgeben von einem Park mit altem Baumbestand und einem Teich. Das Gewässer ist Teil einer ehemaligen Wehranlage und als Bodendenkmal geschützt. Es war die Bankiersfamilie Ballin aus Oldenburg, die um 1910/1912 das Herrenhaus nach den Entwürfen des Architekten Paul Korff erbaute, der hier Elemente des Neobarock, des Klassizismus und des Jugendstils vereinte. Nachfolgende Eigentümer waren die Familien Dahlmann, Lehmbaum, von Oertzen, später die Gemeinde und der Förderverein „Herrenhaus Büttelkow". Die Hoffront ist gegliedert durch ein Zwerchhaus mit Lunettengiebel und Ochsenaugen. Ein von Säulen getragener Balkon und eine Freitreppe geben dem Herrenhaus

Herrenhaus Büttelkow

eine besondere Note. Im Innenbereich findet man eine getäfelte Eingangshalle mit Kamin und einen Saal mit einer besonderen Akustikdecke. Der Bau konnte auf modernste Errungenschaften verweisen: Zentralheizung mit Warmwasserversorgung, zentrale Staubsauganlage, unter Putz liegende Elektrik in allen Räumen, Tiefbrunnen mit elektrischer Pumpe, ja sogar Solarnutzung durch den Wintergarten im Haus. Außerdem versah man hier erstmals alle Geschosse mit Stahlbetondecken. Das denkmalgeschützte historische Gebäude bietet heute seinen Gästen anspruchsvolle Seminarräume und Ferienwohnungen, individuelle Kurse in eigenen Kunstwerkstätten sowie Ruhe und Entspannung in idyllischer Lage.

Schloss Bützow

18246 Bützow

Landkreis Güstrow

Der Baukomplex wurde anstelle der begonnenen Bischofsburg inmitten der Kleinstadt errichtet, die westlich von Güstrow liegt. Im Jahre 1232, als die Bischöfe das Land Bützow erworben hatten, wurde der Bischofssitz von Schwerin an diesen Ort verlegt und unter Bischof Dietrich eine Akademie gegründet sowie eine Burg erbaut, die urkundlich 1252 nachgewiesen ist. Im 13. Jahrhundert wurde sie zerstört und wieder aufgebaut. Bischof Gottfried, ein Repräsentant der Familie von Bülow, verpfändete die Burg und die geistlichen Güter an ein Mitglied seiner Familie, Friedrich II. von Bülow, doch 1362 wurden die Güter wieder eingelöst. Eine Blütezeit erfuhr die Burg im 15. Jahrhundert unter Bischof Nikolaus I., einem Mitglied der Familie Böddeker. Als das Stift Bützow an den Landesherrn Herzog Ulrich von Mecklenburg fiel, wurde es zu einer weltlichen Residenz ausgebaut und im Jahr des Westfälischen Friedens, 1648, gelangte das Bistum Schwerin an das Herzogtum Mecklenburg und Schwerin, wurde somit auch Hauptsitz des Herzogs. 1760 wurde eine neue Universität geschaffen und Herzog Friedrich von Mecklenburg gründete hier ein Pädagogium, das nur 20 Jahre bestand und 1789 mit der Universität Rostock vereinigt wurde. In der Folgezeit war die Burg Verwaltungssitz, an dem zu Beginn des 19. Jahrhunderts Umbauten vorgenommen wurden. Ihnen fielen ein Turm sowie weitere Gebäude zum Opfer. Später wurde in der alten Burg eine Bibliothek eingerichtet. Vom Umbau der Jahre 1910/11 stammen der Treppenturm, der Südgiebel und der Eckturm. Noch zu DDR-Zeiten wurde das Schloss als Heimatmuseum und Schule genutzt, heute steht es leer und ist in einem maroden Zustand.

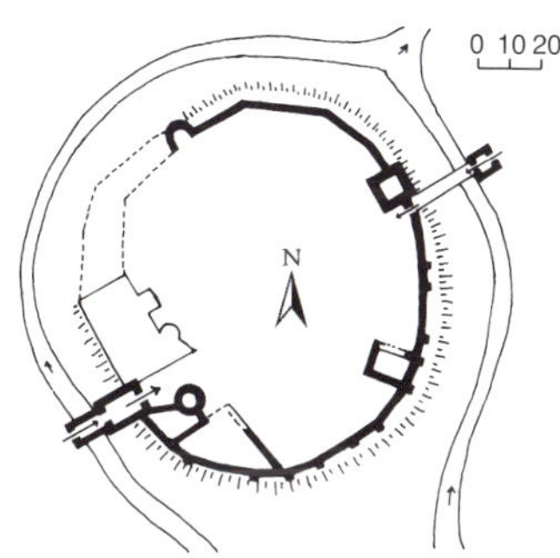

Schloss Bützow, Grundriss

Schloss Bützow

Herrenhaus Cambs

19067 Cambs
Landkreis Parchim

Östlich des Schweriner Sees, unmittelbar an der A 14 gelegen, findet man den Ort Cambs mit seinem neu restaurierten, eingeschossigen Herrenhaus. Einst bestand hier ein ritterschaftliches Gut, das sich von 1681 bis 1794 in der Hand der Familie von Plessen befand. Von der Burg Plesse aus Niedersachsen stammend, ließen diese sich in Mecklenburg nieder. Helmuth von Plessen, der spätere Reichsgraf des Heiligen Römischen Reiches Deutscher Nation, wurde 1699 in Cambs geboren und begründete das Majorat Ivenack, das er später seinem Neffen Helmuth Freiherrn von Maltzan vererbte, da er kinderlos war. Ab 1800 folgten auf dem Besitz die Neumanns bis 1814, die bereits in Mecklenburg zu umfangreichen Ländereien kamen. 1797 wurden Bernhard Jacob Daniel Neumann, Legationsrat auf Cambs, und sein Bruder, der Kirchensekretär Johann Andreas Neumann, durch Kaiser Franz II. in den Adelsstand erhoben. Weitere Besitzer wechselten noch, bis es schließlich in den Anfangsjahren nach dem Zweiten Weltkrieg Verwaltung eines Volkseigenen Gutes wurde und man hier Viehzucht betrieb. Nach der Wiedervereinigung Deutschlands ging das Herrenhaus, das eine kleine Garten- und Parkanlage säumt, wieder in Privatbesitz über.

Herrenhaus Cambs

Herrenhaus Cammin

18195 Cammin
Landkreis Bad Doberan

Im Jahre 1226 schenkte Fürst Heinrich von Rostock dem Güstrower Kollegiatsstift in Cammin, gelegen zwischen Laage und Tessin südöstlich von Rostock, vier Hufen. Gesessen haben hier die fürstlichen Vasallen, die Herren von Kammin oder Kemmyn, von denen Ritter Echehardus und Herderus de Kemmyn als Zeugen in einer 1276 in Schwaan ausgestellten Urkunde erwähnt werden. Im 16. Jahrhundert waren die Familien von Koss Herren auf Cammin, die innerhalb der Familie wegen der Anteile am Besitz nicht selten im Streit lagen. Sie blieben bis in das 17. Jahrhundert

Herrenhaus Cammin

auf Cammin, hatten aber ständig mit gerichtlichen Prozessen und Vergleichen zu kämpfen. Johann Koss, der Letzte der Familie, starb im Mai 1667 und das Gut übernahm noch im gleichen Jahr Herzog Gustav Adolph von Mecklenburg-Güstrow. 1672 überließ der Herzog das Gut dem Geheimen Rat und Amtshauptmann Georg von Mecklenburg, später, bis 1709, saß hier die Geheimrätin Margaretha Hedwig von Bassewitz. Diese war in erster Ehe mit erwähntem Georg von Mecklenburg vermählt gewesen. Es folgten auf dem Gut bis 1734 der Amtmann Adam Töppel und von 1736 bis 1747 die Frau Amtmann Fischer. Im Jahre 1747 übernahm die Güter Cammin nebst anderem Erbprinz Friedrich und setzte als ersten fürstlichen Pächter den Schwiegersohn jener zuletzt erwähnten Frau Fischer ein. Seitdem war das Gut Cammin eine der Kammer unterstellte Domäne. Mit der Einführung der Schulpflicht 1752 wurde auf dem Gut eine Schule eingerichtet. Das Gutshaus entstand von 1889 bis 1891. Im Jahre 1933, nach der Machtübernahme der Nationalsozialisten, wurde das Gut mit Ländereien aufgesiedelt und nach dem Zweiten Weltkrieg an landlose und landarme Bauern vergeben sowie zahlreiche Flüchtlingsfamilien untergebracht. Mit der Gründung einer Landwirtschaftlichen Produktionsgenossenschaft (LPG) wurde 1953 diesen das Land wieder genommen. Als Letztere auszogen, übernahm die Schule die freigewordenen Räumlichkeiten, bis dieser 1965 das gesamte Gebäude zur Verfügung stand und bis 1990 hier unterrichtet wurde. Exakt nach 250 Jahren wurde die Grundschule im Sommer 2002 auf Beschluss der Landesregierung geschlossen, ist aber heute wieder in Betrieb.

Herrenhaus Cammin

17094 Cammin
Landkreis Mecklenburg-Strelitz

Das erstmals im Jahre 1170 als Kamino urkundlich erwähnte Cammin, südlich von Burg Stargard am Camminer See gelegen, ist slawischen Ursprungs. Das zweigeschossig, mit dreiachsigem Mittelrisalit und Stufengiebel gestaltete Herrenhaus und das sehenswerte Torhaus erbaute Friedrich Wilhelm Buttel im Jahre 1862 für die Familie Hoth. Ursprünglich entstand es jedoch als eingeschossiger Putzbau. Bereits 1831 wurde Adolph Hoth durch Verkauf der Besitznachfolger des Königlich Preußischen Kammerherrn und Landrats Carl Friedrich Wilhelm Theodor Gustav von Jasmund und ab 1848 Hermann Hoth, Lehnserbe von Adolph Hoth. Diesem folgte 1884 der Kammerherr Felix von Borck und nur kurzzeitig Dr. jur. Otto Siemerling. Ab dem Jahre 1902 war Otto Diederichs Eigentümer des Gutes, das nach seinem Tod von seiner Witwe bewirtschaftet wurde. Das Herrenhaus bekam 1910/11 eine Erweiterung durch einen Anbau. Ende des Zweiten Weltkrieges wurde es 1945/46 durch Einheiten der Roten Armee besetzt. Da das Gut im Zuge der Bodenreform enteignet worden war, wurde ein Rückübertragungsantrag von Heinz Diederichs nach der Wiedervereinigung abgelehnt. Gedient hatte in sozialistischen Zeiten das Gutshaus zu Wohnzwecken und als Gemeindebüro, Konsumverkaufsstelle und Jugendklub. 1997 kaufte die Familie Hennings das Anwesen am See und ließ es denkmalgerecht restaurieren.

Herrenhaus Cammin

Herrenhaus Charlottenthal

Herrenhaus Charlottenthal

18292 Charlottenthal/ Stadt Krakow am See
Landkreis Güstrow

Südlich von Güstrow, nahe am nördlichen Teil des Krakower Sees, liegt Charlottenthal mit dem prächtigen, 1843 im Stil der Neugotik von Baumeister Theodor Krüger erbauten Herrenhaus. Einst ein Nebengehöft des Gutes Groß Grabow und als Meierhof Grube bezeichnet, gehörte es lange Zeit der Familie von Cölln, die es 1637 an die Familie Klevenow abtrat. Angenommen wird, dass es im Besitz des wendischen Adelsgeschlechts von Grube (Grubo) gewesen ist, das zuerst 1218 urkundlich in Mecklenburg erwähnt wurde und 1243 im Besitz von Schwiesow und Grubenhagen vorkam. 1666 kam das Gut an die Familie von Leventzow, die es bis Mitte des 18. Jahrhunderts innehatte. Eine erneute Weitergabe des Besitzes erfolgte an die Familie von Hobe, die späteren Eigentümer des Gutes Gelting in Schleswig-Holstein. Diesen folgten noch auf dem einstigen Meierhof Grube das Geschlecht von der Osten-Sacken und Familie Schilling, beide aus dem Baltikum kommend. Otto Conrad von Hahn, Königlich Preußischer Hofkammerrat, Besitzer zahlreicher Güter in Mecklenburg und 1788 geadelt, kam 1791 an das Gut. Auf seine Bitte hin, da der Name Grube für ein Hauptgut nicht angemessen erschien, wurde das Gut im Jahre 1795 zur Erinnerung an seine Frau in Charlottenthal umbenannt und er ließ ein kleines Herrenhaus errichten. Doch schon 1815 wurde der Besitz an den Oberamtmann Degener aus Braunschweig weitergereicht, dem die Stender und schließlich 1842 die Familie Engel folgten. Letztere bauten das noch heute stehende Herrenhaus, doch haben sie es nur wenige Jahre bewohnt, da es 1857 bereits an die Familie Jacobsen und darauf an die Familie Bahlmann ging. Georg Friedrich Carl Bahlmann war bis zu seinem Tode im Jahre 1880 auf dem Gut. Danach wurde es von seiner Witwe Marie weitergeführt. Am Ende des 19. Jahrhunderts ging es in die Hände von Oberstleutnant Florentin von Schmidt-Pauli und nach dessen Tod 1914 übernahm sein Sohn Theodor von Schmidt-Pauli, ein berühmter Reiter, den Besitz. Aus Liebe zum Pferdesport ließ der General auf seinem Gut ein Vollblutgestüt aufbauen. Bis 1945 blieb es in Familienbesitz, wurde jedoch 1932 teilweise aufgesiedelt. Die Schmidt-Pauli wurden enteignet und Wohnungen, eine Kinderkrippe und eine Gaststätte in das Herrenhaus gelegt. Ende 1998 kaufte das Herrenhaus das brasilianische Ehepaar Wolgien und eröffnete 2005 im Foyer eine Gaststätte. Der Ausbau zum Hotel ist geplant.

Herrenhaus Cosa

Herrenhaus Cosa

17098 Cosa/Stadt Friedland

Landkreis Mecklenburg-Strelitz

Das eingeschossige Gutshaus im neugotischen Stil entstand nach 1850 durch Wilhelm von Oertzen. Es war bis 1945 im Besitz der alteingesessenen Familie. Sie besaß in dieser Gegend weitere zahlreiche Güter, doch im Laufe der Zeit kamen diese durch Teilung in verschiedene Hände. Zu finden ist das Herrenhaus am Rande des kleinen Ortes Cosa südlich von Friedland. Der Bau stellt sich aus roten Klinkern mit einem dreiachsigen Mittelrisalit und einer vorgelagerten Auffahrt sowie einem Satteldach und aufgesetzten Gauben dar. Im Jahre 1846 verkaufte gezwungenermaßen Carl Constantin Ludwig Theodor von Rieben sein Erbe an Adolph Friedrich Carl von Oertzen, dessen Cousin und Schwager den Besitz untereinander aufteilten. Wilhelm Oertzen bekam Cosa durch einen Losentscheid, das bis zum Kriegsende im Besitz

Herrenhaus Dalwitz

der Familie von Oertzen-Lübbersdorf verblieb. Nach der Enteignung wurde das Herrenhaus für öffentliche Zwecke genutzt, später wurden Wohnungen eingerichtet. Nach der jüngsten Sanierung ist es wieder in Privatbesitz übergegangen.

Herrenhaus Dalwitz

17179 Dalwitz/Gem. Walkendorf
Landkreis Güstrow

Dalwitz, gelegen auf halber Strecke zwischen Laage und Gnoien, hat ein zweigeschossiges, 1721 durch Joachim Otto von Bassewitz und vermutlich von Baumeister Rudolph Matthias Dallin erbautes Herrenhaus mit Parkanlage. Urkundlich erwähnt wurde Dalwitz erstmals 1235, und seit 1379 hatte hier die Familie von Bassewitz einen Stammsitz. Ein Denkmal in der Parkanlage verweist auf die musisch veranlagte Sabina von Bassewitz, die hier beigesetzt wurde. Ihre Vorliebe galt der Musik und Philosophie und sie korrespondierte mit Voltaire, sodass sie in den Reigen der gelehrten Damen des ausgehenden 18. Jahrhunderts einzureihen ist. Zu jener Zeit war das Herrenhaus noch eine kleine Burganlage mit Graben, die sich in ihrer Grundsubstanz bis in unsere heutige Zeit sehr gut erhalten hat. Die Anlage mit zwei rechtwinklig aneinanderstoßenden Flügeln wurde 1855 grundlegend im neugotischen Stil durch die Grafen von Bassewitz umgestaltet und blieb bis 1945 in deren Besitz. Die Initialen H. G. B. an der Fassade des Innenhofes verweisen auf Heinrich Graf Bassewitz. Das damalige Gut Dalwitz war einer der Stammsitze der Familie und hob sich besonders im 18. Jahrhundert hervor, als hier um 1720 der Bruder des herzoglich-holsteinischen Premierministers Henning Friedrich Graf von Bassewitz, Joachim Otto von Bassewitz, zeitweilig als Schlosshauptmann von Kiel wirkte. Die Brüder bauten auf dem Höhepunkt ihrer Karriere ihre Besitzungen in Mecklenburg weiter aus. Nach dem Zweiten Weltkrieg wurden im historischen Gebäude ein Konsum und Wohnungen untergebracht. Später kam es an die Landwirtschaftliche Produktionsgenossenschaft, die auf dem Hof Kühe hielt. Im neu renovierten Herrenhaus kann man jetzt nach Gutsherrenart übernachten und im Verwalterhaus von 1855 werden Ferienwohnungen vermietet. Dalwitz unterscheidet sich von anderen Gutshotels dadurch, dass es tatsächlich Teil eines Gutes mit 1000 Rindern ist. Im Hofrestaurant kann man die ländliche Küche mit französischem Flair genießen und im kleinen Hofladen einkaufen.

Schloss- und Klosteranlage Dargun

17159 Dargun
Landkreis Demmin

Das kleine Städtchen liegt nördlich des Kummerower Sees und westlich von Demmin. Die im Ort befindliche, gut sanierte Ruine des 1172 gegründeten Zisterzienser-Klosters, das 1552 aufgehoben und ab 1556 als Nebenresidenz der Herzöge von Mecklenburg-Güstrow genutzt wurde, ist ein Anziehungspunkt für zahlreiche Besucher. Ab 1600 begann man mit dem Ausbau zum

Schloss- und Klosteranlage Dargun

Schloss, das jedoch 1637 durch den kaiserlichen General Gallas zerstört wurde. Herzog Gustav Adolf begann 1654 mit dem Wiederaufbau unter Teilnahme des Architekten Charles Philippe Dieussart. Im Jahre 1712 hielt sich die Zarin Katharina I., Gemahlin Peters des Großen, in Dargun auf. Herzogin Magdalene Sibylla und ihre Tochter Auguste nutzten das Schloss bis 1756 als Witwensitz, das darauf Wohn- und Amtssitz fürstlicher Beamter wurde, 1806 Lazarett und Stabsquartier des französischen Marschalls Murat und danach erneut Verwaltungsgebäude. Zu Beginn des 20. Jahrhunderts richtete man eine Landwirtschaftsschule ein. Als 1945 ein Brand das Schloss heimsuchte, wurde es eine Ruine. Das zu den bedeutendsten mecklenburgischen Schlössern zählende Dargun wurde ab 1992 aufwendig gesichert und dann saniert. Von der einst großzügigen, dreigeschossigen Vierflügelanlage mit runden Ecktürmen und Hofarkaden, mit einbezogener Schlosskirche des 13. und 15. Jahrhunderts, sind nur noch teilweise die Umfassungsmauern erhalten geblieben, die Innenausstattung ging vollends verloren. Heute werden im Innenhof Konzerte und Theateraufführungen gegeben. Die sehenswerte Parkanlage beherbergt einen Teepavillon, in dem auch Trauungen vorgenommen werden. Im ehemaligen Gästehaus des Klosters befindet sich ein Museum. Im Gebäude hinter dem Mittelrisalit sind der Sitz der Stadtinformation mit ständigen Ausstellungen zur Geschichte der Anlage und eine Bibliothek untergebracht.

Herrenhaus Daschow

19386 Daschow/
Gem. Gallin-Kuppentin
Landkreis Parchim

Daschow ist ein kleines Dorf nordwestlich von Plau am See, dem 1235 Slawen den Namen gaben. Im 13. Jahrhundert ließen sich hier deutsche Einwanderer, zumeist Bauern, nieder. Im 17. Jahrhundert waren die Besitzer des Grundes die Familien von Penz, von Passow und von Pressentin. Das Gutshaus wurde um 1800 als Putzbau errichtet und 1900 zum Jagdschloss im

Herrenhaus Daschow

Stil der Neorenaissance ausgebaut. Im Jahre 1802 erhält es, zu jener Zeit noch ein einstöckiger Fachwerkbau, als Erbe des Verstorbenen von Pressentin seine Tochter Wilhelmine Juliane Dorothea, die 1797 den Hauptmann von Hartwig heiratete. Nach ihrem Tode erbt ihr Sohn Wilhelm Ferdinand Carl den Besitz und 1943 verlässt die Familie von Hartwig das Herrenhaus. Von 1943 bis 1970 dient es als Herberge für Flüchtlinge, Arztpraxis, Konsum und Gaststätte und 1973 geht es in den Besitz des Volkseigenen Gutes Karow über. Nach der deutschen Wiedervereinigung übernimmt 1991 ein Nürnberger Unternehmen die Anlage mit dem im englischen Stil angelegten urwüchsigen Park. Von 1997 bis 2005 erfolgte eine umfassende Restaurierung zum Hotel mit Restaurant und einer Seeklause. 2009 zieht die Medakademie Berlin als Pächter ein, ein staatlich anerkannter Bildungsträger für Rettungsassistenz und Altenpflege, und bildet hier Rettungssanitäter und Rettungsassistenten aus. Vorgesehen ist ebenfalls, für Gruppen Übernachtungen anzubieten.

Herrenhaus Lütgenhof

23942 Dassow
Landkreis
Nordwestmecklenburg

Dassow liegt zwischen Lübeck und Grevesmühlen, unmittelbar an der Landesgrenze zu Schleswig-Holstein. Erstmals erwähnt wurde der Ort um 1316, als die Parkentins die Herren von Dassow wurden, die dann über 400 Jahre dort regierten. Eine erste

Herrenhaus Lütgenhof, Dassow

Eintragung als Lehen ist für das Jahr 1528 nachweisbar. Justizrat Graf Adolf Gottlieb von Erben übernahm 1746 das bereits bestehende Gut, das um 1815 Moritz Christian Paepcke erwarb. Das 1839 fertiggestellte Herrenhaus ließ die edle Familie 1890 zum klassizistischen Schloss ausbauen, um ihren gestiegenen Reichtum zum Ausdruck zu bringen. Diese hielt sich bis 1943 auf ihrem Besitz. Ab 1945 teilt das Anwesen das Schicksal vieler Güter der damaligen Zeit: Es wurde bis 1947 als Flüchtlings- und Kinderheim, bis 1961 als landwirtschaftliche Fachschule und bis 1990 als Grenzkaserne genutzt. Mast-Jägermeister erwarb das Gut 1992 und renovierte es als Hotel „Schloss Lütgenhof", das er 1999 mit exzellentem Schlossrestaurant, Konferenzräumen und eigens von deutschen Werkstätten entworfenem Mobiliar eröffnete. Die Familie Stinnes übernahm Ende 2000 Lütgenhof und seitdem gibt es hier wieder alte mecklenburgische Gerichte auf der Menükarte nach wiederentdeckten Rezepten der Berta Staak, die von 1876 bis 1896 Kaltmamsell auf Lütgenhof war. In der sehenswerten Anlage sind eine Außenstelle des Standesamtes und ein Wellnessbereich untergebracht. Darüber hinaus finden Kochseminare und Konzerte statt.

Herrenhaus Deven

Herrenhaus Deven

17192 Deven/Gem. Groß Plasten
Landkreis Müritz

Nordöstlich von Waren in Richtung Stavenhagen findet man Deven mit seinem klassizistischen Putzbau von zwei Geschossen, der um 1820 mit Pilastergliederung, Dreiecksgiebel mit Wappen sowie großer zweiläufiger Treppe errichtet wurde. Das Gut befand sich im Besitz der Familie Kargow, der die Familien von Hahn, von Below, Kamptz, Voss, Söllner und Grote folgten. Nach Beendigung des Zweiten Weltkrieges diente das Herrenhaus als Unterkunft für Flüchtlinge, in deren Keller auch zeitweise eine Gaststätte eingerichtet war. Wie bei vielen anderen Guts- und Herrenhäusern wurde auch dieses von einer Landwirtschaftlichen Produktionsgenossenschaft (LPG) übernommen und eine Betriebsküche untergebracht. Im Jahre 1988 und nochmals 1998 bis 2003 wurde der Bau saniert. Heute wird er wieder privat genutzt.

Diekhof/Dolgen (See)

Herrenhaus Diekhof

18299 Diekhof
Landkreis Güstrow

Gut Diekhof liegt nordöstlich von Güstrow und südöstlich von Laage, in einer Region, die zum großen Teil im Besitz der von Bassewitz und von Hahn gewesen war. Das Ensemble mit Corps de Logis und frei stehenden Seitenflügeln um einen Ehrenhof wurde um 1736 erbaut. Der Anlage wurde 1768 durch den Baumeister C. D. Holle eine Rokokokapelle zugefügt. Im späten Mittelalter war Diekhof im Besitz der ritterschaftlichen Familie von Voss. 1462 gelangte es an die Hahn, zunächst als Pfand, dann aber seit 1480 als Lehngut. Diese Familie hatte hier 300 Jahre lang gesessen, doch im Jahre 1771 ging sie in Konkurs und verlor ihr Anwesen an einen Gläubiger. Zwischen 1732 und 1739 hatte Hahn ein sehr schönes barockes Herrenhaus mit Kavalierhäusern von Ludwig Achaz aufführen lassen. 1779 gelangten die Grafen von Walmoden an Diekhof, von denen einer als russischer General in den Napoleonischen Kriegen kämpfte. 1834 fiel Diekhof an die Grafen Bassewitz. Das Corps de Logis brannte in den letzten Kriegstagen des Zweiten Weltkrieges aus und wurde zerstört. Einer der beiden erhaltenen Seitenflügel wurde abgetragen. Das Innere der Kapelle mit den Stuckaturen und ornamentalen Dekors wurde 1952 und nochmals in den 1990er-Jahren restauriert. Im Jahre 2006 war die Restaurierung des Seitenflügels abgeschlossen. Das Objekt ist bewohnt. Reste vom alten Baumbestand lassen hier eine einst schöne Parkanlage vermuten.

Herrenhaus Diekhof

Herrenhaus Dolgen

18299 Dolgen (See)
Landkreis Güstrow

Dolgen am See liegt zwischen Schwaan und Laage, dessen Herrenhaus nach 1700 errichtet und vor 1900 erneuert und erweitert wurde. Das Anwesen befand sich von 1824 bis 1945 im Eigentum der Familie von Plessen. Im frühen Mittelalter befand sich die Grundherrschaft in der Hand eines Rostocker Klosters, die dann auf das eingeborene ritterschaftliche Geschlecht von Drieberg überging. Schon 1172 war ein Godefridus de Trieberge urkundlich bezeugt und hatte seinen Stammsitz im Amt Schwerin. Die Drieberg wandelten zu Beginn des 16. Jahrhunderts die Grundherrschaft in eine Gutswirtschaft um und veränderten die einstige Burganlage in ein zweigeschossiges Herrenhaus mit Mittelrisalit an der Vorderfront, das jedoch im 19. Jahrhundert weitere Umbauten erfuhr. Als die Familie Drieberg Ende des 18. Jahrhunderts ausgestorben war, gelangte das Gut in die Hand des Geschlechts von Plessen. Der Politiker und Gesandte beim Reichstag in Regensburg, Engelke von Plessen, erwarb 1824 das Gut. Er vertrat Mecklenburg auf dem Wiener Kongress, auf dem beide Linien der Herzöge von Mecklenburg zu Großherzögen erhoben wurden, und auch beim Bundestag in Frankfurt 1815. Im Jahre 1945 wurden die Plessen enteignet und nach Kriegsende wurde das Gutshaus mit Flüchtlingen aus Ostpreußen und Hinterpommern belegt. Später wurde auch Dolgen aufgesiedelt und hier eine Landwirtschaftliche Produktionsgenossenschaft eingerichtet. Heute wird es wieder privat bewohnt.

Herrenhaus Dolgen

Festung Dömitz

19303 Dömitz

Landkreis Ludwigslust

Dömitz liegt im Südwesten des Landes, unmittelbar an der niedersächsischen Landesgrenze. Die Anlage ging aus einer vor 1237 angelegten Burg von Graf Heinrich von Dannenberg „dem festen Haus Dömitz“ hervor und ist eine der besterhaltenen Flachlandfestungen in Nordeuropa. Der ursprüngliche Bau wurde 1353 von Lübecker Truppen zerstört. Ausgebaut wurde die Burg für den Herzog Johann Albrecht I. von 1559 bis 1565 nach italienischem Vorbild durch Francesco a Bornau aus Brescia, verändert nach 1600 durch Ghert Evert Piloot. Die Burg sicherte die Südwestgrenze des Landes und die Elbübergänge. Sie stellt eine regelmä-

Dömitz

Festung Dömitz

ßig fünfeckige Anlage mit breitem Wassergraben und Bastionen aus Backstein dar. In die Anlage einbezogen ist das Kommandantenhaus, das ehemalige Zeughaus, das Wachhaus, auf der nordöstlichen Bastion das sogenannte Blockhaus zur inneren Verteidigung sowie einige Nebengebäude aus Backstein. Im Jahre 1700 residierte in Dömitz der mecklenburgische Herzog Carl Leopold und 1755 wurde auf der Festung ein Zucht- und Irrenhaus eingerichtet. Letzteres wurde 1830 nach Schwerin verlegt. Von 1839 bis 1840 war der niederdeutsche Schriftsteller Fritz Reuter als Staatsgefangener auf der Festung inhaftiert. In der Zeit von 1851 bis 1865 wird die Festung nochmals als Garnisonsstandort erneuert, bis sie 1894 aufgehoben wird. Im Jahre 1902 werden die Gefängnisbauten abgebrochen und der Zugang über einen Damm anstelle der ursprünglichen Brücke geschaffen. Zinnenkranz und Uhrturm von 1865 auf dem Festungsturm werden 1936 durch ein Satteldach ersetzt. 1953 begründete der Lehrer Karl Scharnweber in der Anlage ein Museum. Das Festungsmuseum zur Regional- und Stadtgeschichte aus vier Jahrhunderten und eine Fritz-Reuter-Gedenkhalle sind noch heute Anziehungspunkt vieler Besucher.

Festung Dömitz

Herrenhaus Dreilützow

Herrenhaus Dreilützow

19243 Dreilützow/
Gem. Wittendörp
Landkreis Ludwigslust

Nordöstlich von Wittenburg findet man den einstigen Besitz, der 1333 Eigentum des Burchard von Lützow war. Im Jahre 1725 erwirbt der Geheime Rat und kurhannoversche Premierminister Andreas Gottlieb Freiherr von Bernstorff das Anwesen und beginnt im gleichen Jahr mit dem Bau des Herrenhauses nach Plänen des holsteinischen Architekten Johann Paul Heumann. Mitte des 18. Jahrhunderts wird durch den gleichnamigen Enkel das stattliche zweigeschossige barocke Gebäude vollendet, dessen Ehrenhof zwei eingeschossige Wirtschaftsgebäude flankieren. Im Jahr 1929 verkauft die Familie von Bernstorff das Gut, welches daraufhin aufgesiedelt wird. 1945 werden die Eigentümer enteignet. Später wird das Herrenhaus als Altenheim genutzt. Der ehemals im französischen Stil angelegte Park wurde nach 1800 zum Landschaftspark umgestaltet. Von den Kleinarchitekturen im Park ist das Teehaus erhalten. Dreilützow verfügt unter anderem über ein Torhaus, das typisch für holsteinische, selten für mecklenburgische Güter ist. Seit 1990 ist im Herrenhaus ein Landschulheim der Caritas als Bildungs- und Begegnungsstätte eingerichtet.

Oben: Herrenhaus Drölitz

Unten: Herrenhaus Dudendorf

Herrenhaus Drölitz

18299 Drölitz/Gem. Diekhof
Landkreis Güstrow

Das Herrenhaus in Drölitz, zu finden nordöstlich von Güstrow und südlich von Laage, erhielt um 1845 seine heutige Gestalt. Seit dem Jahre 1867 befand sich das Gut im Eigentum der Familie von Bassewitz. Gräfin Ella von Schlieffen, eine geborene von Bassewitz, lebte bis zu ihrer Enteignung und Vertreibung nach dem Zweiten Weltkrieg auf dem Gut. Der Mittelrisalit an der Hoffront des zweistöckigen verputzten Gebäudes mit Walmdach hebt sich besonders durch seine Zierde und die halbrunde Einbuchtung hervor. Darüber befindet sich ein Türmchen mit Uhr und Glocke. Heute ist das restaurierte Herrenhaus, das im rückwärtigen Bereich von einem schönen Park mit altem Baumbestand von Rotbuchen, Trauerbuchen, Weißbuchen, Stieleichen, Sommer- und Winterlinden gesäumt wird, wieder in Privatbesitz und bewohnt. Hier befinden sich auch die Grabstätten der Grafen von Schlieffen und ein Eiskeller.

Herrenhaus Dudendorf

18334 Dudendorf/ Gem. Dettmannsdorf
Landkreis Nordvorpommern

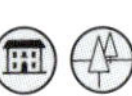

Dudendorf liegt am nördlichen Recknitztalrand, südwestlich von Bad Sülze. Urkundlich erwähnt wurde das Dorf erst im 16. Jahrhundert. Sein Name ist von dem Personennamen „Dude“ abgeleitet. Ursprünglich befand sich das Gut im Besitz der Familie von der Lühe. 1803 erwarb es der Baron von Waiz von

Eschen. Diese Familie verblieb bis 1886 in Dudendorf. Noch im gleichen Jahr kam das Gut an die Familie Andreae. Der letzte Besitzer wurde 1945 von sowjetischen Soldaten erschossen. Entstanden ist das Herrenhaus in der zweiten Hälfte des 19. Jahrhunderts im Stil der Tudorgotik, ein zweigeschossiger Putzbau, an dessen westlicher Schmalseite sich ein viergeschossiger Rundturm befindet. Hofseitig ist der Bau durch zwei unterschiedlich ausgebildete, übergiebelte Seitenrisalite gestaltet, das Gebäude zieren mehrere verandenartige Anbauten. Die einstige Fassadengliederung wurde später stark vereinfacht. Das Herrenhaus befindet sich heute wieder in Privatbesitz und die umfangreiche Gutsanlage wird genutzt. Ein kleiner Landschaftspark umgibt das Herrenhaus.

Herrenhaus Ehmkendorf

18195 Ehmkendorf/
Gem. Stubbendorf
Landkreis Bad Doberan

Am Recknitztal zwischen Tessin und Bad Sülze, einer der schönsten Flusslandschaften Norddeutschlands, steht das Wildkräuterhotel Ehmkendorf, das sich seit 1991 in Privatbesitz befindet und 1996 in die Landesdenkmalliste aufgenommen wurde. Das Herrenhaus entstand 1790 als Meierei des Gutes Stubbendorf und wurde unter Röper 1843 ein Allodialgut. Ende des 19. Jahrhunderts war es im Besitz der Familie von Schack, der 1913 Hans Otto Ullner und ab 1924 Eduard Jesse folgten. Doch seine heutige architektonische Gestalt erhielt das Gutshaus 1864 von Schack.

Herrenhaus Ehmkendorf

Nach der Enteignung 1945 zogen in den historischen Bau Flüchtlinge ein, später wurde er Wohnsitz, Verwaltungs- und Dienstleistungsgebäude. Im Jahre 1997 begann der 1996 gegründete Verein „Gutshaus Ehmkendorf" mit Sicherungs- und Sanierungsarbeiten, mit dem Ziel, hier Kurse und Ausstellungen durchzuführen und gleichzeitig eine Begegnungsstätte für nationale und internationale Künstler zu schaffen. Im Jahre 2007 wurde das Herrenhaus als Wildkräuterhotel mit vielfältigen Veranstaltungen, wie Kochen und Wildkräuterwanderungen, und für Konzerte eröffnet. Der gepflegte Landschaftsgarten mit Skulpturen lädt zum Verweilen ein.

Drostenhaus Feldberg

17258 Feldberg/Gem. Feldberger Seenlandschaft
Landkreis Mecklenburg-Strelitz

Unmittelbar am Haussee in der Feldberger Seenlandschaft, östlich von Neustrelitz, steht auf einer Anhöhe das Drostenhaus, ein zweigeschossiger verputzter Fachwerkbau von 1781/82, auf den Resten eines im Jahre 1700 abgebrochenen Schlosses. In der Mitte des 13. Jahrhunderts war dieser Bereich eine Insel, die eine fürstliche Burg in Stein gemauert, ein „festes Haus", zum Schutze der Grenze gegen die Uckermark war und somit dem See den Namen Haussee gab. Die Burg war ein Lehen

Drostenhaus Feldberg

nebst weiteren Gütern der Familie Feldberg (Veldberghe), nach der auch der Ort benannt wurde. Als die Familie Mitte des 15. Jahrhunderts ausstarb, teilten sich die Kerkow und Oertzen den Besitz. 1500 erhielt die gesamte Anlage der Knappe Hinrich Rieben von Gahlenbeck durch Kauf und veräußerte diese schon 1516 an die Herzöge von Mecklenburg, mit denen die Burg zum Schloss und somit zum fürstlichen Besitz wurde. Genutzt wurde das Anwesen als Sitz eines Amtes. Auch in Feldberg wütete der Dreißigjährige Krieg mit der Folge großer Verwüstung. Auch das Schloss und weitere Gebäude waren betroffen und verfielen allmählich. Im Jahre 1770 wurden die Reste bis auf das Kellergeschoss abgetragen und 1781/82 auf den Grundmauern das heutige Gebäude errichtet. Wiederum als Sitz eines Amtes für Feldberg genutzt, bekam es den Namen Drostenhaus, da der höchste Landesbedienstete der fürstlichen mecklenburg-strelitzschen Besitzer als Landdroste oder Droste bezeichnet wurde. Bis in das 20. Jahrhundert hinein bestand hier der Sitz des Amtes, dann wurde das Gebäude eine Schule, später stand es lange ungenutzt. Im Jahre 2000 kam das Objekt wieder in private Hände einer Familie und 2002 wurde der Drostenbau als Ferienhaus feierlich eingeweiht.

Herrenhaus Fincken

Heute findet der Gast und Besucher hier komfortable Appartements unterschiedlicher Größe. Zur Anlage gehören eine eigene Badestelle, Boote, zwei Saunen und ein Fahrradverleih.

Herrenhaus Fincken

17209 Fincken

Landkreis Müritz

Der zweigeschossige Putzbau mit übergiebeltem Mittelrisalit, Nischen und Balkon über dem Portal und einer Freitreppe wurde 1801 mit gartenseitigem Anbau im Stil der Tudorgotik von 1850 errichtet. Man findet ihn südwestlich von Röbel, nahe der A 19. Das Gut war vor 1400 im Besitz der Familie von Priegnitz, ab dem 15. Jahrhundert wechselten die Besitzverhältnisse zwischen der Familie von Grambow und der von Priegnitz. Schließlich, von 1759 bis zur Aufsiedelung 1930, gehör-

te das Gut der Familie von Blücher. In der ersten Hälfte des 19. Jahrhunderts wurde der Landschaftspark mit Mausoleum angelegt.
In den Jahren 1973/74 wurden das Herrenhaus und die ehemalige Reithalle weitreichend umgestaltet und als Betriebsferienheim genutzt. 1990 legte man in das Gutshaus ein Hotel, baute 1993 die Hotelzimmer um und renovierte 1994 die Fassade. Nur kurzzeitig wurde es als solches betrieben, dann übernahm es das Kreisdiakonische Werk Güstrow. Heute steht das schlossartige Gutshaus leer.

Jagdschloss Friedrichsmoor

19306 Friedrichsmoor/
Stadt Neustadt-Glewe
Landkreis Ludwigslust

Nördlich von Neustadt-Glewe, in einem weiten Moorgebiet in der Lewitz, hatten die Herzöge von Mecklenburg-Schwerin ihr Jagdgebiet, in dem 1612 ein Jagdschloss im ehemaligen Ordenshaus der Johanniterkomturei in Kraak für Herzog Adolf Friedrich I. von Mecklenburg erbaut wurde. Im 18. Jahrhundert erfolgte der Bau zweier weiterer Jagdhäuser für die mecklenburgischen Herzöge. 1780 wurde ein neues eingeschossiges, dreiflügliges Jagdschloss in Fachwerk für Herzog Friedrich nach einem Entwurf von Johann Christoph Heinrich von Seydewitz erbaut und 1791 unter Herzog Friedrich Franz I. von Mecklenburg-Schwerin vollendet. Daher auch der Name Friedrichsmoor. Um die Mitte des 20. Jahrhunderts wurde es zunächst als Forstamt und später von der Universität Rostock genutzt. In dieser Zeit brachte man eine 1815 in Paris bei Dufour gedruckte farbige Bildtapete „Jagd im Wald von Compiègne" nach Entwürfen von Charles Vernet in den Gartensaal ein. Heute genießen Gäste der Pension mit Restaurant die ruhige und landschaftlich schöne Lage.

Jagdschloss Friedrichsthal

19057 Friedrichsthal/
Stadt Schwerin
Landeshauptstadt

Friedrichsthal, 1798 nach Großherzog Friedrich Franz I. benannt, ist ein Stadtteil von Schwerin und liegt an der B 104 in Richtung Gadebusch, an der auch das zweigeschossige, in Fachwerk errichtete Jagdschloss von 1790 zu finden ist. Dem Hauptgebäude schließen sich seitlich eingeschossige Kava-

Jagdschloss Friedrichsmoor

lierhäuser von 1798 an. Die auf das Schloss zuführende Lerchenallee wurde im gleichen Jahr angelegt. Der „Hellkrug", eine viel besuchte Gastwirtschaft, zu deren Gästen auch der damalige Regierungsrat von Brandenstein zählte, pachtete hier ein Stück Land und ließ um 1790 ein Sommerhaus errichten, das zugleich das Wahrzeichen des kleinen Ortes werden sollte. Großherzog Friedrich Franz I. erwarb 1797 dieses Haus und gestaltete es zum Jagdschloss, dem später zwei Nebengebäude für den Jägermeister und die Meute auf der anderen Chausseeseite hinzugefügt wurde. Im Jahre 1805 wurde das Haupthaus um ein Stockwerk erhöht und mit einer 1815 in Paris gedruckten Tapete, die Szenen einer Rotwildjagd zeigt, ausgestattet. Eine letzte Hofjagd soll 1822 in Friedrichsthal stattgefunden haben. Der Großherzog stellte danach das Schloss Vereinen und Bürgern zur Verfügung. Zahlreiche Versuche, das Anwesen in den Folgejahren zu verkaufen, blieben ohne Erfolg. Im Jahre 1914 erholten sich im Jagdschloss Soldaten. Um die Jahrhundertwende wurde Friedrichsthal Luftkurort und beliebtes Ausflugsziel der Schweriner Bürger und schließlich 1936 eingemeindet. Nach 1945 wurde das Jagdschloss zum Tuberkulosekrankenhaus umfunktioniert und diente später bis zur Wende als Altenheim. Seit 1993 ist das Jagdschloss ungenutzt und steht zum Verkauf.

Jagdschloss Friedrichsthal

Herrenhaus Fürstenhof

Herrenhaus Fürstenhof

17179 Fürstenhof/
Gem. Finkenthal
Landkreis Güstrow

Im Jahre 1729 ließ Herzogin Auguste auf der Finkenthaler Gemarkung eine Meierei errichten, um die das Gutsdorf, der spätere Fürstenhof, entstand, das auf halber Strecke zwischen Gnoien und Dargun zu finden ist. Verwaltet wurde die herzogliche Domäne durch die Nachbardomäne in Schlutow, bis 1882/83 Fürstenhof erbaut und 1885 als Domäne seine komplette Selbstständigkeit erhielt. Bis 1945 bewirtschafteten Pächter eigenständig die Anlage durch Ackerbau, Milchwirtschaft und Pferdezucht. Nach 1945 wurde das Land an einzelne Bauern vergeben und später zu einer Landwirtschaftlichen Produktionsgenossenschaft vereint. In das Gutshaus und die Nebengebäude zogen vier Familien ein. 1998 riss man die inzwischen leer stehenden Nebengebäude ab. Bis 2002 wurde das Herrenhaus nicht genutzt, doch 2003 zog in die Domäne Fürstenhof ein selbstständiger ökologischer Landwirtschaftsbetrieb ein. Nach altem Grundriss von 1882 wurde das Gutshaus ausschließlich mit Holz und Lehm saniert und mit Appartements ausgestattet. Der gepflegte Park, ein Ort der Ruhe und Entspannung, birgt einen ökologischen Schwimmteich. Die Gäste können ein reichhaltiges Freizeitangebot nutzen.

Schloss Gadebusch

19205 Gadebusch
Landkreis
Nordwestmecklenburg

Gadebusch, mit seinem 1571 bis 1573 errichteten dreigeschossigen Schloss auf dem Platz der ehemaligen, 1181 urkundlich erwähnten Burg, liegt 25 Kilometer nordwestlich von Schwerin. Die Burg wurde durch Heinrich den Löwen zerstört. Die Vogtei hatte zunächst ein Mitglied der Familie Bülow als Pfandbesitz empfangen, die zeitweilig dort anwesend war, doch dieser war es nicht gelungen, auf Dauer in Gadebusch Fuß zu fassen, und so blieb es weiter ein herzogliches Amt. Auch die Bassewitz waren im 15. Jahrhundert im Besitz des Anwesens. Baumeister Christoph Haubitz baute das Schloss 1571 unter Verwendung mittelalterlicher Bauteile für Herzog Christoph von Mecklenburg und Bischof von Ratzeburg, dem das Amt Gadebusch als Tafelgut zugeteilt war und der es als Residenz nutzte. Im 19. Jahrhundert trug man einige Gebäudeteile ab, darunter auch das Torhaus. 1903 restaurierte man die verbliebene Anlage. Nach dem Zweiten Weltkrieg wurde das Schloss ein Internat. Später wurde in einem Seitenflügel ein Heimatmuseum eingerichtet. Bis heute sind am dreigeschossigen Hauptgebäude die Friese, Pilaster sowie Fenster- und Portaleinrahmungen aus Terrakotta erhalten, die aus der Werkstatt des Niederländers Statius von Düren in Lübeck stammen, und im Inneren einige bei der Veränderung von 1878/79 reich gerahmte Terrakottaportale und das Treppenhaus.

Herzog Johann Albrecht entwickelte im 16. Jahrhundert den Terrakottastil, der in der deutschen Architektur eine Sonderstellung einnahm und in Mecklenburg nur vereinzelt vorkam. Das ungenutzte Schloss steht im Bereich einer Museumsanlage auf einer Anhöhe. Im Museum werden Regional- und Stadtgeschichte sowie Ausstellungen bildender Künstler gezeigt.

Schloss Gadebusch

Herrenhaus Gamehl

23970 Gamehl/Gem. Benz
Landkreis
Nordwestmecklenburg

Seit 1387 war das nordöstlich von Wismar gelegene Gut über 600 Jahre ununterbrochen im Besitz der Familie von Stralendorff. Der letzte Besitzer bis zur Enteignung 1945 war Klaus von Stralendorff. Der wendische Begriff Gamehl verweist auf Hügel und somit auf die erhöhte Lage des Ortes. Der Vorgängerbau des heutigen Herrenhauses wurde zu Beginn des 19. Jahrhunderts abgerissen. 1860 wurde für Franz von Stralendorff ein Wohnsitz im neogotischen Stil errichtet, der in der Gartenfront eine Inschriftplatte und Wappentafel birgt. Architekt war der aus Wismar stammende Thormann, der dem Herrenhaus ein auffallendes Aussehen im Mittelpunkt einer großen Gutsanlage gab. Nicht nur die Außenarchitektur verzaubert den Betrachter, auch im Innern wurde nicht an einer luxuriösen Ausstattung gespart, was an den reich mit Stuck, Parkett und Holzdielenböden ausgestatteten Räumlichkeiten zu erkennen ist. Wie in vielen anderen dieser Bauwerke fanden hier nach Kriegsende Flüchtlinge Zuflucht; später wurde ein Konsumladen untergebracht. In den 70er-Jahren des letzten Jahrhunderts riss man die Stallungen und Scheunen ab. Dagmar von Stralendorff erwarb im Jahre 2000 den Besitz ihrer Vorfahren zurück und ließ diesen weitgehend in originaler Struktur mit den charakteristischen Stilelementen aufwendig restaurieren. 2008 wurde das Herrenhaus als Hotel

Herrenhaus Gamehl

eröffnet und zeigt sich den Gästen in ursprünglicher Pracht. Golfen und Reiten in der Umgebung bietet sportliche Betätigung, im einstigen Herrenhaus kann man den Bund fürs Leben schließen und im angrenzenden Park wohltuende Spaziergänge unternehmen.

Herrenhaus Garlitz

19249 Garlitz/Stadt Lübtheen

Landkreis Ludwigslust

Nur wenige Kilometer nordwestlich von Lübtheen gelegen, ist Garlitz zu finden. Das hier stehende und 1868 im neugotischen Tudorstil erbaute Herrenhaus befand sich bis 1945 im Besitz der Familie von Laffert, einem mecklenburgischen Adelsgeschlecht. Nach Enteignung der Familie wurde es bis 1993 als Altenheim genutzt. In den Jahren 2000 und 2001 erfolgte durch einen Privateigentümer sowohl äußerlich als auch im Innenbereich eine umfassende Instandsetzung, die fast einem Neubau gleicht. Das Herrenhaus steht nun zum Verkauf. Das Anwesen liegt in einem parkähnlichen Gelände mit sehr schönem altem Baumbestand und einer alten „Lindenallee zur Sude", einem Nebenfluss der Elbe. Auch ein neu angelegter Teich kam zur Anlage hinzu.

Herrenhaus Garlitz

Jagdschloss Gelbensande

18182 Gelbensande

Landkreis Bad Doberan

Idyllisch gelegen an der europäischen Route der Backsteingotik, zwischen Ribnitz-Damgarten und Rostock, versteckt in einem Waldgebiet, ist das prächtige Jagdschloss zu finden, das den englischen Landhausstil mit Elementen russischer Folklorearchitektur vereint. Errichtet wurde es 1886/87 aus rotem und gelbem Backstein mit Fachwerk nach Entwürfen von Gotthilf Ludwig Möckel für den Schweriner Großherzog Friedrich Franz III. und seine Frau Anastasia Michailowa, Großfürstin von Russland. Ihre Leidenschaft galt dem Tennissport und Autofahren. 1901 organisierte sie eine Sternfahrt zum Jagdschloss, an der 40 Automobile teilnahmen. Nach dem Tod des lungenkranken Großherzogs war das Jagdschloss Witwensitz und die Großfürstin zog hier ihre drei Kinder groß. Dieser historische Bau hat in Mecklenburg-Vorpommern deshalb eine so besondere Stellung, weil er mit bedeutenden Persönlichkeiten der Geschichte verbunden ist. Er war auch Elternhaus der Kronprinzessin Cecilie und der dänischen Königin Alexandrine. Am meisten nutzte Großherzog Friedrich Franz IV. von Mecklenburg-Schwerin den Besitz, doch im November 1918 musste er abdanken und die großherzogliche Familie wurde enteignet. Im Zuge von Verhandlungen mit der republikanischen Regierung des Freistaates Mecklenburg-Schwerin wurde ihr im September 1919 das Wohnrecht zugesprochen und die Familie verbrachte hier bis 1944 einige Monate im Jahr. Gelbensande war 1945 im Besitz der Familie von Laffert und wurde kurzfristig Lazarett, unter der Verwaltung der sowjetischen Militäradministration stehend, dann Altenheim. Doch schon vom Herbst 1945 bis 1947 funktionierte man es als Krankenhaus um und richtete das Jagdschloss bis 1973 als Tbc-Heilstätte ein. Von 1982 bis 1985 wurde der historische Bau als Arbeiterwohnunterkunft genutzt, ging dann in das Eigentum der Gemeinde über und wurde geistig-kulturelles Zentrum für den Rat der Gemeinde, Bibliothek, Dorf- und Veteranenklub, medizinische Einrichtung und Niederlassung des Dienstleistungsgewerbes. Das nach der Wiedervereinigung geplante Spielkasino wurde nie verwirklicht, doch der 1995 gegründete

Jagdschloss Gelbensande

Herrenhaus Gerdshagen

Förderverein übernahm das im Schloss eingerichtete Museum, das eine Sammlung von Zeichnungen des Architekten und mecklenburgischen Hofbaurates Gotthilf Ludwig Möckel, Porzellan und wechselnde Ausstellungen für seine Besucher bereithält. Mit einer gastronomischen Einrichtung lädt Gelbensande die Gäste zum Verweilen und darüber hinaus zu Veranstaltungen und Konzerten ein. Trauungen, Kaminabende, Schloss- und Jagdfeste gehören ebenfalls zum Angebot des Jagdschlosses. Die Kinder erfreut vor allem der Streichelzoo. Auch der beeindruckende Anblick der zahlreichen Erkertürmchen, Loggien und Balkons aus Holz und im Innern die ursprünglich erhalten gebliebene Raumfolge sowie im Hauptgeschoss die Türen, Paneele, Kamine und Teile der Ausstattung ziehen viele Besucher an. Im Jahr 2000/01 erfuhr das Jagdschloss eine umfassende Instandsetzung. Das angrenzende Waldgebiet ist geradezu ideal für ausgiebige Wanderungen.

Herrenhaus Gerdshagen

18239 Gerdshagen/Gem. Satow
Landkreis Bad Doberan

Gerdshagen, ein kleiner Ort südlich von Bad Doberan und nur 6 Kilometer nordwestlich von Satow, konnte schon im 16. Jahrhundert einen Hof vorweisen, über den 1599 der Pastor Johann Röpke zu Satow berichtete. Es war ein Nebengut der Familie von Oertzen auf Roggow, als von 1545 bis 1553 der Vicke von Oertzen mit seinem Bruder

Jürgen auf Hof Gorow lebte und im Jahre 1555 erstmals der Wohnsitz in Gerdshagen erwähnt und ihr Stammgut wurde. Nachdem 1772 die Familie von Oertzen ihr Gut verlassen hatte, gab es in der Folge mehrere Eigentümer, zu denen die Familien Mühlenbruch, Kleinworth, Eggers und Wiskott zählten. In deren Zeiten auf Gut Gerdshagen änderte sich auch mehrfach das Aussehen des Gutshauses. Besonders nach dem Ende des Zweiten Weltkrieges bis in das Jahr 1989 hatte die gesamte Anlage stark gelitten, aber das Gutshaus wurde in dieser Zeit nur einmal renoviert, wobei die Fassade verändert wurde. Die Gemeinde Satow verkaufte im Jahre 1999 das Gebäude an die Familie Arndt, die es 2000 aufwendig sanieren ließ und dem Barockbau wieder ein prächtiges Aussehen verlieh. Seit 2001 bestehen Ferienwohnungen und verschiedene kulturelle Veranstaltungen, wie Konzerte, Feste und Ausstellungen im Park und im Pferdestall, werden angeboten. Im Jahr 2003 wurde der „Verein Denk-mal an Kultur e. V.“ gegründet, der nun seinen Sitz im Herrenhaus hat.

Herrenhaus Gevezin

Herrenhaus Gevezin

17039 Gevezin/
Gem. Blankenhof
Landkreis Mecklenburg-Strelitz

Der breit gelagerte, eingeschossige Putzbau von Gevezin ist westlich von Neubrandenburg zu finden. Gebaut wurde dieser mit Mansarddach und einem zweigeschossigen Mittelrisalit 1912 im Jugendstil anstelle eines früheren Gutshauses. Hofseitig ist er durch Pilaster gegliedert, zum Garten mit vorspringendem Altan. Im Innern sind die ursprüngliche Raumstruktur und Teile der Ausstattung erhalten geblieben, wie Vertäfelungen und Putz im zentralen Gartensaal. Im Laufe der Jahre bewirtschafteten das Gutshaus verschiedene Besitzer, bis es nach 1945 an die Gemeinde ging. Erst nach der Wiedervereinigung Deutschlands kaufte es Karl-Heinrich Gehricke, der hier in acht Schauräumen ein Indianermuseum mit etwa 4000 Exponaten eröffnete, das anschaulich die Entwicklung der Indianerkulturen von der Urzeit bis zur Gegenwart Nordamerikas zeigt. Nach weiterer Restaurierung plant der Eigentümer eine Karl-May-Gedächtnisstätte sowie eine Galerie mit Gemälden deutscher Maler des 19. Jahrhunderts.

Herrenhaus Gnemern

18246 Gnemern/
Gem. Jürgenshagen
Landkreis Güstrow

Die ursprüngliche Wasserburg mit teilweise erhaltenem feuchtem Graben ist am Rande des Ortes gelegen und dieser ist nordwestlich von Bützow, unmittelbar an der A 20, zu finden. Fürst Borwin ließ auf einem Hügel zum Schutze des Landeswassers von 1218 bis 1223 die Burg erbauen. Im Jahre 1320 kommt die ritterschaftliche Familie Preen in ihren Besitz. Heinrich Preen als Siedlungsoberhaupt gab Gnemern den Namen. Ab 1376 saß hier Ritter Werner von Axekow und dessen Familie. Im 16. Jahrhundert folgten die Fincke, die wie Preen einen wesentlichen Einfluss auf die Geschichte des Landes über Jahrhunderte hinweg hatten. Im 17. Jahrhundert war das Geschlecht der Reventlow aus Kopenhagen wieder in Schleswig-Holstein ansässig und kam in den

Herrenhaus Gnemern

Besitz der Wasserburg in Gnemern. Denen folgten als Eigentümer die mecklenburgischen Geschlechter von Vieregge, später als Viereck bekannt, dann die Oertzen, die Raben und schließlich die von Weißwasser. Von 1661 bis 1945 ging die Anlage in das Eigentum der Familie von Meerheimb über, die zwischen 1682 und 1685 das zweigeschossige Herrenhaus unter dem aus Halle stammenden Obristen Freiherr Hans Wilhelm von Meerheimb, verheiratet mit einer Oertzen aus Mecklenburg, errichten ließen. Anlass des Neubaus war wohl ein im Jahre 1676 ausgebrochener Brand, der den mittelalterlichen Wohnbau zerstörte, aber sicher auch die militärische Bedeutungslosigkeit der Burg. Der Besitz wurde nun ein landwirtschaftliches Gut. Die Anlage zeigt sich heute als ein zweigeschossiger Putzbau mit Walmdach und Attika. Das von

Pilastern flankierte Portal wird durch das Relief eines von Löwen gehaltenen, leider zerstörten Wappens des Bauherrn Hans Wilhelm von Meerheimb und seiner Frau Eleonora von Oertzen geschmückt. Im Vestibül liegt eine zentrale dreiläufige Treppe, weiterhin sind Vertäfelungen, Türen und Kassettendecken, die wohl aus dem 19. Jahrhundert stammen, vorhanden. An den mittelalterlichen Bau erinnert ein kapellenartiger Raum mit spätgotischen Netzgewölben. Im Jahre 1945 flieht die Familie und im Herrenhaus werden Flüchtlinge einquartiert. 1950 übernimmt die Landwirtschaftliche Produktionsgenossenschaft die Anlage. Noch vor nicht langer Zeit war das „Wasserschloss" ein begehrtes Ausflugsziel mit Antik-Café, Feiern im historischen Ambiente und einer Ausstellung von Möbeln und Öfen. Heute ist das Gebäude verlassen und befindet sich in einem maroden Zustand.

Herrenhaus „Schloss Blücher"

17213 Göhren-Lebbin

Landkreis Müritz

Östlich von Malchow und südlich des Fleesen- und Kölpinsees liegt Göhren-Lebbin mit seinem stattlichen „Schloss" aus den Erbauungsjahren 1914/15 in neobarocken Formen nach Plänen der Berliner Architekten Ernst und Günther Paulus. Ursprünglich befand sich hier das Schloss Blücher aus dem Jahre 1842, für den Grafen Ludwig II. von Blücher errichtet, auf dessen Grundmauern das heutige Schloss entstand. Auch der Ort wurde 1843 mit großherzoglicher Einwilligung in Blücher umbenannt. 1871 geht durch Kauf der gesamte Besitz an Hubert von Thiele-Winckler über. Ein verheerender Brand zerstört 1912 nahezu vollständig den einstigen Blücher'schen Besitz, auf dessen Mauern Gutsherr Raban von Thiele-Winckler 1915 ein schlichtes, großes Herrenhaus im Barockstil erbauen ließ. Auch die Neugestaltung des Parks wurde in Angriff genommen, in dem sich heute eine Vielzahl wertvoller Gehölze in hohem Alter befindet. Im Jahr 1926 wird das Anwesen verpachtet und der Haushalt aufgelöst. Die Deutsche Erde Siedlungsgesellschaft mbH kauft 1933/34 den gesamten Besitz. Danach geht das Herrenhaus an Major Erich Barfurth und wird während des Krieges als Schule und zu Wohnzwecken genutzt. Im Jahre 1945 legt man in den einstigen Herrensitz ein Lazarett der sowjetischen Armee und danach dient es zur Aufnahme von Flüchtlingen, später wird es Konsum, Gaststätte, Gemeindever-

waltung, Arztpraxis, Kindergarten, Poststelle und schließlich Verwaltung der Landwirtschaftlichen Produktionsgenossenschaft mit Wohnungen. 1973 übernimmt das Gebäude gar der VEB Kohlehandel und ab 1980 das Volkseigene Kombinat Sero Berlin als Ferien- und Kurheim. 1990 wird ein Hotelbetrieb unter dem Namen „Schloss Blücher" geführt und ab 1997 erfolgt eine Restaurierung mit Anbau. Bis zum Jahre 2000 fanden weitere umfangreiche Umbaumaßnahmen statt und das gewaltige Schloss wird heute als Hotel Radisson SAS Resort Schloss Fleesensee betrieben. Den Gästen werden vielfältige Freizeitaktivitäten geboten: Die Golfer haben ihren Platz, außerdem finden Kremserfahrten ins schöne Müritzer Umland und Konzerte statt.

Herrenhaus Golchen

19412 Golchen/Stadt Brüel
Landkreis Parchim

Nordöstlich von Schwerin und südlich von Brüel befindet sich das einstige Gut, das sich ab 1783 im Besitz der Familie von Kohlhans befand. Noch 1913 ist ein Joachim von Kohlhans aus dem Hause von Stralendorff Eigentümer des Gutes, dessen Gutshaus ein Umbau aus dem Jahr 1857 ist und in Putz mit zwei Ecktürmen auf einer ehemaligen slawischen Ringwallanlage steht. Das in Privatbesitz befindliche Herrenhaus ist nur aus respektvollem Abstand einzusehen. Es liegt direkt am sogenannten „Heidensee" und wird ausschließlich für Wohn-

Herrenhaus „Schloss Blücher", Göhren-Lebbin

Herrenhaus Golchen

zwecke genutzt. Eine Rekonstruktion in den vergangenen Jahren lässt die Anlage wie ein „Schloss" in neuem Glanz erstrahlen. Das edle Wohngebäude umgibt ein Landschaftspark im englischen Stil und am Ufer des Sees befinden sich ein Mausoleum und die Grabstellen der Familie von Stralendorff.

Herrenhaus Goldenitz

19230 Goldenitz/Gem. Warlitz

Landkreis Ludwigslust

In Goldenitz, südwestlich von Pritzier, saß von 1753 bis 1757 die Familie von Pentz im Amt Wittenburg, die zum uralten mecklenburgischen Adel zählt, der bereits 1222 urkundlich mit einem Walter Pentz bezeugt ist. Neben Goldenitz hatten die Pentz auch die Güter Redefin und Warlitz inne und verblieben in dieser Gegend bis zum Jahr 1945. Marquard und Christian von Pentz waren bekannte dänische Feldherren und Letzterer war mit einer Tochter aus einer Seitenlinie des Königs Christian IV. von Dänemark verheiratet. Im Jahre 1784 gelangte das Gut schließlich in Könemann'schen Besitz und verblieb bei dieser Familie mit Otto von Könemann von 1939 bis 1945. Die kleine Hofanlage liegt am Rande eines ehemaligen Parks und wurde als zweigeschossiger Putzbau im neugotischen Stil und vor dem Eingang mit zweiläufiger Freitreppe und Terrasse um 1860 erbaut. Die Hofanlage befindet sich in Privatbesitz und verfällt seit Jahren. Der einstige Park ist nur noch in seinen Grundzügen zu erahnen.

Herrenhaus Goldenitz

Herrenhaus Gottesgabe

19209 Gottesgabe
Landkreis
Nordwestmecklenburg

Herrenhaus Gottesgabe

Der Ort Gottesgabe, der gut 10 km westlich von Schwerin liegt, hatte einst mit seinem Gut den Namen Darermoor geführt und war die Grundherrschaft der Familie von Maltzan und des Geschlechts von Preen. Letztere hatten in der Familie, die bis in das 15. Jahrhundert in Darermoor ansässig war, einen bekannten Seeräuber, Marquard von Preen, der mit Klaus Störtebeker zu vergleichen war. Störtebeker soll hier im Keller der früheren Burg versteckt oder gefangen gewesen sein. Schon seit dem 13. Jahrhundert ist in Mecklenburg die Familie von Halberstadt aus dem Hause Brütz bezeugt. Sie hatte nach den Preens den Besitz übernommen, als hier die Gutsherrschaft aufgelöst worden war. Im 17. Jahrhundert gab diese Familie, nachdem sie ein neues Gut errichtet hatte, dem Ort den heutigen Namen und saß hier von 1575 bis 1674. Darauf übernahmen es die Reventlow und schon 1716 bis 1788 ging es wieder an die Familie Halberstadt. Die Familie Both saß von 1788 bis 1790 auf dem Gut, der mit kurzzeitiger Unterbrechung von 1790 bis 1840 die Familie von der Lühe nachfolgte. Die Familie von Schuckmann, die 1833 in die mecklenburgische Ritterschaft eingeführt wurde, war in Gottesgabe von 1841 bis Ende des 19. Jahrhunderts ansässig. Das Herrenhaus wurde Poststation und später Sitz des Rats der Gemeinde. Das Gut wurde in eine Landwirtschaftliche Produktionsgenossenschaft umgestaltet. Im Jahre 1948 soll der letzte Gutsbesitzer von den Sowjets nach Lübeck verbracht worden sein. Das Gutshaus ist ein Bau aus dem 17. Jahrhundert mit Veränderungen des 19. Jahrhunderts. Hier hatte der sächsische Freiheitsdichter Theodor Körner vor seinem Tode bei Gadebusch als Lützower Jäger während der Napoleonischen Kriege seine letzte Nacht verbracht. Der heutige Eigentümer kaufte das Gutshaus in Gottesgabe mit angrenzendem Grund 2008. Er vermietet Wohnungen und ist stolz auf die botanischen Raritäten im Park, einen 400 Jahre alten chinesischen Busch und alte Eichen von mehr als 6 Meter Umfang.

Herrenhaus Gottin

17168 Gottin/
Gem. Warnkenhagen
Landkreis Güstrow

Gottin liegt nahe der Mecklenburgischen Schweiz, nordwestlich von Teterow. Das Gutshaus wurde 1830 im Auftrag des damaligen Besitzers des Rittergutes, des Hamburger Bankiers Parish, auf älteren Grundmauern errichtet. Der zweigeschossige Backsteinbau, in dem sich heute ein Hotel befindet, ist von einem 1835 romantisch gestalteten englischen Landschaftspark umgeben. Gäste können hier Pyramideneichen, Esskastanien, über 200 historische und englische Rosenarten und exotische Neupflanzungen nach alten Plänen bestaunen. Im Jahre 1939 stockte man das Gebäude auf und fügte einen Anbau hinzu. Historische Bauten waren besonders nach dem Zweiten Weltkrieg begehrt, da man ohne großen Widerstand vor allem Flüchtlinge unterbringen konnte. Später wurde das Gottiner Gutshaus als Schule genutzt. 1995 zogen nach einigen Jahren Leerstand neue Eigentümer in den im klassizistischen Stil erbauten und mehrfach veränderten einstigen Herrensitz ein. Seit der Renovierung im Jahre 1996 wird dieser als kleines individuelles Hotel mit kulturellem Angebot geführt.

Herrenhaus Gottin

Schloss Grambow

Schloss Grambow

19071 Grambow
Landkreis
Nordwestmecklenburg

Keine 10 Kilometer westlich von Schwerin liegt Grambow mit seinem zweigeschossigen neubarocken Gutshaus aus der Erbauungszeit von 1903. Es wurde für den Großherzog von Mecklenburg-Schwerin errichtet. Die adlige Familie von Halberstadt, die bis nach der Reformation im 16. Jahrhundert zahlreichen Grundbesitz erwerben konnte, hatte das Gut als Lehen, bis sie von den Lepel abgelöst wurde. Letztere besaßen Grambow bis zum 18. Jahrhundert. Im Jahre 1766 kam der Besitz in die Hände der aus Schweden kommenden Familie Thomson und 1803 ging das Gut an Heinrich Flügge, der hier eine Glasfabrik betrieb. Im Zuge der Napoleonischen Kriege gab Flügge den Besitz auf. Zahlreiche Besitzer folgten. Um die Mitte des 19. Jahrhunderts gelangte die Familie Passow als Eigentümer an das große Gut, die es im Erbgang an die Freiherren von Brandenstein weitergab. Das neue Herrenhaus entstand unter dem Schweriner Architekten Hermes um 1840 nach englischem Vorbild mit neobarocken Zutaten. Der letzte Besitzer wurde 1945 ermordet, die Familie enteignet und das Gut der Landwirtschaftlichen Produktionsgenossenschaft einverleibt. Bis Ende 1949 brachte man eine Schule der Freien Deutschen Jugend im Herrenhaus unter und laut Planung von 1990 sollte ein Kinderheim eingerichtet werden. Die den Ort dominierende ehemalige Anlage inmitten eines Parks ist in Privatbesitz und unterliegt keiner Nutzung, doch die Ortsbewohner könnten sich in dem äußerlich noch recht gut erhaltenen Gebäude ein aktives Vereinsleben als Kulturzentrum vorstellen.

Herrenhaus Granskevitz

Herrenhaus Granskevitz

18569 Granskevitz/
Gem. Schaprode
Landkreis Rügen

Granskevitz liegt bei Trent im Nordwesten der Insel Rügen. Das zweigeschossige Herrenhaus im Stil der Renaissance, mit einem runden Mittelturm und vorgebauten Erkern, stammt aus dem 17. Jahrhundert und wurde unter Verwendung von Resten eines im 15. Jahrhundert errichteten Gebäudes erbaut. Anbauten stammen aus dem 18. Jahrhundert. Ein Umbau des Inneren erfolgte im Jahre 1939. Bereits 1170 war es Stammsitz der Familie von Platen, die sich hier bis in das 19. Jahrhundert hielt und deren Besitz seit dem 16. Jahrhundert von einem Ringwall und nassem Graben umgeben war. Im Zuge der Enteignung und Aufsiedlung der Güter 1945 und nach der Kollektivierung der Landwirtschaft wurden Wohnungen, ein Kindergarten, die Poststelle und die Verwaltung des Gutes in das Herrenhaus gelegt. Der bekannte Saatzüchter Karl von Schultz war letzter Besitzer des Anwesens und man ließ ihn auch nach Kriegsende als Leiter für kurze Zeit die Saatzuchtstation betreiben, bis er dann verhaftet wurde und als verschollen gilt. Das Gut und Herrenhaus Granskevitz wurde 1991 wieder von der „Nordsaat" übernommen und renoviert. Heute werden im Nordflügel des Gutshauses, das von einem schönen Park mit altem Baumbestand umgeben ist, stilvolle Ferienwohnungen vermietet.

Herrenhaus Gremmelin

18279 Gremmelin/
Gem. Lalendorf
Landkreis Güstrow

Östlich von Güstrow steht in Gremmelin, an der A 19 gelegen, das ursprünglich um 1800 mit späteren Anbauten errichtete zweigeschossige klassizistische Gutshaus, das 1928 abbrannte und im alten Stil neu errichtet wurde. Seit dem 14. Jahrhundert war es im Eigentum der adligen Familie von Oldenburg, bei der es bis in das 17. Jahrhundert verblieb. Danach wechselte es mehrfach die Besitzer. Die Familie von Pentz kam im Jahre 1803 in den Besitz der Anlage, den sie bis 1945 innehatte. Ihre Beziehungen reichten bis an den dänischen Königshof, da Christian Graf von Pentz auf Neudorf mit einer Tochter aus einer Seitenlinie des dänischen Königs Christian IV. verheiratet war. Sie züchteten vor allem Pferde auf ihrem Grund und Boden. Der letzte Besitzer musste seine Heimat verlassen und nach Thüringen ziehen. Nachdem das Gut 1945 enteignet wurde, richtete man ein Lazarett für russische Truppen und später Wohnungen ein. Auch danach gab es Pferde auf dem Hof, nun einer LPG gehörend, die das Grundstück übernahm. Das Herrenhaus wurde in DDR-Zeiten teilweise renoviert. Ein kleiner Park mit Badesee begrenzt den einstigen Herrensitz, eingebettet in eine Wald- und Wiesenlandschaft. Heute als Hotel genutzt, bietet es vielfältige sportliche Angebote und Events, Mal- und Kochkurse, Yoga-Wochen und Konzerte.

Herrenhaus Gremmelin

Herrenhaus Gresse

19258 Gresse
Landkreis Ludwigslust

Wie ein „Dornröschenschloss" erhebt sich das Gutshaus mit seinem hohen seitlich angebauten Turm aus einem völlig verwilderten Park mit kleinem Teich am Rande des Ortes, der unweit nördlich von Boizenburg zu finden ist. Die unregelmäßige Anlage im Stil der englischen Neugotik entstand um 1850. Die Besitzer im Laufe der Jahrhunderte waren die von Schack, von Thun, von Knesebeck und viele weitere. Georg von Drenckhahn ließ 1849 das alte Herrenhaus abreißen und an anderer Stelle, auf einer kleinen Insel, von 1849 bis 1860 von dem aus Wismar stammenden Architekten Thormann das heutige errichten. Ihm folgte ab 1872 die Familie von Ohlendorff. Von 1945 bis 1997 wurde das Gutshaus als Altenpflegeheim genutzt und seit 1997 steht das imposante Haus, das sich im Besitz einer Erbengemeinschaft befindet, leer und verfällt.

Herrenhaus Gresse

Herrenhaus Greven

19386 Greven/Gem. Granzin
Landkreis Parchim

Nordwestlich von Lübz, am Rande des Ortes Greven, steht das zweigeschossige, verputzte Gutshaus im klassizistischen Stil, das sich um 1920 im Besitz der Familie Knebusch befand. Die Geschichte von Greven ist eng mit dem preußischen Oberst Helmuth von Plessen verbunden, der im Jahre 1734 hier Güter kaufte, Bauern ansiedelte und zur Koppelwirtschaft überging. Das in Backsteinbauweise aufgeführte Gutshaus ist im Besitz der Gemeinde und wird heute von einer Produktionsschule für Jugendliche, die noch keinen Schulabschluss beziehungsweise keine Lehrstelle haben, genutzt. Diese absolvieren ein praktisches Jahr in der Ausbildung als Gärtner, im Bereich der Keramikherstellung und der Holzbearbeitung.

Herrenhaus Griebenow

18516 Griebenow/
Gem. Süderholz
Landkreis Nordvorpommern

Oben: Herrenhaus Greven

Unten: Herrenhaus Griebenow

Nach Ende des Dreißigjährigen Krieges wurde Gerd Anton Rehnschiöld mit dem Gut Griebenow belehnt, das gut 10 Kilometer südwestlich von Greifswald liegt. Die Familie Keffenbrinck stammte aus Westfalen, wo sie im Jahr 1586 vertrieben worden war, und nahm nach schwedischer Nobilitierung 1650 in einer Linie den Namen von Rehnschiöld an. Gerd Anton war Kammerpräsident von Schwedisch-Pommern und Finanzverwalter des Landes. Sein Sohn Carl Gustav von Rehnschiöld erbte 1702 das Anwesen. Er ist der Bauherr des „Schlosses", das in der Zeit von 1707 bis 1709 errichtet wurde. Der Bau begann, nachdem er nach der siegreichen Schlacht gegen Russland 1706 zum Feldmarschall befördert und in den Grafenstand erhoben worden war. Die Schlosskapelle in Fachwerk stammt jedoch bereits aus der Zeit um 1650.

Das Herrenhaus ist ein zweigeschossiger barocker, stattlich breit gelagerter Putzbau mit dreiachsigen Mittelrisaliten mit Dreiecksgiebeln an Hof- und Gartenseite, einer doppelläufigen Freitreppe zur Hofseite und einem wappenbekröntem Portal. Der zweigeschossige Festsaal, dem sich beiderseits Räume mit prächtigen Kaminnischen und Stuckdecken anschließen, ist mit aufwendigen Stuckaturen von italienischen Künstlern geziert. Zum Interieur zählten auch eine reiche Ausstattung aus dem Barockzeitalter sowie zahlreiche Jagdtrophäen. Später kamen Möbel aus dem Rokoko und aus der Zeit Ludwigs XVI. hinzu. Die Li-

Herrenhaus Groß Brütz

nie dieser Grafen, die sich deutsch auch Rehnschild nannte, starb in der zweiten Hälfte des 18. Jahrhunderts aus. 1843 avancierten die Keffenbrinck zu preußischen Fideikommissgrafen. Der Besitz kam nach dem Ersten Weltkrieg durch Einheirat an die Familie der Freiherren von Langen, die sich darauf Langen-Keffenbrinck nannte. Diese öffneten 1930 das Schloss zur Besichtigung. Während des Zweiten Weltkrieges wurde ein Müttererholungsheim und Genesungsheim für Tuberkulosekranke untergebracht, das bis zum Jahre 1958 bestand. Größere Umbauten wurden bis 1974 vorgenommen und ein Pflegeheim untergebracht. Um 1800 wurde der weitläufige Landschaftspark unter Einbeziehung von Resten des ursprünglich barocken Gartens angelegt. Hinter dem Herrenhaus liegt ein Teich mit einer Insel, auf der im Sommer Veranstaltungen stattfinden. Der ehemalige Adelssitz bietet heute Räumlichkeiten für Konferenzen an, besitzt einen Festsaal und ein Café. Vor allem zur Bachwoche werden Konzerte gegeben und Lesungen durchgeführt. Kunsthandwerkermärkte sowie Sonderausstellungen ziehen viele Interessierte an. Auch für Hochzeiten wird das historische Ambiente gern genutzt.

Herrenhaus Groß Brütz

19071 Groß Brütz/
Gem. Brüsewitz
Landkreis
Nordwestmecklenburg

Das frühere Rittergut Groß Brütz liegt westlich von Schwerin. Seit 1784 befand es sich im Besitz verschiedener Generationen derer von Lützow. 1862 wurde es durch Heinrich Freiherr von Lützow an den Hamburger Kaufmann Georg Johannes Bock verkauft.

In den Jahren 1880/81 gestaltete es sein ältester Sohn H. C. Bock neu und dessen Sohn Ernst Albrecht Bock hatte das Gut bis zu seiner Vertreibung und Enteignung 1945 im Besitz. Juliane Lösch, geb. Grün, erwarb das Anwesen 1999 und gab es im gleichen Jahr an ihren Sohn Hans Michael Jebsen weiter. Dieser ließ das Gutshaus von 2000 bis 2004 umfassend restaurieren und mit geschmackvollem Interieur ausgestalten. Im Kreise zahlreicher Nachkommen wurde im Rahmen einer Familienfeier das Gutshaus 2004 wiedereröffnet. Ein weitläufiger Park mit alten unter Naturschutz stehenden Bäumen, so auch einer 200-jährigen Magnolie, umgibt das Herrenhaus. Dieses wird heute von einem Urenkel des Georg Johannes Bock bewohnt. An die Schüler der Jagdschule von Gut Grambow sowie an Urlauber werden hier Zimmer mit moderner Einrichtung und Sauna vermietet.

Herrenhaus Groß Gievitz

17192 Groß Gievitz

Landkreis Müritz

Am nördlichen Ende des Torgelower Sees, nordöstlich von Waren, liegt Groß Gievitz mit dem in einem gepflegten Park stehenden Gutshaus. Bis in das 17. Jahrhundert hinein hatten sich die Familien von der Osten, von Voß, von Flotow und von Hahn um das Anwesen gestritten, das sich dann ab 1652 im Besitz der Familie von Voß befand. Das Gutshaus im Barockstil entstand um 1730 und der in einem Park gelegene Gutshof stammt aus dem 18. Jahrhundert. Vom einstigen Gebäudebestand ist jedoch nur der Marstall erhalten geblieben und im Gutshaus gingen die Überreste eines runden, mittelalterlichen Feldsteinturms auf. Gegen Ende der 20er-Jahre des vergangenen Jahrhunderts verkaufte man teilweise das Gut, worauf es 1935 an die Nordsiedlung GmbH kam. 1945 erfolgte die Enteignung, dann zogen Flüchtlinge ins Gutshaus ein. Später wurde dieses als Schule genutzt und heute befindet sich das Herrenhaus wieder in Privatbesitz, wurde renoviert und der Park neu gestaltet.

Herrenhaus Groß Gievitz

Herrenhaus Groß Grabow

**18292 Groß Grabow/
Stadt Krakow am See**
Landkreis Güstrow

Am Rande der Mecklenburgischen Seenplatte, nördlich von Krakow am See, liegt das Gut von Groß Grabow, dessen Ort urkundlich erstmals im Jahre 1419 erwähnt wurde.
Der Name geht auf die slawische Bezeichnung „Grabov" in der Bedeutung „Hainbuche" zurück. Um 1646 sollen sich hier zwei adelige Höfe befunden haben. Auch eine Kapelle wird erwähnt, die Joachim von Cölln gehörte und bis 1797 hier gestanden hat. Dieses Adelsgeschlecht erlosch im 17. Jahrhundert. Mitte des 20. Jahrhunderts gab es in Groß Grabow ein Rittergut mit einer Schmiede, Mühle, Schule und Ziegelei. Noch heute sind die Strukturen eines Gutshofes erhalten, wenn auch einige Wirtschaftsgebäude nicht mehr vorhanden sind oder durch Neubauten ersetzt wurden. Das Herrenhaus ist ein lang gestreckter Putzbau mit Seitenrisaliten und Dreiecksgiebeln sowie einem Mittelrisalit mit geschweiftem Giebel. Vor dem Haus befindet sich eine gepflegte Rasenfläche mit Bäumen und angrenzenden Wirtschaftsgebäuden der Gutsanlage. Um 1930 befand sich das Gut im Besitz eines Dr. Hecker. Nun wieder in Privatbesitz wird das Gutshaus von der Volkssolidarität für Betreutes Wohnen genutzt.

Herrenhaus Groß Grabow

Herrenhaus Groß Kedingshagen

**18445 Groß Kedingshagen/
Gem. Kramerhof**
Landkreis Nordvorpommern

Nicht weit nordwestlich vom Zentrum der Hansestadt Stralsund entfernt, erstrahlt wieder das imposante, zweigeschossige, in gotisierenden Formen erbaute Herrenhaus in neuem Glanz. Der Ortsteil Kedingshagen wurde erstmals 1318 urkundlich erwähnt. Mitte des 19. Jahrhunderts wurde der prächtige Bau mit der großen Freitreppe, dem hohen Turm und dem Anbau errichtet. Besitzer des Gutes war 1907 der Stralsunder Kaufmann und Konsul J. C. Bartels. Der 1864 verstorbene Bartels legte im Testament die Gründung einer Familienstiftung fest, dessen Verwalter die jeweiligen Besitzer des Gutes sein sollten, solange sich dieses im Familienbesitz befindet. Um das Jahr 1937 gelangte das Anwesen in den Besitz der Schirmann'schen Erben. Nach der Wiedervereinigung kam 1997 das Herrenhaus wieder in Privatbesitz. Die neuen Eigentümer veranlassten umfangreiche Sanierungsarbeiten. Das Gebäude wurde in Wohnungen aufgeteilt, die vermietet werden.

Herrenhaus Groß Kedingshagen

Herrenhaus Groß Luckow

17337 Groß Luckow

Landkreis Uecker-Randow

Das 1912 erbaute Gutshaus von Groß Luckow liegt auf halber Strecke zwischen Pasewalk und Strasburg, nahe dem nördlichsten Ausläufer der brandenburgischen Landesgrenze. Es war die Familie von Raven, die über 700 Jahre, von 1198 bis 1945, im Besitz des hiesigen Gutes war. Als die Nachfahren dieser Familie im Jahre 1995 das Gutshaus zurückkauften, befand sich der im neobarocken Stil mit dreiachsig übergiebeltem Mittelrisalit und Walmdach gestaltete Bau in bedauernswertem Zustand. Sie ließen es ab 1996 umfassend sanieren und renovieren, sodass auch die einstigen Jugendstilelemente im Inneren des Hauses wiederhergestellt und die Räumlichkeiten in Einzelwohnungen umgestaltet wurden. An den rückwärtigen Bereich des Gutshauses schließt sich ein Landschaftspark aus dem 19. Jahrhundert an.

Herrenhaus Groß Luckow

Herrenhaus Groß Lüsewitz

18190 Groß Lüsewitz/ Gem. Sanitz

Landkreis Bad Doberan

Die einstige umfangreiche Gutsanlage mit malerisch gruppiertem gründerzeitlichem Herrenhaus mit hohem Turm ist westlich von Sanitz zu finden. Erstmals wurde sie als Rittergut 1344 urkundlich erwähnt. Bis 1485 waren die von Tulendorf hier Lehnsherren. Später besaßen bis 1670 die von Bevernest das Gut als Lehen vom Mecklenburger Herzog. Das von 1896 bis 1898 im Stil der Neorenaissance in Putz erbaute Herrenhaus mit seinen zwei- und dreigeschossigen Fassaden, Altanen, Loggien, Erkern, Dachhäusern, geschweiften Giebeln sowie einem schlanken Eckturm steht inmitten der großen Anlage. Das frei stehende achteckige Obergeschoss des Turms ist in Werkstein mit Vorhangbogenfenstern, fächerförmigen Lunettengiebeln und abschließender Haube mit Laterne gestaltet. Die Raumaufteilung des Herrenhauses blieb weitgehend erhalten. Errichtet wurde es anstelle eines barocken Vorgängerbaus, der 1895 einem Brand zum Opfer fiel. Dieses neue Haus ließ Bauherr Friedrich Ferdinand Biermann, der das Gut von seinem Vater, Gottlieb Friedrich Ferdinand Biermann, erhielt, vom Architekten Gotthilf Ludwig Möckel bauen. Nach dem Tode Biermanns erbte den Besitz wiederum dessen Sohn Werner. Von 1926 bis 1943 befand sich das Gut in den Händen von Hans Thyssen aus Mühlheim, dem Eberhard Thyssen für die letzten zwei Jahre vor Kriegsende folgte. Nach der Enteignung ging das Gut an das Land Mecklenburg, das hier im Herrenhaus ab 1945 ein Altenheim unterhielt, das 1949 einem Tbc-

Herrenhaus Groß Lüsewitz

Krankenhaus weichen musste. Nach Gründung der DDR wurde es das Institut für Pflanzenzüchtung. Die Gemeinde Sanitz kaufte das Herrenhaus, das im Jahre 1995 teilmodernisiert wurde und heute Sitz einer Vermögensberatung ist. Zur Anlage gehört ein Landschaftspark, der nach 1970 um einen Reitplatz erweitert wurde.

Herrenhaus Groß Markow

Herrenhaus Groß Markow

17168 Groß Markow/
Gem. Lelkendorf
Landkreis Güstrow

Nordöstlich von Teterow, inmitten der reizvollen Mecklenburgischen Schweiz, liegt in ruhiger und ländlicher Lage am Rande des Ortes das 1829 errichtete Gutshaus, umgeben von einem weitläufigen Naturpark. In der Geschichte war das im klassizistischen Stil in Putz gebaute Gutshaus von Groß Markow ein interessanter Mittelpunkt früherer Adelsgeschlechter. Heute steht es unter Denkmalschutz. Angeblich soll die 1804 bei Leipzig geborene Ulrike von Levetzow, Tochter des Hofmarschalls von Levetzow in Mecklenburg, viele Jahre ihrer Jugend hier verbracht haben. Ihr zu Ehren wurde ein Zimmer mit Möbeln aus Schweden im gustavianischen Stil dieser Zeit und mit Bildern der Levetzow ausgestaltet. Wer, wenn nicht Johann Wolfgang von Goethe war es, der im mondänen Marienbad der damals 18 Jahre alten Ulrike einen Heiratsantrag machte, den die Mutter höflich ablehnte. Nach 1945 wurde im Gutshaus ein Altersheim eingerichtet. Mit der Wiedervereinigung Deutschlands bekam 1995 der ehemalige Herrensitz ein ansehnliches Äußeres durch eine Teilmodernisierung. Heute kann man das Gutshaus als noble Ferienwohnung, für Festlichkeiten oder andere Veranstaltungen mieten.

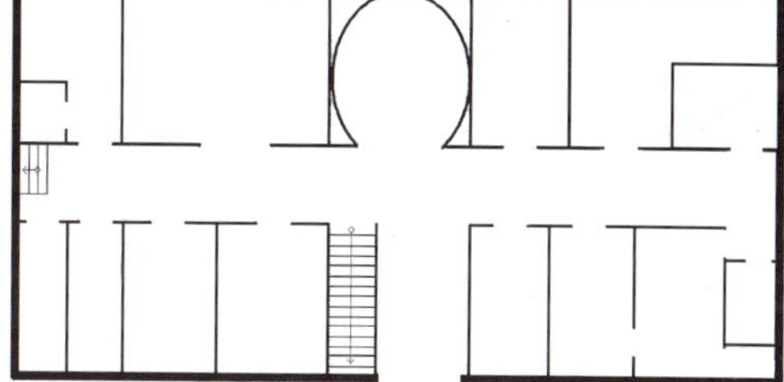

Herrenhaus Groß Markow, Grundriss Erdgeschoss

Herrenhaus Groß Miltzow

17349 Groß Miltzow
Landkreis Mecklenburg-Strelitz

Vom Ende des 15. bis zum Beginn des 20. Jahrhunderts gehörte Groß Miltzow, westlich von Strasburg gelegen, der alten mecklenburgischen Familie von Dewitz, die 700 Jahre, bis 1945, auf Gut Cölpin lebte. Groß Miltzow kam noch in der ersten Hälfte des 20. Jahrhunderts an die noch heute in Niedersachsen ansässige Familie der Freiherren von Bodenhausen und später an die Grafen Schwerin. Das heute hier stehende zweigeschossige in Putz gebaute Herrenhaus des 18. Jahrhunderts, in dessen dreieckigem Giebel das Allianzwappen der Familie von Dewitz und Maltzan zu finden ist, wurde 1840 im Neorenaissancestil umgebaut. Veränderungen wurden nochmals 1974 an der Vorderfront vorgenommen. Nach der Enteignung im Jahre 1945 wurde auf dem einstigen Privatbesitz ein Volkseigenes Gut eingerichtet. Heute ist es wieder in privaten Händen. Dem rückwärtigen Teil schließt sich eine Parkanlage an.

Herrenhaus Groß Miltzow

Herrenhaus Groß Plasten

17192 Groß Plasten
Landkreis Müritz

Ruhe und Geborgenheit findet man im „Schloss“ Groß Plasten, umgeben von der reizvollen, wasserreichen mecklenburgischen Landschaft nordöstlich von Waren. Erstmals erwähnt wurde der Ort bereits im Jahre 1284. Der edle Herrensitz wurde im Jahre 1751 erbaut. Der Kern stammt noch aus dem 18. Jahrhundert, ist aber nach 1900 um den stattlichen Flügelanbau in neobarocken Formen erweitert worden. Der erste Eigentümer, Regierungsrat von Normann, wird im Jahr 1790 erwähnt, er hat vermutlich das Haupthaus am Klein-Plastener See von 1751 erbaut. Um 1800 wird das Anwesen Eigentum des Leutnants von Saldern und 1850 kauft Amtshauptmann Friedrich Heinrich Christian von Michael das Herrenhaus, um es seinem Erben, Dr. jur. Friedrich von Michael, zu überlassen. Durch die Heirat mit Else Haniel, Tochter des Großindustriel-

Herrenhaus Groß Plasten

len Julius Haniel, hat er nicht nur eine wohlhabende, sondern auch eine baufreudige Gattin auserwählt. Diese ließ den Besitz um einen Querbau mit großer Seeterrasse und angrenzendem Park erweitern. Friedrich von Michael wurde Soldat, zog in den Zweiten Weltkrieg und geriet in sowjetische Gefangenschaft. In den ersten Jahren ab 1945 diente die Anlage als deutsches Lazarett, später als Unterkunft der sowjetischen Besatzung und als Flüchtlingsheim. Als von Michael 1949 aus der Gefangenschaft zurückkehrte, war sein Eigentum inzwischen verstaatlicht worden. Von 1951 bis 1991 befand sich im historischen Gebäude eine Bildungsstätte der Landwirtschaft, neben Schule und Internat auch ein Gemeindezentrum mit Arztstation und Bibliothek. 1994 verkauft die Gemeinde das im bedauernswerten Zustand befindliche Gebäude dem Ehepaar Ernst und Marga Walloschke. 1995 erstrahlt das Haus im neuen Glanz und wird als Schlosshotel eröffnet. Im Jahre 2003 wird es nochmals renoviert und erweitert. Reiten, Tennis, Kutschfahrten und physiotherapeutische Behandlungen werden angeboten. Veranstaltungsräume stehen für Tagungen und verschiedene Festlichkeiten zur Verfügung. Ein kleiner Park geht unmerklich in die freie Landschaft über.

Herrenhaus Groß Potrems

18196 Groß Potrems/
Gem. Dummerstorf
Landkreis Bad Doberan

Nordwestlich von Laage in Richtung Rostock liegt Groß Potrems, das namentlich erstmals im Jahre 1373 erwähnt wurde. Das am Rande des Ortes stehende Gutshaus wurde 1871 errichtet, brannte acht Jahre später nieder und wurde 1891 im spätklassizistischen Stil mit großer Gutsanlage wieder aufgebaut. Darauf verweisen auch die zwei Wappen über dem Eingangsportal. Die Familie von Bülow hatte mehr als 300 Jahre den Besitz in ihren Händen, worauf dann weitere Eigentümer folgten, zu denen unter anderem der Rostocker Kaufmann Johann Prüssing und 1804 die Familie von Gadow zählen. 1805 gelangt das Anwesen an Friedrich von Gadow, mit dem Vorwerk Wendorf bei Laage. Letzteres wird 1935 verkauft. Die letzten Besitzer dieser Familie, Hans von Gadow und seine Frau Mechthild, geborene von Plessen, und deren vier Söhne werden 1946 im Zuge der Bodenreform enteignet und ausgewiesen. Das Herrenhaus übernahm die Gemeinde und nutzte es für Veranstaltungen. Auch der Dorfkonsum fand seinen Platz in dem Gebäude. Als Deutschland wieder vereint war, erwarb 1993 ein Berliner Hotel- und Hausbesitzer das Herrenhaus und ließ es umfassend sanieren. 1996 wurde das Schloss-Hotel Nordland eröffnet, stellte jedoch im Jahre 2009 den Betrieb ein, sodass der historische, im guten Zustand befindliche Bau heute ungenutzt steht. Ein weitläufiger Park mit Teich ist von einer Feldsteinmauer umgeben. Hier befindet sich die Familiengrabstätte der Familie von Gadow. Die gesamte Anlage wurde unter Denkmalschutz gestellt.

Herrenhaus Groß Potrems

Herrenhaus Groß Schoritz

18574 Groß Schoritz/Stadt Garz
Landkreis Rügen

Unmittelbar am Schoritzer Wiek, am südlichsten Ende der Insel Rügen, liegt der eingeschossige verputzte Backsteinbau. Bedeutungsvoll ist, dass im Gutshaus der deutsche Patriot und Schriftsteller Ernst Moritz Arndt im Dezember 1769 geboren und ihm zu Ehren ein Gedenkzimmer eingerichtet wurde. Sein Vater, Ludwig Nicolaus Arndt, war Gutsverwalter und später Pächter des Fürsten von Putbus. Ab 1648 gehörte der Besitz für längere Zeit zu Schweden. Die Familie von Kahlden ließ sich hier um 1750 ihren Stammsitz mit hofseitigem Mitteleingang, zweiläufiger Freitreppe, Krüppelwalmdach und Schweifgiebel bauen, doch bereits 1755 erwarb Graf von Löwen das Gut, das sich von 1767 bis 1945 in den Händen der Fürsten zu Putbus befand. Am Giebel der Frontgaube erinnert ein Porträtrelief von 1913 an den Schriftsteller. Nach 1945 wurde der Besitz enteignet und Flüchtlinge bezogen das ehemalige Herrenhaus.

Ab dem Jahre 1997 ließ die Ernst-Moritz-Arndt-Gesellschaft das Gebäude außen und innen restaurieren und neben dem Arndt-Gedenkzimmer dient ein großer Saal verschiedenen Kulturveranstaltungen. Ein kleiner Park, von einer Feldsteinmauer umgeben, lädt zum Verweilen ein.

Herrenhaus Groß Schoritz

Herrenhaus Groß Schwansee

23942 Groß Schwansee/ Gem. Kalkhorst
Landkreis Nordwestmecklenburg

Von 1724 bis 1780 war Groß Schwansee, gelegen an der Lübecker Bucht im Klützer Winkel nördlich von Dassow, Eigentum der westfälischen Familie von Both. Freiherr Wilhelm Ludwig Hartwick von Both ließ 1745 den dreigeschossigen Putzbau mit Walmdach, abgesetztem Sockelgeschoss und Eckquaderung sowie beidseitigen Mittelrisaliten, in denen sich das Wappen des Bauherrn befindet, errichten. Die ursprüngliche Raumaufteilung

Groß Schwansee

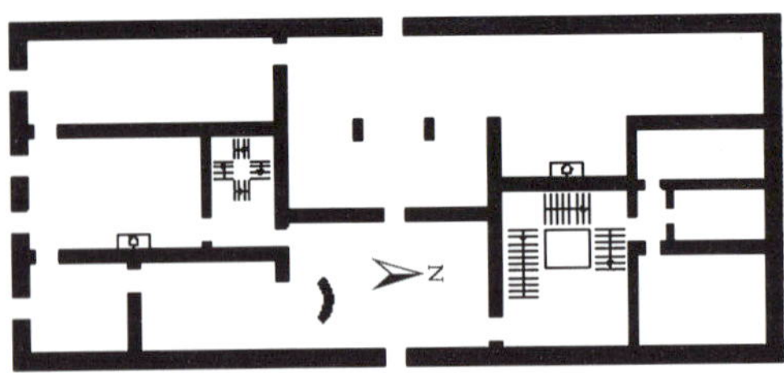

Herrenhaus Groß Schwansee Grundriss Haupthaus, Erdgeschoss

blieb dem Herrenhaus erhalten und in einigen Räumen, wie dem Gartensaal, sind der feingliedrige Stuckdekor sowie mehrere Öfen aus der Erbauungszeit noch vorhanden. Im Jahre 1780 verkauften die Besitzer ihr Eigentum an die Grafen von Brockdorff, denen ab 1797 verschiedene Eigentümer, so auch der Hamburger Kaufmann Johann Heinrich Schröder, folgten, von dem ein Zweig 1868 den preußischen Freiherrentitel erhielt. 1945 wurde diese Familie enteignet und die Gutswirtschaft aufgelöst. Das Herrenhaus wurde in DDR-Zeiten für verschiedene Zwecke genutzt, doch zunächst brachte man hier Flüchtlinge unter, später richtete man eine Schule und ein Internat ein. Nach der Wiedervereinigung Deutschlands stand das Herrenhaus bis 1999 leer. Die Silvius Dornier GmbH & Co. KG kaufte den Komplex und eröffnete 2002 ein Hotel. Das Schlossgut diente mit dem separaten Pferdestall bis 2002 für verschiedene Veranstaltungen. Hier wurden 2005 Aufnahmen für den Kinderfilm „Paulas Geheimnis“ gedreht und 2006 wurde das Schlossgut um einen Wintergarten und ein zweites Restaurant erweitert. Es bietet darüber hinaus einen Wellness-Bereich. Zur Bundesgartenschau 2009 war Groß Schwansee einer von drei Außenstandorten im Kreis Nordwestmecklenburg.

Herrenhaus Groß Schwansee

Herrenhaus Groß Siemen

18236 Groß Siemen/ Stadt Kröpelin

Landkreis Bad Doberan

Herrenhaus Groß Siemen

Südöstlich von Kröpelin steht am Rande von Groß Siemen der zweigeschossige Backsteinbau im Stile englischer Landhäuser in neorenaissancer Architektur unter einem Walmdach. Das prächtige Eingangsportal, in klassizistischer Form gestaltet, trägt auf zwei dorischen Säulen einen Balkon. Die Fassaden sind durch abgesetzte Putzlisenen und Gesimse gegliedert und der gesamte aufwendig sanierte Bau steht unter Denkmalschutz. Auch dieses Herrenhaus kann auf eine lange und bewegte Geschichte verweisen. Bereits 1355 wird hier ein Gutsbesitzer Ritter Friedrich von Babbe zu Teutschen Symen genannt und der am Gut vorüberfließende Bach Sieme wird schon im Jahre 1250 erstmals urkundlich erwähnt. Das hiesige Gut war lange vor 1700 im Besitz der Familie von Bülow, bis es 1701 an die Familie von Plessen ging und ab Mitte des 18. Jahrhunderts häufig die Besitzer wechselte. Seit 1826 war die Familie Maue im Besitz des Gutes, die auch 1894 das Herrenhaus erbauen ließ. Anlässlich der Eheschließung von Ladislaus Schröder und Elisabeth von Schwartz erwarben 1902 deren Väter das Gut und schenkten es dem Paar. Es blieb bis 1945 im Familienbesitz. Darauf diente das Herrenhaus als Unterkunft für Flüchtlinge und wurde nachfolgend von der Gemeinde für verschiedene Zwecke genutzt. Im Jahre 2001 hat die Familie Schütte das Haus übernommen und Ferienwohnungen eingerichtet. Der weitläufige Park wurde 2009 in die Bundesgartenschau eingebunden, in dem Rosen- und Lichterfeste stattfanden.

Herrenhaus Groß Toitin

17126 Groß Toitin/Stadt Jarmen

Landkreis Demmin

Östlich von Jarmen, an der B 110 nach Anklam, liegt das einstige ritterschaftliche Gut mit seinem eingeschossigen Backsteinbau des 19. Jahrhunderts, das vermutlich als Witwenhof derer von

Heyden zu Kartlow entstand. Herzog Philipp zu Pommern gab Groß Toitin 1536 der Familie von Heyden zu Lehen. In den Jahren von 1840 bis 1860 erwarb Woldemar von Heyden auf Kartlow zahlreiche Güter, darunter auch 1846 Groß Toitin von seinem Vetter Helmuth von Heyden-Linden. In den darauf folgenden Jahren wurde das Dorf abgetragen und ein neues mit Kirche entstand. Woldemar kaufte weiteren Besitz auf, um ein Fideikommiss bilden zu können. Um 1940 befand es sich in der Hand einer Erbengemeinschaft. Nach einer wechselvollen Geschichte ist das Gutshaus samt Nebengebäude heute wieder im Privatbesitz einer Marburger Familie und beide Bauten stehen unter Denkmalschutz. Nach aufwendiger Renovierung der Objekte und der Gartenanlage findet man hier erstklassige Ferienwohnungen und kann ein großzügiges Familienangebot nutzen.

Herrenhaus Groß Toitin

Herrenhaus Groß Wüstenfelde

17168 Groß Wüstenfelde

Landkreis Güstrow

Groß Wüstenfelde wird erstmals im Jahre 1314 in einer Urkunde als „Wostenuelde“ erwähnt. Nördlich von Teterow, am Rande der Mecklenburgischen Schweiz, ist das um 1700 errichtete zweigeschossige barocke Fachwerkhaus mit hohem Walmdach zu finden. Erbaut wurde es innerhalb einer mittelalterlichen Wallgrabenanlage slawischen Ursprungs. Später besiedelten diese Region deutsche Bauern und Ritter, sodass bereits 1283 hier ein Rittergeschlecht der Smeker erwähnt wurde und die erste Burganlage vermutlich ein Turm war. Die später erbaute Burg stand anstelle des heutigen Gutshauses. In den weiteren Jahrhunderten wechselten häufiger die Besitzer, von denen die von Ribbeck, von Bassewitz und von der Kettenburg zu nennen wären. Um 1930 siedelten katholische Bauern das Land auf und zu DDR-Zeiten wurde es wie viele andere dieser Häuser von der LPG genutzt. In Privatbesitz kam es wieder 1994, worauf 1995/96 das Gutshaus renoviert wurde, das in seiner Baubeschaffenheit im Wesentlichen erhalten

Herrenhaus Groß Wüstenfelde

geblieben ist. Auch die hier vorhandene steinerne Brücke wurde freigelegt und restauriert. Im Gutshaus entstanden fünf Wohnungen, davon werden zwei für Feriengäste angeboten.

Herrenhaus Gültz

17089 Gültz

Landkreis Demmin

Der zweigeschossige Putzbau in neugotischen Formen von 1868 bis 1872 steht am Rande des Ortes Gültz, nordwestlich von Altentreptow. Entworfen hatte den Bau, der einen dreigeschossig übergiebelten Mittelrisalit und viereckigen Turm an der Seite zeigt, der Schweriner Baurat Georg Daniel. Nur einmal waren für längere Zeit die Maltzan nicht Besitzer des Gutes, als sie es 1569 an das Geschlecht von Preen abtreten mussten, aber 1656 wiedererlangten. Über 500 Jahre konnten sie es ihr Eigen nennen, bis Helene Luise Freifrau von Maltzan 1945 im Zuge der Bodenreform enteignet wurde. Schon während des Krieges wurde das Herrenhaus geplündert, jedoch nicht zerstört. Anfang der 1950er-Jahre richtete man hier eine LPG und eine landwirtschaftliche Berufsschule ein. In den 1980er-Jahren be-

Herrenhaus Gültz

Herrenhaus Gülzow

kam das Herrenhaus eine Renovierung. Der im englischen Stil nach Entwürfen von Lenné gestaltete Landschaftspark wurde im 19. Jahrhundert angelegt. Das Herrenhaus ist im Besitz eines Holländers und steht seit Jahren leer.

Herrenhaus Gülzow

18276 Gülzow/
Gem. Gülzow-Prüzen
Landkreis Güstrow

Das prächtige Gutshaus im klassizistischen Stil von 1782, mit Umbauten aus der Mitte des 19. Jahrhunderts, liegt westlich von Güstrow. Der breit gelagerte eingeschossige Backsteinbau mit Mansarddach ist mit zweigeschossigen Mittelrisaliten an Hof- und Gartenseite gestaltet, die verputzte Kolossalpilaster und hohe Dreieckgiebel besitzen. Das Gut, das zeitweise ein Nebengut war, wechselte häufig seine Besitzer. Als es 1810 vom Fürstenhaus Schaumburg-Lippe gekauft wurde, investierten diese in den Bau von Wirtschaftsgebäuden. Im Jahre 1939 übernimmt die von Lochow-Petkus-GmbH das Gut und von da ab wird Gülzow ein Ort der Pflanzenzüchtung und bis 1945 zu einem bedeutenden Zentrum der Forschung und Neuzüchtung von Getreidesorten. Seit 1995 ist es Sitz der Fachagentur für nachwachsende Rohstoffe und Landesforschungsanstalt für Landwirtschaft und Fischerei. Im Jahre 1994 wurde das Herrenhaus, zu dem der geschützte Gutshof und Rest eines Parks mit alten Laubbäumen gehört, denkmalpflegerisch restauriert.

Residenzschloss Güstrow

18273 Güstrow
Landkreis Güstrow

Die Kreisstadt Güstrow liegt nahe der Mecklenburgischen Seenplatte und konnte einst auf eine mittelalterliche Burg an der Stelle eines slawischen Burgwalls verweisen, die 1307 erstmals Erwähnung fand. Sie war im 14. und 15. Jahrhundert Regierungssitz der Fürsten von Güstrow-Werle, später einer der Landsitze, die sich die Herzöge von Mecklenburg-Güstrow als Residenz hielten. Das Schloss entwickelte sich während der Regentschaft von Herzog Ulrich zu Mecklenburg in den Jahren von 1556 bis 1603 zu einem repräsentativen Bau. 1557 brannte der Südflügel des Schlosses ab und wurde von 1558 bis 1565 neu errichtet. Gleichzeitig fügte man dem Bau unter der Leitung von Franz Parr einen großen Treppenturm und den Westflügel mit der Tordurchfahrt an. Den Innenausbau vollzogen Hans Strol und sein Gehilfe Jacob Barolt. Besonders unter Johann Albrecht II. erhielt das Schloss eine dekorative Ausgestaltung von hoher Qualität. Im

Residenzschloss Güstrow

Jahre 1586 brannte der Nordflügel nieder. Er wurde von 1587 bis 1591 von Philipp Brandin und Claus Midow auf der Grundlage der Pläne von Parr dreigeschossig, mit eingeschossiger Galerie und Schlosskapelle, neu errichtet. 1594 folgte noch der Anbau des Ostflügels. In den Jahren 1628/29 wurde Güstrow die Residenz Wallensteins. Gebaut wurde auch ab 1654 unter dem schwedischen König Gustav Adolf und 1671 wurde mit dem Bau des Torhauses im Stil des flämischen Frühbarocks durch Charles Philippe Dieussart begonnen. Ab 1695, nach dem Erlöschen der Linie Mecklenburg-Güstrow, wurde das Schloss nur noch als Nebenresidenz der Herzöge von Mecklenburg genutzt, bis es 1701 an die herzogliche Linie von Mecklenburg-Schwerin ging. 1795 wurden der Ostflügel und Teile des Nordflügels abgebrochen. Im Jahre 1813 war das Schloss zunächst Kriegslazarett und danach Landarbeiterhaus. Mehrfache Restaurierungen erfolgten im 19. Jahrhundert. Von 1945 bis 1963 wurde die einstige Residenz als Altersheim und später als Kulturzentrum genutzt. Von 1964 bis 1982 restaurierte man die Anlage umfassend. In den Ausstellungsräumen werden dem Besucher Gemälde, prunkvolles Jagdzubehör, Mobiliar, Bücher sowie verschiedene Leihgaben aus Dänemark, Schweden und Polen gezeigt. Sonderausstellungen, Kunstgespräche und Konzerte werden gern besucht, wie auch die Gartenfeste in dem seit 1978 rekonstruierten Renaissancegarten. Das Schloss obliegt der Verwaltung der Staatlichen Schlösser und Gärten.

Residenzschloss Güstrow, Festsaal, Staatliches Museum Schwerin Foto: © Elke Walford

Herrenhaus Wieck

17506 Gützkow

Landkreis Ostvorpommern

Der ehemalige Ort Wieck mit seinem Gutshaus liegt südlich von Greifswald und nordwestlich von Anklam, nahe der A 20 bei Gützkow. Von der einstigen Burganlage aus der Zeit von 1230 bis 1447 ist heute nichts mehr vorhanden. Das spätere Gut befand sich von 1664 bis 1932 im Besitz der Familie von Lepel. Das heutige Gutshaus ließ Franz Heinrich Erich I. von Lepel anstelle eines Vorgängerbaus von 1793 bis 1797 errichten. Modernisiert und umgebaut wurde es von 1845 bis 1859 und im Anschluss folgte die Umgestaltung des Parks mit Rasenflächen sowie Baum- und Buschgruppen, sodass er den Charakter eines englischen Landschaftsparks annahm. Im Jahre 1931 meldete Baron Wilo von Lepel für das Gut Wieck Konkurs an, worauf die Stadt Gützkow Herrenhaus mit Park und Kapelle erwarb und alsbald im Herrensitz eine Schule einrichtete, die bis 1972 hier bestand. Bedauerlicherweise hatte man in dieser Zeit bei mehreren Sanierungen weitgehend die Schmuckelemente des Hauses, wie Zinnentürme, Balustraden, Fensterrahmungen und die Balkonverzierungen, beseitigt. Von 1972 bis 1990 hatte der VEB Reparaturwerk Neubrandenburg Gützkow das Herrenhaus übernommen und dieses als Klubhaus und Lehrlingswohnheim genutzt. 1991 kam es wieder an die Stadt Gützkow. Nach Umbauten im Areal wurde ein Gymnasium eingerichtet. Im angrenzenden Park befindet sich eine Grabkapelle.

Herrenhaus Wieck, Gützkow

Herrenhaus Gützkow

17091 Gützkow/Gem. Röckwitz

Landkreis Demmin

Der spätbarocke eingeschossige, mit zweigeschossigem dreiachsigem Mittelrisalit gestaltete Putzbau mit hohem Mansarddach von 1777, im kleinen Ort Gützkow, liegt nordwestlich von Altentreptow und ist wohl vom gleichen Architekten wie das nahe gelegene Herrenhaus in Tützpatz errichtet worden. Das

Harkensee

Herrenhaus Gützkow

Gut befand sich ab 1428 in der Familie von Maltzahn. Im Jahre 1579 verpfändete Lüdecke von Maltzahn das Anwesen an den Herzog von Mecklenburg und es kam an die Familie Preen als Pfandbesitz. Lorenz von Blücher kaufte 1692 den Besitz, den sein Nachfolger Adam Christoph von Blücher 1777 zu einer barocken Anlage gestaltete. Im Giebelfeld befinden sich Trophäen und eine mächtige Wappenkartusche des Bauherrn. Im Reigen der häufigen Besitzerwechsel kaufte 1808 Graf Moltke auf Wolde das Anwesen, das schließlich 1819 durch Wilhelmine von Blücher zurückgewonnen wurde. Auch die von Maltzahn kamen 1862 durch Erbschaft wieder an Gützkow, einschließlich Röckwitz. Im Jahre 1937 kaufte den Herrensitz der Rittmeister von Sydow. Ab 1945 diente er Wohnzwecken. Da das Gebäude ab 1985 über lange Zeit leer stand, fing es an zu verfallen, doch gerettet wurde das Herrenhaus 1998, als es Helmuth Freiherr von Maltzahn kaufte. Er forcierte den Wiederaufbau in enger Zusammenarbeit mit der Gemeinde und dem Land Vorpommern, der im Jahre 2010 abgeschlossen sein soll. Vorgesehen ist, hier einen kulturellen Treffpunkt entstehen zu lassen. Im ehemaligen Kuhstall werden heute schon Konzerte gegeben. In der Umgebung befindet sich eine der letzten barocken Parkanlagen in Mecklenburg-Vorpommern, die zu einem Park der Düfte weiter ausgestaltet werden soll.

Herrenhaus Harkensee

23942 Harkensee/
Stadt Dassow
Landkreis
Nordwestmecklenburg

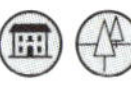   

Der zweigeschossige Putzbau im neoklassizistischen Stil aus der Zeit um 1830 war bis 1945 im Besitz der Familie Kersten und liegt im Klützer Winkel, nahe der Lübecker Bucht, nur wenige Kilometer von Travemünde entfernt. Vom Beginn des 19. Jahrhunderts bis zum Jahre 1820 gehörte das Gut der Familie von Plessen, die es auch geprägt hat. Entstanden ist die Gutsanlage zwischen 1801 und 1833, von der heute als solche nicht mehr viel erhalten ist. Das Herrenhaus mit seiner 180-jährigen Tradition kann auf eine lange, wechselhafte Geschichte zurückblicken. Ein Stein an der Eingangstreppe mit Säulenportikus verrät uns vermutlich mit der Jahreszahl 1829 den Baubeginn. Im Jahre 1945 wurden die letzten Besitzer der Familie Kersten enteignet und vertrieben. Der Rat der Gemeinde fand im Gutshaus seine Unterkunft und die Räumlichkeiten im Obergeschoss dienten Wohnzwecken. Ein Kavalierhaus wurde zur Gaststätte umfunktioniert. In den späteren Jahren zog in das Gut eine Landwirtschaftliche Produktionsgenossenschaft ein. Durch all diese neuen Nutzer folgten letztlich auch Veränderungen am Gesamtbild und am Gutshaus im Besonderen durch verschiedene Umbauten sowohl im Außen- als auch im Innenbereich. Viele Jahre wurde der einstige Herrensitz nicht genutzt und bot einen bedauernswerten Anblick, bis das Haus 2002 wieder in private Hände kam. Nach einer umfassenden Sanierung wurde Harkensee aus dem Dornröschenschlaf erweckt und mit Ferienwohnungen ausgestattet. Die Säle dienen für Veranstaltungen und Familienfeiern sowie für Seminargruppen, und in einem exklusiven Weinkeller kann man gemütlich beisammensitzen.

Herrenhaus Harkensee

Hasenwinkel

Herrenhaus Hasenwinkel

19417 Hasenwinkel/Gem. Bibow
Landkreis
Nordwestmecklenburg

Hasenwinkel liegt am Rande des Naturparks Sternberger Seenland, südöstlich von Wismar am Bibowsee. Entworfen hatten die Anlage von 1908 bis 1912 Paul Korff und Gartenarchitekt Richard Habich für den russischen Diplomaten Wladimir Schmitz als einen großzügigen Bau mit Mansarddach in den Formen eines neubarocken Herrenhauses. Ursprünglich in Backstein gebaut, wurde es in den Jahren 1927 bis 1929 verputzt. Sowohl die dreigeschossige Hauptfassade als auch die zweigeschossige Rückseite wurde mit einem Mittelrisalit gestaltet. Unter Ausnutzung der natürlichen Geländesituation hatte Habich die neubarocke Gartengestaltung mit Wasserbecken entworfen. Bereits im Jahre 1308 wird hier ein Heinrich Bassewitz erstmals urkundlich erwähnt, dessen Familie auf umfangreichen Besitz verweisen konnte. Von 1744 bis 1823 hatten die von Bassewitz Hasenwinkel in ihren Händen. Im Jahre 1927 kam es an die Familie Giradet Essen und im Jahre 1942 erwarben die Flugzeugwerke Heinkel in Warnemünde das Gut. Vielfältig wurde der Herrensitz genutzt, denn nach Kriegsende zog ein sowjetischer Militärstab ein, darauf kamen Flüchtlinge und nach einer Renovierung 1948 die Landesverwaltungsschule, Fachschule für Staatswissenschaft und Akademie für sozialistische Wirtschaftsführung. 1993 bis 1996 wurde der historische Bau durch den Verband der Metall- und Elektro-Industrie e. V. Nordmetall erneut restauriert und teil-

Herrenhaus Hasenwinkel

Herrenhaus Heinrichsruh

weise umgebaut. Heute ist „Schloss Hasenwinkel“ Tagungshotel des Bildungswerks der Wirtschaft Mecklenburg-Vorpommerns, dessen Teilnehmern auch verschiedene Events geboten werden. Ein Teil des Parks wurde 1995 saniert.

Herrenhaus Heinrichsruh

17379 Heinrichsruh

Landkreis Uecker-Randow

Im Osten des Landes, westlich von Torgelow, steht in Heinrichsruh das für den preußischen Kriegs- und Domänenrat Christoph Ludwig Henrici von 1752 bis 1756 als Alters- und Ruhesitz erbaute Gutshaus. Es ist ein breiter, eingeschossiger Fachwerkbau mit Mansarddach. Zum Gartenbereich besitzt das Gebäude einen zweigeschossigen Mittelrisalit und innen blieb die ursprüngliche Raumstruktur, mit kleinem Vestibül und zentraler dreiläufiger Treppe, im Wesentlichen erhalten. Im Saal des Obergeschosses an der Gartenseite befinden sich zwei Kamine, über denen eine Wandmalerei mit szenischen Darstellungen gestaltet wurde. Die Dreiflügelanlage ist ein denkmalgeschütztes barockes Anwesen mit einer Zufahrtsallee mit 250 Jahre alten Eiben, einem Ehrenhof und dem im französischen Stil gestalteten Garten mit den Resten eines Jagdparks. Von der einst hier befindlichen Glashütte ist das Glasmeisterhaus noch erhalten. Die gesamte Anlage wird seit 1997 restauriert und der Park wiederhergestellt. Im Gutshaus befindet sich heute das Vorpommersche Künstlerhaus mit Ausstellungsräumen und Werkstätten. Im ausgemalten Gartensaal, geschaffen von der Künstlerin Claudia Hauptmann, finden von Mai bis Oktober Kammerkonzerte statt.

Herrenhaus Burg Schlitz

17166 Hohen Demzin

Landkreis Güstrow

Südlich von Teterow, in der Mecklenburgischen Schweiz, liegt am Rande von Karstorf auf einer Anhöhe die imposante Anlage und leuchtet mit ihrer weißen Fassade weit ins Umland. Im Jahre 1420 war sie im Eigentum der Familie von der Osten. Über drei Jahrhunderte später, im Jahre 1791, erbte die Familie von Labes vom Kammerdiener und Vertrauten Friedrichs des Großen, Michael Gabriel Fredersdorf, das Gut Karstorf. Zwei Jahre darauf adoptierte der preußische Minister Graf von Schlitz, genannt Goertz, seinen Schwiegersohn Freiherr Hans von Labes. Danach wird das Gut 1817 in Burg Schlitz umbenannt. Friedrich Adam Leiblin baute nach Plänen von Otto Hirt, unter Beteiligung des Bauherrn Graf Hans von Schlitz, von 1806 bis 1824 eine klassizistische Anlage mit zweigeschossigem Mitteltrakt, dreigeschossig halbrundem Vorbau, einem von

Herrenhaus Burg Schlitz, Hohen Demzin

Herrenhaus Burg Schlitz, Garten, Hohen Demzin

Kolossalsäulen getragenem Altan, einer Kapelle im Gotikstil und einer breiten Freitreppe. Karl Friedrich Schinkel entwarf die gemalten Tapeten und Porzellanöfen. Durch Einheirat kamen 1831 die Grafen von Bassewitz in den Besitz, der gegen Ende der 1920er-Jahre an die Familie von Strauß ging, die 1945 enteignet wurde. Es wurden Flüchtlinge untergebracht und ab 1951 ein Pflegeheim. Im Herrenhaus gibt es nach umfangreicher Sanierung neben einem Hotelbetrieb mit Wellnessbereich verschiedene Veranstaltungsangebote. Jagd, Golf, Konzerte und Ausstellungen stehen im Mittelpunkt der Aktivitäten. Im weitläufigen Garten befindet sich der Jugendstil-Nymphenbrunnen und unweit davon die Karolinenkapelle.

Herrenhaus Hohen Luckow

18239 Hohen Luckow/ Gem. Satow

Landkreis Bad Doberan

Bereits im Jahre 1308 war Hohen Luckow, das südlich von Rostock nahe der A 20 bei Satow liegt, Eigentum der Familie von Bassewitz. In den Jahren 1707/08 entstand hier mit flach übergiebeltem Mittelrisalit und Walmdach für Christoph von Bassewitz ein zweigeschossiger Putzbau. 1810 übernahm die bekannte Pferdekenner-Familie von Stenglin den Besitz, den schon 1830 Johann Friedrich Helms kaufte. 1840 ging der Besitz an die Familie von Brocken und später an die Familie von Langen. Freiherr von Langen gewann 1928 olympisches Gold im Dressurreiten. Von 1920 bis 1925 erweiterte man den Vorbau mit Altan und Freitreppe und bereits 1860 zum Garten mit zwei Ecktürmen. 1945 erfolgte die Enteignung der Eigentümer und das Herrenhaus wurde als Bürogebäude des Volkseigenen Gutes genutzt. Sehr spät, im Jahre 1989, erfolgte eine umfassende Restaurierung des Gebäudes. Im Inneren befinden sich Räume mit reichen Stuckaturen, vermutlich vom italienischen

Herrenhaus Hohen Luckow

Meister J. B. Clerici um 1709, im Rittersaal des Obergeschosses eine aufwendig stuckierte Kamineinrahmung mit dem Bildnis des Erbauers und seiner Frau Sophie von Stockhausen und eine Spiegeldecke. Seit 1994 ist das Herrenhaus, in dem sich heute Wohnungen und Ferienwohnungen befinden, wieder in privater Hand. Im Rittersaal werden Konzerte gegeben, und die Räumlichkeiten stehen für große Feste zur Verfügung. In der schönen Kirche kann man sich trauen und taufen lassen. Das Gut wird auch wieder landwirtschaftlich betrieben. Ein Landschaftspark mit 300 Jahre alten Eichen schließt sich dem Herrenhaus im nördlichen Bereich an.

Herrenhaus Hohen Niendorf

Herrenhaus Hohen Niendorf

18230 Hohen Niendorf/ Gem. Bastorf
Landkreis Bad Doberan

Das auch als „Jagdschloss" bezeichnete Herrenhaus, das südlich von Kühlungsborn zu finden ist, wurde um 1865 für das Grafengeschlecht Wilamowitz-Möllendorf als Backsteinbau in historischen Formen errichtet. Mit den Aufstockungen und der Errichtung eines Turmes 1912 wurde das bestehende Gebäude zum sogenannten „Jagdschloss“ umgestaltet und somit stark verändert. Der weitläufige englische Landschaftsgarten wurde 1866 nach Plänen des Rostocker Gartenarchitekten Wilken angelegt. Dabei hatte der Architekt verschiedene ur- und frühgeschichtliche Bodendenkmale wie Hünengräber aus der Stein- und Bronzezeit in die Anlage einbezogen. Naturliebhaber sowie Dendrologen schätzen die Parkanlage mit den seltenen Bäumen und Sträuchern. Wilken ließ Koniferen, Douglasien, Eiben und Zypressen von allen Kontinenten importieren, die er erfolgreich in die Anlage integrierte. Das Herrenhaus wurde in den 1970er-Jahren vom „Freien Deutschen Gewerkschaftsbund“ (FDGB) als Ferienheim genutzt. Heute wird es durch W & N-Immobilien stilgetreu und mit Liebe zum Detail saniert und für Eigentums- und Ferienwohnungen umgestaltet. Vorfinden wird man im einstigen Herrenhaus eine Saunaanlage mit Ruheraum und das Kaminzimmer, das sowohl als Tagungsraum wie auch als Bibliothek oder Weinstube von allen Bewohnern genutzt werden kann.

Herrenhaus Hohen Niendorf, Grundriss

Herrenhaus Hohen Wieschendorf

23948 Hohen Wieschendorf/ Gem. Hohenkirchen
Landkreis Nordwestmecklenburg

Hohen Wieschendorf liegt nordwestlich von Wismar auf einer Halbinsel zur Wismarbucht, unmittelbar an der Ostsee. Eigentümer dieses Landstriches war ein Herr Roosen. Das Gut legte der Großvater des heute hier wieder wirkenden Enno Glantz, Paul Glantz, im Jahre 1912 an. Das Herrenhaus wurde 1928 erbaut. Nach dem Zweiten Weltkrieg erfolgte die Enteignung der Familie. Der Vater Ennos, Günther Glantz, der 1961 als Pächter in Delingsdorf in Stormarn endlich wieder auf eigenem Land stand,

Hohendorf

Herrenhaus Hohen Wieschendorf

begann bald darauf mit dem Erdbeeranbau. Sohn Enno, das jüngste von fünf Kindern, zeigte starkes Interesse an der Familiengeschichte in Mecklenburg, doch eine Rückkehr nach Hohen Wieschendorf schien unmöglich. Im Jahre 1989 setzte Enno Glantz alles daran, in die Heimat seiner Eltern und Großeltern zurückzukehren, und 1991 war der einstige Besitz wieder in den Händen der Familie, allerdings ohne das Herrenhaus. Er sanierte das inzwischen marode gewordene 300-jährige Familienunternehmen mit großem Kraftaufwand und wurde in der Region der Erdbeerkönig. Schwerpunkte legt das Unternehmen auf den Anbau und Eigenvertrieb von Erdbeeren und Weihnachtsbäumen, neben landwirtschaftlichen Kulturen wie Getreide, Raps und Zuckerrüben. Der Bevölkerung und den Urlaubern werden Weihnachtsmärkte, Veranstaltungen mit Tanz und Konzerte in der liebevoll hergerichteten Gutsscheune angeboten. Das Herrenhaus, das heute komfortable Ferienwohnungen besitzt, wurde in den Jahren 1997/98 umfassend saniert und 2005 nochmals innen und außen dekorativ gestaltet. Es befindet sich in unmittelbarer Nähe zum Erdbeerhof Glantz, Jachthafen Marina und Golfplatz Hohen Wieschendorf.

Herrenhaus Hohendorf

18445 Hohendorf/
Gem. Groß Mohrdorf
Landkreis Nordvorpommern

Hohendorf liegt nordwestlich von Stralsund und westlich vom Prohner Wiek. Die abseits vom Ort stehende Perle der Schlossarchitektur, mit klassizistischen und neogotischen Stilelementen, wurde nach Vorbild englischer Landsitze in der zweiten Hälfte des 18. Jahrhunderts errichtet. Entwickelt hat sich die Geschichte weit früher, als Wizlaw III. von Rügen 1321 Land an diesem Ort der Familie Hup schenkte, das im 15. Jahrhundert an die Familie von Osten ging. 1733 kam Hohendorf in den Besitz der Familie von Klot-Trautvetter. Da Johann Reinhold von Trautvetter keine Erben hinterließ, ging der Ort an seinen Neffen, den Rittmeister Baron Wilhelm Einhold von Klot, der beide Familiennamen vereinigte. Die Pläne für den Bau des Adelssitzes entwarfen Friedrich Hitzig und Karl Friedrich Schinkel für die Gräfin von Klot-Trautvetter. Nach der Enteignung dieser Familie verfiel das Anwesen. Nachfahren des Geschlechtes betreiben heute ein Hotel mit Wellnessbereich, betreuen Hochzeitsfeiern und führen verschiedene Veranstaltungen durch, nachdem das Herrenhaus 1993 grundlegend restauriert wurde. Der weitläufige Park mit Teich enthält bis zu 350 Jahre alte Eichen und Buchen und wurde 1854 nach Plänen von Peter Joseph Lenné gestaltet.

Herrenhaus Hohendorf

Herrenhaus Hohenfelde

17321 Hohenfelde/Gem. Ramin
Landkreis Uecker-Randow

Im Südosten des Landes, nahe der polnischen Staatsgrenze, 15 Kilometer von Stettin entfernt, liegt Hohenfelde. Das Herrenhaus, dem sich ein Park anschließt, befand sich 1928 im Besitz von Hans Malue. Von der ehemaligen Gutsanlage sind einige Stallgebäude erhalten geblieben. Einst mit dem Ort Bismark eng verbunden, gehört der früher gutsherrliche Ort Hohenfelde mit wieder in Privatbesitz befindlichem restauriertem Herrenhaus heute zur Gemeinde Ramin. In der Nähe befinden sich eine interessante Moorlandschaft und das Landschaftsschutzgebiet Hohenholzer Forst.

Herrenhaus Hohenfelde

Schloss Hohenzieritz

17237 Hohenzieritz
Landkreis Mecklenburg-Strelitz

Nördlich von Neustrelitz gelegen, nahe dem See Lieps, wurde 1170 urkundlich ein erstes Gut erwähnt. Im Jahre 1274 kam durch Lehen die Familie von Peckatel bis zu ihrem Aussterben in den Besitz. Im 18. Jahrhundert wechselten häufig die Eigentümer, bis das Anwesen an die Familie von Fabian kam. Von 1746 bis 1751 baute Johann Christian von Fabian einen eingeschossigen Backsteinbau. 1768 waren die Herzöge von Mecklenburg-Strelitz Eigentümer. Unter Adolf Friedrich IV. im Jahre 1776 entstanden zwei eingeschossige Seitenpavillons mit Mansarddächern und 1790 bekam das barocke Schloss für Carl Ludwig von Mecklenburg-Strelitz durch J. Ch. Dräseke eine Aufstockung sowie eine Umgestaltung der Fassade durch Kolossalpilaster, einen stattlichen Dreiecksgiebel und das hohe Walmdach. Zur Hof- und Gartenseite wurden 1802 zwei Freitreppen vorgelegt. Königin Luise von Preußen starb 1810 bei einem Besuch ihres Vaters im hiesigen Schloss. Ihr Sterbezimmer wird seit 2000 vom Schlossverein Hohenzieritz Louisen-Gedenkstätte e. V. betreut. Der Besitz wurde 1919/20

im Zuge der Fürstenentschädigung auf Ernst August Prinz zur Lippe übertragen. Das komplett eingerichtete Schloss wurde als Museum geführt, doch in den letzten Kriegstagen wurde fast das gesamte Inventar vernichtet oder gestohlen. Nach der Enteignung 1945 nutzte man den historischen Bau, der 1951 unter Denkmalschutz gestellt wurde, als Kulturhaus und später als Landwirtschaftliches Institut. Von 1961 bis 1963 bekam die Anlage eine Renovierung. Der 1771 vom englischen Gartenarchitekten Archibald Thomson angelegte englische Landschaftspark, in dem sich ein Denkmal von 1789 für die beiden Gemahlinnen Herzog Karls II. von Mecklenburg-Strelitz befindet, erfuhr 1806 eine Umgestaltung. Des Weiteren birgt der Park einen kleinen Luisentempel von Christian Philipp Wolff aus dem Jahre 1815, einst der Lieblingsplatz der Königin. Die Anlage unterliegt der Verwaltung der Staatlichen Schlösser und Gärten, das Schloss ist Sitz des Nationalparkamtes Müritz.

Schloss Hohenzieritz

Herrenhaus Holthof

18513 Holthof/Gem. Splietsdorf
Landkreis Nordvorpommern

Nordwestlich von Grimmen befindet sich das ehemalige Rittergut, dessen Herrenhaus im Stil der Neogotik, mit späteren Veränderungen, erbaut wurde. Der Seitenflügel kam Mitte des 19. Jahrhunderts hinzu und 1975 reduzierte man erheblich die Putzdekorationen. Im gepflegten Park versteckte kurz vor Ende des Zweiten Weltkrieges der damalige Direktor des Kulturhistorischen Museums Stralsund, Herr Dr. Adler, gemeinsam mit seiner Frau den Hiddenseer Goldschatz. Der Goldschmuck

Herrenhaus Holthof

befindet sich heute im Kulturhistorischen Museum Stralsund. Das Gut befand sich bis zum Zweiten Weltkrieg im Besitz der Familie Steinmüller und wurde danach nebst Wäldchen an Neusiedler vergeben. Das zu Wohnzwecken genutzte Herrenhaus ging durch Kauf 1990 zurück an die Erben. Der Privatbesitz wurde einer aufwendigen Sanierung unterzogen.

Herrenhaus Hoppenrade

18292 Hoppenrade
Landkreis Güstrow

Am Rande von Hoppenrade, südöstlich von Güstrow gelegen, wurde der zweigeschossige Bau 1853 im Stil der Neurenaissance errichtet, doch schon im Mittelalter war hier eine ritterschaftliche Familie von Cölln ansässig, die hier weit verbreiteten, zahlreichen Besitz hatte. Ursprünglich ein Meierhof, gelangte das Anwesen im 17. Jahrhundert durch Verpfändung an die Familie von Levetzow, die hier ein adliges Gut einrichtete. Noch zu Beginn des 18. Jahrhunderts entstand ein einfaches Herrenhaus in Fachwerk. Nur gut ein Vierteljahrhundert später kam der Besitz an die Familie von Storch und schließlich übernahmen ihn die Grafen von Bassewitz. Während der Napoleonischen Kriege wechselten weitere Eigentümer, so die Familie von Oertzen und die Familie Klockmann. Letztere erbaute das heutige Herrenhaus, das in der Wirtschaftskrise der 20er-Jahre veräußert wurde. So kam schließlich 1945 die Familie Müller in den Besitz, von der mehrere Mitglieder zum Adel Mecklenburgs gehörten. Im Herrenhaus

Herrenhaus Hoppenrade

wurden in den Jahren nach Kriegsende ein Alten- und Pflegeheim und später ein Gutsbetrieb der LPG eingerichtet. Das Areal umfasst einige Wirtschaftsgebäude aus der Zeit von 1890. Heute ist das Herrenhaus wieder in Privatbesitz und nicht zugänglich.

Schloss Ivenack

Schloss Ivenack

17153 Ivenack

Landkreis Demmin

Bereits im 13. Jahrhundert gab es in Ivenack, nordöstlich von Stavenhagen, einen Besitz der Familie von Stove. Im Jahre 1252 war er eine Stiftung an die Zisterziensernonnen, deren Kloster 1555 aufgehoben wurde und an die Herzöge von Mecklenburg ging. Diese nutzten es als herzogliches Amt. Die Familie von Koppelow tauschte diesen Besitz 1709 ein, erweiterte und gestaltete ihn durch einen Mittelrisalit mit Portal und Balkon um. 1740 ging er durch Heirat an die Familie von Plessen. Der königlich-polnische und kurfürstlich-sächsische Geheimrat Helmold Reichsgraf von Plessen hinterließ nach seinem Tode 1761 den Besitz seinem Neffen, Helmut Freiherrn von Maltzan, ebenso den Titel Graf von Plessen. Ein Anbau entstand 1810 an der zweigeschossigen hofseitigen Hauptfront durch dreigeschossige Seitenflügel mit rundbogigen Abschlüssen. Hinter dem geräumigen Vestibül liegt das repräsentative Treppenhaus mit dreiläufiger Treppe und im Obergeschoss der große Saal mit Kachelöfen vom Anfang des 19. Jahrhunderts sowie zahlreichen gleichförmigen Stuckdecken. Nach dem Zweiten Weltkrieg wurde die Familie Maltzan-Plessen enteignet und der letzte Besitzer nahm sich nach Drangsalierung durch russische Besatzungstruppen mit seiner Familie das Leben. Das Schloss wurde als Altersheim genutzt. Im Innern hat nur weniges die Zeiten überdauert. Die zweigeschossige Orangerie mit Mansarddach stammt aus der Zeit um 1750. Die Güter Ivenack waren berühmt für die mecklenburgische Vollblutzucht, für die eigens ein halbkreisförmiger Marstall errichtet wurde, der zu den größten Wirtschaftsgebäuden des Landes zählte. Durch die Grafen wurden weiterhin die Kirche, ein Teehaus, ein Jagdpavillon und ein barocker Lustgarten mit einer Lindenallee gebaut beziehungsweise angelegt. Letzterer wurde um 1800 erweitert und zum Landschaftspark umgestaltet. Er ist weithin wegen seiner 1000-jährigen Eichen bekannt. Heute bietet das Schloss einen traurigen Anblick.

Herrenhaus Janow Veste Landskron

17391 Janow/Gem. Neuendorf B
Landkreis Ostvorpommern

Ein eingeschossiger, schlichter klassizistischer Putzbau mit seinem übergiebelten zweigeschossigen Mittelrisalit wurde von 1814 bis 1816 erbaut. Errichten ließ ihn Carl August Bogislav von Schwerin für das im napoleonischen Krieg 1813 nebst gesamtem Wirtschaftshof abgebrannte Wohnhaus. Heute steht nordöstlich von Altentreptow, nicht weit von der A 20 entfernt, das 1877 neu für Albert Julius Graf von Ziethen-Schwerin-Wustrau im Schlosscharakter gebaute **Herrenhaus.** Gesessen hat hier die Familie von Schwerin vom 16. Jahrhundert bis 1945. Zum Gutshaus gehören zwei seitlich gelegene Kavalierhäuser und ein weitläufiger Park. Der 1858 auf Janow geborene Henning Graf von Schwerin, Rittmeister eines Dragonerregiments, ehelichte 1884 die Kurländerin Sophie von Medem, die Tochter eines kaiserlich-russischen Generals. Die Grafen dieser Familie waren verwandtschaftlich mit den Herzö-

Herrenhaus Janow

gen Biron von Kurland verbunden. Die Schriftstellerin Elisa von der Recke war ebenfalls eine geborene Gräfin Medem. Mit dem letzten Eigentümer, Wolf Dietrich von Schwerin, endete der Grundbesitz dieses Geschlechts auf Janow. Nach dem Zweiten Weltkrieg wurden in das Haus ein Kindergarten und die Verwaltung gelegt. Heute kann man im ehemaligen Herrenhaus eine Heimatstube besichtigen.

Gut einen Kilometer südlich des Ortes liegen die Relikte der **Ruine Landskron**, die Ulrich II. von Schwerin in der Zeit von 1576 bis 1579 bauen ließ. Er war der Sohn Ullrichs I., auf den die Festung in Spantekow zurückgeht. Das Hauptgebäude bestand aus Ziegeln und kleinen Findlingen und hatte über einem tiefen Kellergeschoss drei Etagen, deren Wände 80 cm stark waren. Eine Ringmauer und ein steil abfallender Wall mit Wassergraben umgaben die Veste. Heute noch zu erkennen ist die Befestigung der fünf kleinen Bastionen mit verstärkten Brustwehren. Der einstige Schlossplatz war von einer hohen Mauer umgeben, an den eine Schlosskapelle und das Wirtschaftsgebäude angrenzten. Auch die Reste eines Torhauses mit angrenzender Wachstube und Pferdeställen mit Brunnen sind heute noch sichtbar. Im Dreißigjährigen und im Schwedisch-Brandenburgischen Krieg wurde die Burganlage beschädigt, sodass schon 100 Jahre nach der Errichtung die Veste eine Ruine war. Inmitten eines wertvollen und geschützten Baumbestandes finden im einstigen Burgbereich Open-Air-Veranstaltungen statt.

Veste Landskron, Janow

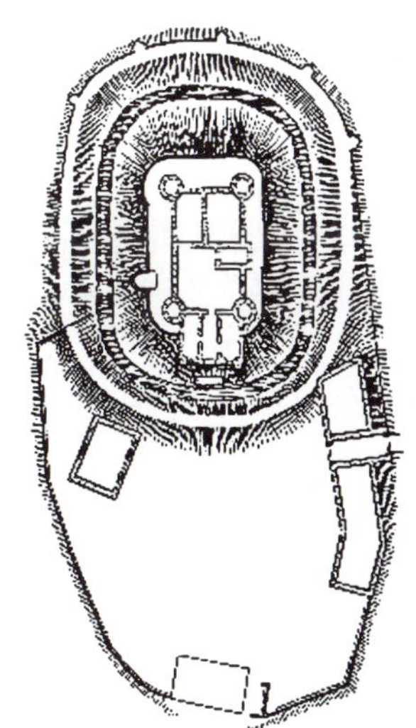

Veste Landskron, Janow, Grundriss

Herrenhaus Jesendorf

19417 Jesendorf

Landkreis Nordwestmecklenburg

Südöstlich von Wismar hat die A 14 eine Autobahnabfahrt Jesendorf. Das hier stehende Gutshaus ist ein historisierender Bau mit neogotischen Elementen, typisch für die zweite Hälfte des 19. Jahrhunderts in Mecklenburg. Jesendorf wird 1235 erstmals urkundlich erwähnt und es ist zu vermuten, dass sich die Barner lange hier aufhielten, denn die Familie verweist auf ein Patronat der hiesigen Kirche, die 1330 errichtet wurde und der Christoph von Barner 1780 eine Orgel stiftete. Im Jahre 1782 kauft der Drost zu Warin, David von Müller, gemeinsam mit der Familie von Barner das hiesige Gut. Seit 1840 war Gut Jesendorf im Besitz von Georg König, der es an seinen Sohn Karl Ludwig Wilhelm König übertrug. Von ihm wurde das Herrenhaus im englischen Landhausstil gebaut. Das Gut löste sich 1931/32 aus wirtschaftlichen Gründen auf, worauf es an Neusiedler aus allen Teilen Deutschlands aufgeteilt wurde. Der Park mit seinem alten Baumbestand ist gut erhalten und das restaurierte Gutshaus befindet sich wieder in Privatbesitz.

Herrenhaus Jesendorf

Herrenhaus Jessenitz

19249 Jessenitz/ Stadt Lübtheen

Landkreis Ludwigslust

Jessenitz liegt im Naturpark Mecklenburgisches Elbtal, südlich von Lübtheen und nahe der niedersächsischen Landesgrenze. Das Gutshaus wurde von 1887 bis 1889 für Charles Bessler im Stil der Neorenaissance mit Klinkerfassade durch den Berliner Architekten Johannes Lange erbaut. Es besitzt reichhaltige Zierelemente und Gesimse aus Sandstein und Sandsteinputzornamentik. Als Bessler 1897 verstarb, ging das Anwesen an seine Tochter Lily und deren Mann Graf von Baudissin, die es noch bis 1912 bewohnten. 1934 rettete der Reichsarbeitsdienst das völlig verwahrloste Objekt, welches vorher verschiedene Bewohner hatte. Nach gründlicher Sanierung verblieb es bei der RAD Abteilung 5/63 „Admiral von Usedom“ bis 1945. Als ein Gebäude mit NS-Vergangenheit sollte es von der Roten Armee gesprengt werden. Man entschied sich jedoch zur Unterbringung von Flüchtlingen und bewahrte das Gebäude so vor der Vernichtung. Später wurde es eine Berufsschule für Landtechnik, ein Kindergarten wurde untergebracht und dann der VdGB Maschinenhof sowie ein Internat für ausländische Lehrlinge aus zwölf Nationen. Seit 1997 befindet sich das Herrenhaus wieder in Privatbesitz.

Herrenhaus Jessin

18507 Jessin/Stadt Grimmen
Landkreis Nordvorpommern

Nur wenig konnte zu dem zweigeschossigen Herrenhaus in Erfahrung gebracht werden, das im Ortsteil Jessin der Stadt Grimmen steht und 1916 im Stil des Neobarock erbaut wurde. Das einstige Gut gehörte ab 1785 vermutlich einer Familie Behr. Im Treppenhaus des heutigen Pflegeheims des DRK „Haus Sonnenschein“, das von einem Park umgeben ist, befinden sich ornamentale Glasmalereien aus der Entstehungszeit.

Oben: Herrenhaus Jessenitz

Unten: Herrenhaus Jessin

Herrenhaus Johannstorf

23942 Johannstorf/ Stadt Dassow
Landkreis Nordwestmecklenburg

Nahe dem Dassower See, an der Landesgrenze zu Schleswig-Holstein, liegt Johannstorf. Im Jahre 1743 errichtete der schwedische Architekt Rudolph Matthias Dallin für die Familie von Buchwaldt anstelle einer ehemaligen Wasserburg den zweigeschossigen Backsteinbau mit Stuckgliederung und Walmdach. Das sogenannte Schloss war von einem Wassergraben umgeben. Die Hofseite wird durch einen Mittelrisalit, eine Freitreppe und Portalbekrönung sowie Kolossalpilaster und mit einem wappengeschmückten Dreiecksgiebel hervorgehoben. Im Jahre 1786 erwarb durch Kauf die Familie Eckermann das Anwesen mit allem Interieur und behielt es bis 1945 in ihrem Besitz. 1910 erfuhr es eine Renovierung. 1945 erfolgte die Enteignung dieser Familie und das Gutshaus wurde zu Wohnzwecken genutzt. Im Innern besitzt es ein zentrales Treppenhaus mit doppelläufiger Treppe. Den Gartensaal zieren Rokokodekorationen, geschnitzte Wandpaneele und Stuckdecken sowie Kamine. Die Substanz des unter Denkmalschutz stehenden Gebäudes ist dringend renovierungsbedürftig. Der Hof sowie weitere Wirtschaftsbauten und der Park bieten einen verwahrlosten Anblick.

Herrenhaus Johannstorf

Herrenhaus Kaarz

19412 Kaarz/Gem. Weitendorf

Landkreis Parchim

Als der Hamburger Kaufmann und Reeder Julius Johann Hüniken 1873 nahe dem Ort Kaarz, nicht weit westlich von Sternberg, ein Gut übernahm, ließ dieser sich von den Architekten Saniter und Becker aus Berlin einen zweigeschossigen, klassizistischen Landsitz mit Turm und Terrasse planen. Gleichzeitig wurde der Landschaftspark unter Anleitung des Architekten C. Ansorge angelegt, dessen romantische denkmalgeschützte Anlage sehenswerte einheimische und exotische Gehölze miteinander vereint und eine Bülow'sche Kapelle und ein Mausoleum birgt. Die Bülows hatten kurzfristig den Besitz bis 1872 inne und ließen auch die Ehrenkapelle im Stil der Neorenaissance erbauen. Bis zum Jahre 1945 nutzte die Familie Hüniken Kaarz als Sommersitz. Nach der Enteignung 1945 vollzog sich eine wechselvolle Geschichte. Zunächst wurde das Herrenhaus von der Sowjetarmee besetzt, dann erfolgte die Unterbringung von Flüchtlingsfamilien. Darauf wurde es ein Konsum, und der Saal wurde für Gemeindeveranstaltungen genutzt, bis hier eine Schule und seit 1963 ein Alten- und Pflegeheim eingerichtet wur-

de. Es folgte eine Zeit des Leerstandes. Nach der Wende 1992 erwarb die Familie Gaertner-Hüniken das Anwesen zurück, ließ es aufwendig restaurieren und führt seit 1996 ein Hotel mit Räumlichkeiten für Tagungen, Lesungen und Feiern sowie Tennisplatz, Ferienwohnungen und Radverleih. Ganz in der Nähe befindet sich der Winston-Golfplatz.

Herrenhaus Kaeselow

19205 Kaeselow/Gem. Lützow
Landkreis
Nordwestmecklenburg

Das um 1860 im Stil der Tudorgotik erbaute Gutshaus befand sich seit 1878 im Besitz der Familie von Oertzen und steht am Rande des Ortes, nur 8 Kilometer südöstlich von Gadebusch. Bis in das Jahr 1192 geht die Geschichte der Familie von Oertzen mit dem Edlen Uritz im Hofgefolge des Fürsten Borwin I. zurück. Zuerst als Uritz bekannt, wandelte sich der Name im Laufe der Zeit über Oritz, Ordessen zu Oertzen. Die erste urkundliche Erwähnung der Familie stammt aus dem 14. Jahrhundert und ihr Stammsitz war Roggow. Namhafte Vertreter der Familie waren Jasper von Oertzen, der als mecklenburgischer Ministerpräsident an der Gründung des Deutschen Reiches 1871 beteiligt war, und Hans-Ulrich von Oertzen, der als Beteiligter am Putschversuch gegen Hitler am 20. Juli 1944 sein Leben verlor.

Herrenhaus Kaarz

Herrenhaus Kaeselow

Dr. Dietrich von Oertzen wirkte als letzter Finanzminister der mecklenburgischen Staatsregierung bis 1945 und Rudolf von Oertzen lehrte als Professor und Ordinarius Kirchenmusik in Hamburg. Luise von Oertzen war in Bonn bis 1961 Generaloberin der Mutterhäuser des Deutschen Roten Kreuzes und Trägerin des Bundesverdienstkreuzes. Im Jahre 1901 wurde das Herrenhaus durch Hedwig von Oertzen bei ihrer Hochzeit als Aussteuer in die Ehe eingebracht und bis zur Enteignung 1945 waren die Eheleute Hedwig und Wilhelm von Both die Eigentümer. Besitzer des schönen historischen Gebäudes ist seit 1992 Gerd-Rainer Hienstorfer, der den Bau umfassend zu Wohnzwecken restaurieren ließ. Aber auch Gemeindeberatungen und Konzerte finden hier statt, und im hiesigen Standesamt kann man sich das Jawort geben. Ein Park umgibt das Herrenhaus.

Herrenhaus von Bülow

18230 Kägsdorf/Gem. Bastorf
Landkreis Bad Doberan

Kägsdorf, westlich von Kühlungsborn gelegen, besitzt ein 1855 erbautes, zweigeschossiges Herrenhaus im neugotischen Stil. Es war ursprünglich in der Hand der Familie von Brandt. Der Jägermeister und Pächter des Amtes Plau, Gottlieb von Brandt, stand lange Zeit unter preußischer Oberpfandschaft und war zugleich Besitzer der Güter Wangelin und Hohen Niendorf. Im Gutsbesitz folgte diesem die Familie von Müller, von denen ein Hauptmann Christoph von Müller auf Kägsdorf belegt ist. Dieser verkaufte den Besitz wiederum und erwarb dafür das Gut Groß Lunow. Erblandmarschall Wilhelm von Meding kam um 1896 an das Gut. Nach dem Zweiten Weltkrieg diente es als Ferienheim, wurde 2004 saniert und beherbergt heute exklusive Ferienwohnungen im historischen Ambiente für Familien mit Kindern. Der weitläufige Gutspark wurde bei der Erbauung des Gutshauses angelegt und enthält neben einem 150 Jahre alten Ginkgobaum eine Reihe dendrologischer Kostbarkeiten. Gebäude und Park wurden zum Kulturdenkmal erklärt.

Herrenhaus von Bülow, Kägsdorf

Herrenhaus Kalkhorst

23942 Kalkhorst

Landkreis Nordwestmecklenburg

Der neugotische in Backstein geschaffene Komplex mit einer Reihe von Nebengebäuden wurde von Baron Thomson von Biel in der Zeit von 1853 bis 1874 errichtet. Er wird von einem großen gepflegten Landschaftspark umgeben. Zu finden ist die Anlage im Klützer Winkel, westlich von Klütz. Von 1325 bis 1845 waren die Both, eine ursprünglich westfälische Familie, die über Schleswig-Holstein und Lübeck nach Mecklenburg kamen, im Besitz von Kalkhorst. Zum Ende des 18. Jahrhunderts war das Gut für mehrere Jahre bei der Familie Eckermann. Noch einmal kam das Anwesen an die Both zurück, ging dann in verschiedene Hände, bis es an die bekannte Hamburger Familie Toepfer gelangte. Dann wurde es Eigentum der Hamburger Stiftung FVS, worauf 1945 die Enteignung folgte. Im Herrenhaus wurde ein Alten- und Pflegeheim

Herrenhaus Kalkhorst

untergebracht. Die großartige Gartenanlage mit exotischen Bäumen nach englischem Vorbild entstand ab 1860 in zehn Jahre langer Arbeit und zählt zu den schönsten Deutschlands. Auf Anfrage werden auch Führungen angeboten. Das einstige Herrenhaus gleicht einem gotischen Märchenschloss, mit Türmchen, Giebel, Erker, einer Galerie und verschiedenen Anbauten. Obwohl in Privatbesitz befindlich, werden im Herenhaus Veranstaltungen sowie Führungen angeboten.

Herrenhaus Kapelle

18569 Kapelle/Gem. Gingst

Landkreis Rügen

Der von 1843/44 bezeugte klassizistische zweigeschossige Putzbau, mit übergiebeltem, dreiachsigem Mittelrisalit an der Gartenfront, ist nordwestlich von Gingst zu finden. Vom neubarocken Umbau 1914 stammt die aufwendig gestaltete Hoffront mit Portalvorbau zwischen dem Risalit und dem halbrunden Treppenturm. Während des 16. Jahrhunderts war Kapelle im Besitz der Familie von der Osten. Im Jahre 1816 kaufte das Gut Carl Ludwig Lorenz von Platen auf Gurtitz, dessen Tochter Rosalie, verheiratet mit Major von Esbeck, nach dem Tode ihres Vaters 1839 das Anwesen erbte. Rosalies Sohn, Wilhelm von Esbeck, erhielt 1867 das Recht, den Namen Platen zu führen. Vor seinem Tode 1924 legte dieser fest, zusammen mit seinem Pferd im Park des Gutes beigesetzt zu werden. Nun erbte sein Sohn Constantin von Esbeck-Platen das Gut, der jedoch 1934/35 Konkurs anmelden musste, worauf es aufgesiedelt wurde. Es kam an einen Ordensstift und diente als Altenwohnheim. Das Herrenhaus, gelegen in einem großen Park, trägt zwei Wappenkartuschen mit Löwen der hier seit Anfang des 19. Jahrhunderts sitzenden Familie von Platen. Eine Linie der Platen hatte in ihrer Zeit den Titel eines Reichsgrafen erworben. Vom Park sind heute noch Reste mit altem Baumbestand erhalten, das Herrenhaus steht leer.

Herrenhaus Kapelle

Schloss Karlsburg

17495 Karlsburg
Landkreis Ostvorpommern

Karlsburg liegt gut 15 Kilometer nördlich von Anklam an der B 109 in Richtung Greifswald. Am südlichen Rand des Ortes steht einer der bedeutendsten Hochbarockbauten Pommerns. Ihn erwarb 1679 durch Heirat die Familie von Bohlen. Als 1732 ein Brand die Gutsgebäude vernichtete, begann laut einer Inschrift noch im gleichen Jahr Carl Heinrich Behrend von Bohlen mit dem Bau eines zweigeschossigen Schlosses mit Corps de Logis, das 1757 fertiggestellt war. Im Jahre 1771 war der schwedische König Karl Gustav III. zu Besuch, was die Umbenennung von Gnatzkow in Karlsburg zur Folge hatte. Die Familie von Bismarck-Bohlen erbte 1828 das Anwesen. Eine Freitreppe mit steinernem Wappen verweist auf diese Familie. Die Galerie ist mit dem linken Pavillon verbunden und hinter dem Vestibül liegt der Gartensaal mit qualitätsvoller Stuckdecke und Regence-Motiven. Das Jagdzimmer birgt eine spätklassizistische Deckenbemalung, aber auch Wandvertäfelungen und ein hoher Scheinkamin um 1800 oder das prächtige schmiedeeiserne Gitter im Rokokostil um 1890/1900 nach einem Entwurf von Helene von Bismarck-Bohlen gibt es hier zu entdecken. Der barocke Garten von 1750 bis 1780 mit Lindenallee als Hauptachse, Wasserbassin und Gartenparterre blieb erhalten. Die Südseite zeigt den seit 1800 im englischen Stil gestalteten Landschaftsgarten mit Teich. Landschaftsgärtner Franz gestaltete 1848 die gesamte Anlage zu einem Park um. 1945 wurde der Besitz enteignet und ein Diabetiker-Sanatorium eingerichtet, das heute noch als Universitäts-Institut für Physio- und Pathophysiologie sowie Zentralinstitut für Diabetesforschung besteht.

Schloss Karlsburg

Herrenhaus Karnitz

18574 Karnitz/Stadt Garz
Landkreis Rügen

Der architektonisch ausgewogene Putzbau im Stile der Tudorgotik wurde 1834/35 für Carl Georg Ludwig Guido Graf von Usedom als Jagdschloss errichtet und ist westlich von Putbus zu finden. Errichtet wurde der Bau mit zweieinhalb Geschossen und flachem Dach. Die Mitte der Hauptfront weist eine dreiarkardige Portalhalle mit monumentaler Rahmenblende und Zinnengiebel auf. Die polygonalen Ecktürme sind mit Zinnenkranz besetzt und über dem Hauptportal findet sich das Wappen der Familie Usedom. Als die Tochter des Guido den Besitz verkaufte, wurde es Walzengut und kam in mehrere Hände, so 1868 an den Rittergutsbesitzer Hermann Rupperti und 1930 an Dr. Freiherr von Vietinghoff, bis es schließlich Freiherr von der Lancken-Wakenitz auf Pamitz kaufte. Nach 1945 erfolgte die Enteignung und im Herrenhaus zogen Flüchtlinge ein. Die Parkanlage ist in Resten noch vorhanden. Teile des Parks wurden zu Gärten umgestaltet. Ab 1956 nutzte man einen Raum als Schulklassenzimmer, dann folgten 1962 ein Kindergarten und 1964 eine Gaststätte. Erste Sanierungen wurden von 1966 bis 1969 durchgeführt und der Schlosspark wurde 1971 unter Naturschutz gestellt. Im Jahre 1989 wurde die Gaststätte geschlossen und ein Hotel geplant. 1991 wurde die Fassade umfassend saniert. Das Schloss ist heute wieder in Privatbesitz und nur von außen zu besichtigen. Die Hotelplanung wurde aufgegeben.

Herrenhaus Karnitz

Herrenhaus Karow

Herrenhaus Karow

19395 Karow
Landkreis Parchim

Nördlich von Plau am See, an der Mecklenburgischen Seenplatte, liegt das 1254 erstmals erwähnte Karow mit dem breit gelagerten sogenannten „Alten Schloss“ im klassizistischen und dem „Neuen Schloss“ im repräsentativen neubarocken Stil mit zwei Geschossen aus der Zeit um 1800 und 1906/07. Die Pläne für das „Neue Schloss“ entwarf Ernst Eberhard von Ihne für Johannes Schlutius, der an der Nord- und Südseite dreiachsige Mittelrisalite mit Balkons und geschweiften Jugendstilgiebeln einbezog. Die Geschichte von Karow geht bis in das 13. Jahrhundert zurück, aus dem schon ein gleichnamiges Geschlecht bekannt ist. Danach wechselten die Besitzer häufig. Im 15. Jahrhundert kommt die Familie von Hahn und im 17. Jahrhundert die Familie von Linstow an Grund und Boden, den sie über ein Jahrhundert bewirtschaftete. Während des Nordischen Krieges 1708 stand Herzog Leopold mit der Ritterschaft Mecklenburgs in harten Auseinandersetzungen. In dieser Zeit gelangte das Gut durch Erbschaft an die Familie von Walsleben und danach als Erbe an das niedersächsische Geschlecht von Behr. Die von Hahn erhielten 1788 erneut das Gut, später ging es an die Familie von Reden und 1796 an die Münster-Meinhövel. In der Hahn'schen Zeit entstand das „Alte Schloss“. Von 1812 bis 1899 hatte während der Napoleonischen Kriege die Familie Kleve das Anwesen im Besitz, dann die Familie Schlutius. Im Ersten Weltkrieg erlitt es erhebliche Schäden und 1927 war das Herrenhaus vom Hof bereits getrennt und unbewohnt. Ab dem Zweiten Weltkrieg wurde es vielfältig genutzt. Schüler des Rostocker Arndt-Gymnasiums lernten hier, und nach dem Krieg hielten Flüchtlinge Einzug. Später wurde es Kulturhaus und Schule. Auf dem Gut wurde der Betrieb VEG Saatzucht eingerichtet. Der englische Landschaftsgarten mit besonderen Einzelbäumen wurde von 1850 bis 1870 angelegt und umschließt weitläufig die beiden „Schlösser“. Im Jahre 1999 erwarb die Familie Heuer die Anlage und eröffnete 2007 ein Hotel mit Café und Antiquitätenhandel.

Herrenhaus Kartlow

17129 Kartlow/Gem. Kruckow
Landkreis Demmin

Das Herrenhaus in Kartlow, südwestlich von Jarmen, ist ein stattlicher historischer Putzbau aus der Zeit von 1857 bis 1860. Es wurde vom Schweriner Hofarchitekten Friedrich Hitzig für Woldemar von Heyden in Form eines romantischen, neugotischen Schlosses mit Risaliten und Türmen sowie applizierten neugotischen Details gebaut.

Herrenhaus Kartlow

Das als Lutherhalle gestaltete Vestibül zeigt ein romantisch-christliches Bildprogramm und Wandgemälde in Wachsmalerei. Der weitläufige Landschaftspark wurde nach Entwürfen von Peter Joseph Lenné gestaltet. Schon seit 1292 war der Besitz in den Händen der Familie Heyden, die es durchweg bis zur Enteignung 1945 besaß. Im Jahre 1243 wird erstmals hier eine Burg erwähnt, die 1630 zerstört wurde. Georg Christian Friedrich von Heyden ging aus der Linie Kartlow hervor und übernahm nach dem Aussterben der Familie von Linden 1786 deren Namen, Wappen und Güter. Dessen Nachkommen führen noch bis heute den Namen Heyden-Linden. Woldemar von Heyden vergrößerte den Besitz, gründete eine eigene Bank und ließ Schiffe bauen. Als Woldemar verstarb, erbte sein Sohn Adam Werner und später dessen Sohn Jürgen das Eigentum, bis dann 1945 die Enteignung im Zuge der Bodenreform folgte. Das Herrenhaus wurde Landarbeiterwohnung, Schulsaal, Konsum und für lange Zeit ein Kindergarten. 1985/86 wurden Historienwandmalereien im Bereich der Eingangshalle freigelegt. Das umfassend sanierte Herrenhaus ist wieder in Privatbesitz, die zukünftige Nutzung ist jedoch noch nicht endgültig geklärt.

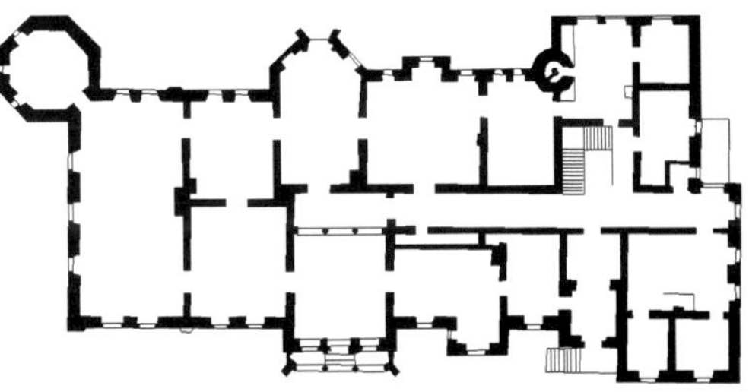

Herrenhaus Kartlow, Grundriss

Herrenhaus Kartzitz

18528 Kartzitz/Gem. Rappin

Landkreis Rügen

 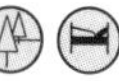

Die kleine barocke Anlage mit den eingeschossigen Putzbauten aus der Zeit um 1750 ist nördlich von Bergen, nahe dem Großen Jasmunder Bodden, zu finden. Sie war der Stammsitz der Familie von Usedom, der bereits 1249 in der alten ritterschaftlichen Familie bezeugt ist und bis zum Ende des 19. Jahrhunderts in ihren Händen lag. Es war Karl Bogislav, der Mitte des 18. Jahrhunderts auf alten Grundmauern das Gutshaus mit den beiden Seitenflügeln nebst Ehrenhof erbauen ließ. An der Hoffront befindet sich ein zweigeschossiger Mittelrisalit mit Dreiecksgiebel und vor dem Eingang eine zweiläufige Freitreppe. Zum Park hin liegt eine später an das Gutshaus gelegte Terrasse mit Freitreppe. Die eingeschossigen Kavalierhäuser wurden durch einen Verbindungstrakt und Mauer mit dem

Herrenhaus Kartzitz

Haupthaus verbunden. Guido von Usedom, seit 1862 in den preußischen Grafenstand erhoben, war 1879 Generaldirektor der Königlichen Museen in Berlin und erbte als Nachfolger das Anwesen. Im Jahre 1890 veräußerte die Familie den Besitz, der darauf ein Walzengut wurde. Ab 1932 bis 1945 saß hier die Familie von Schinkel, die ein tragisches Ende erlitt. Da Ernst von Schinkel seine beiden Söhne im Krieg verlor, setzte er im Mai 1945 seiner Frau und Tochter sowie sich selbst ein gewaltsames Ende. Später zog im Gut die LPG ein. Die Parkanlage war bis Ende des 18. Jahrhunderts barock angelegt und wurde dann in einen englischen Landschaftspark mit Teich, der von einem kleinen Bach gespeist wird, umgestaltet. Das Herrenhaus wurde umfassend saniert und es werden Ferienwohnungen vermietet.

Herrenhaus Katelbogen

Herrenhaus Katelbogen

18249 Katelbogen/
Gem. Baumgarten
Landkreis Güstrow

Das zwischen Bützow und Neukloster gelegene Katelbogen kann auf zwei Gutshäuser verweisen. Unter den Plessen entstand im 18. Jahrhundert das eingeschossige Herrenhaus mit übergiebelter zweigeschossiger Mittelfront unter Einbeziehung älterer Vorbauten. Das jüngere

Herrenhaus ist ein hübsches, zweigeschossiges Gutshaus im Stile der Neugotik. Mit nur kurzer Unterbrechung befand sich das Gut von 1662 bis 1798 im Besitz der Familie von Plessen, der bis 1816 die Familie von Plüskow und nach weiterem Besitzerwechsel 1856 die Familie Jasmund folgte. Fritz von Voß war seit 1895 Besitzer des Gutes und ließ sich das im Schlosscharakter gestaltete Herrenhaus von 1898 bis 1906 mit zwei Türmen, sieben Treppengiebeln, einem Wintergartenanbau, einem Altan mit Terrasse und einer großen Freitreppe zum Park errichten. Im Jahre 1936 verkaufte Fritz von Voß das Gut an die Familie von Busch-Haddenhausen, die bis 1945 hier sesshaft war. Zwischen 1956 und 1991 war im Herrenhaus eine landwirtschaftliche Berufsschule mit Internat eingerichtet. Heute werden im stilvollen Ambiente Ferienwohnungen vermietet.

Herrenhaus Kittendorf

17153 Kittendorf

Landkreis Demmin

Südlich von Stavenhagen, an der Kittendorfer Peene, befindet sich das schon 1338 erwähnte Lehen der Familie von Voß. Von diesen ging das Eigentum zunächst an die Familie von Breyde, dann an die von Maltzan und 1619 an die von Blücher. Die Familie von Oertzen kam 1751 an den Besitz. Hans

Herrenhaus Kittendorf

Friedrich von Oertzen, Kammerherr des Großherzogs von Mecklenburg-Schwerin, ließ sich 1860 den stattlichen, romantischen, zweigeschossigen Putzbau im Tudorstil mit Zinnenkranz und Ecktürmchen sowie einem hohen achteckigen Turm von Friedrich Hitzig errichten. Von der lang gestreckten Südfassade führen Terrassen und Treppen in den von Peter Joseph Lenné gestalteten weitläufigen englischen Landschaftspark. Die von Oertzen blieben bis zur Enteignung 1945 in Kittendorf. Das Herrenhaus diente als Parteischulungszentrum, landwirtschaftliche Schule und Internat. Nach beginnendem Verfall und Leerstand bis 1990 hat der Berliner Unternehmer Johann Trettler 1992 das Objekt erworben und nach Originalunterlagen des Denkmalschutzes liebevoll rekonstruiert. Er ließ Möbel aus ganz Europa im Stil der Zeit zusammentragen und eröffnete 1995 ein Hotel. Seit seinem Tode im Jahre 2004 führt sein Sohn Constantin das Erbe weiter. Es werden Konzerte gegeben und Führungen in der Bibliothek und in der Orangerie angeboten. Auch die Kronleuchtersammlung in den Zimmern kann auf Anfrage besichtigt werden.

Herrenhaus Klein Kussewitz

Herrenhaus Klein Kussewitz

18184 Klein Kussewitz
Landkreis Bad Doberan

Nördlich der Autobahnabfahrt Rostock-Ost findet man das Gutshaus in Klein Kussewitz, das um 1860 im neogotischen Stil umgebaut wurde. 1803 befand sich das Gut in den Händen von Ernst Christian Frehse und von 1868 bis 1908 gehörte es der Familie Schomann, die es an Julius Kulenkampff weitergab. Auf diesem Anwesen kam es 1945 zu einem tragischen Ereignis, denn der letzte Besitzer wählte beim Einmarsch der russischen Truppen den Freitod. Die Nutzung dieses historischen Gebäudes war ähnlich den vielen in Mecklenburg-Vorpommern: Es wurde Wohnhaus, dann legte man eine Gaststätte und Verkaufsstelle hinein, spä-

ter nutzte man das Haus als Gemeindebüro und Veranstaltungssaal sowie als Arztpraxis. Anfang der 1990er-Jahre wurde es nur noch von einer Familie bewohnt und verfiel allmählich, bis sich 2002 die neuen Eigentümer, Familie Kunert, liebevoll um die Restaurierung bemühten und hier sesshaft wurden. Der Mitte des 19. Jahrhunderts angelegte und heute zersiedelte Landschaftspark schließt an das Herrenhaus an. Die Zimmer sind mit Antiquitäten ausgestattet, die von Besuchern auch käuflich erworben werden können. Des Weiteren stehen Räumlichkeiten für Veranstaltungen zur Verfügung. Geplant ist die Vermietung von Zimmern.

Herrenhaus Klein Nienhagen

Herrenhaus Klein Nienhagen

18236 Klein Nienhagen/ Stadt Kröpelin

Landkreis Bad Doberan

Das einstige Lehngut der Familie von der Lühe, das 1374 erstmals als „Nyenhagen“ erwähnt wurde, liegt südwestlich von Bad Doberan nahe der B 117. Im Jahre 1715 ging es an den Major von Oertzen über, dessen Erben es bis 1790 im Besitz hatten. In der folgenden Zeit wechselten mehrfach die Eigentümer mit Kammerrat Sengebusch, von Boddien, Landrat Freiherr von Meerheimb, Hofjägermeister Carl von Plessen, Rittmeister Carl von Bülow und anderen. Martha Gräfin von Polier auf Altenhagen kaufte 1910 das Gut für ihren Sohn Ferdinand Graf von Polier, der 1913 durch Architekt Korff das große Stallgebäude errichten und 1923 das Gutshaus umbauen ließ. Er lebte hier bis 1945. Bei dem Umbau bekam das Herrenhaus ein weiteres Geschoss und wurde mit Stufengiebeln versehen. Mehrere Familien zogen nachfolgend in das Haus und 1998 erwarb die Familie Glöe es von der Gemeinde Altenhagen, die auf dem alten Rittergut einen Ferien- und Pferdehof betreibt. Die gesamte Gutshofanlage wurde grundlegend saniert. Es wurden Ferienwohnungen und eine Gastronomie eingerichtet und zu besonderen Anlässen werden Veranstaltungen durchgeführt. So richtig wohlfühlen können sich die Gäste in der näheren Umgebung mit den alten Bäumen, einem Obstgarten und dem Schneeglöckchenmeer im Frühling. Ganz Verwegenen steht ein „Heuhotel" zur Verfügung.

Herrenhaus Klein Plasten

17192 Klein Plasten/
Gem. Groß Plasten
Landkreis Müritz

Das barocke Gutshaus aus dem 18. Jahrhundert, mit Umbauten und einem achteckigen Turm von 1899, liegt nordöstlich des Müritzsees an der Straße von Waren nach Penzlin. Das Eigentum der einstigen Familie von Plasten befand sich zeitweise im klösterlichen Besitz, der auch in der Hand des Geschlechts von Voß war. Während der Reformationszeit kam das Haus bis 1789 an die Familie von Kampts, der bis 1853 die von Blücher folgten. Letztere sind

Herrenhaus Klein Plasten

Herrenhaus Klein Trebbow

in Mecklenburg seit dem beginnenden 13. Jahrhundert bezeugt. Mitte des 19. Jahrhunderts erlangten die von Boddin das Grundstück. August Gotthard Boddin wurde 1787 von Kaiser Joseph II. geadelt. Generalmajor Johann Caspar von Boddin auf Weisin wurde 1821 in die mecklenburgische Ritterschaft aufgenommen. Neben anderen Besitzern kam 1898 nochmals die Familie Blücher bis 1945 an ihr früheres Eigentum. Noch vor dem Zweiten Weltkrieg wurde das Herrenhaus vom Hof getrennt. Im Haus wurden Flüchtlinge untergebracht und 1974 zog die Elbewerft Boizenburg ein und führte eine umfassende Rekonstruktion durch. Im Jahr 1992 erwarb der Genossenschaftsverband Norddeutschland e. V. das Gebäude und nutzte es bis Ende 2005 als Seminar- und Schulungsstätte. Darauf folgte Leerstand und im Herbst 2006 wurde es versteigert.

Herrenhaus Klein Trebbow

19069 Klein Trebbow
Landkreis Nordwestmecklenburg

Der ansehnliche Neurenaissancebau von 1865, entworfen nach Plänen von Hermann Willebrand für die Familie von Barner, mit einem Landschaftspark aus der Erbauungszeit, ist nördlich von Schwerin zu finden. Das am Trebbower See gelegene Herrenhaus wurde 1868 im Stil der Zeit mit zwei Türmen umgebaut. Lange Zeit saß auf Gut Klein Trebbow die Familie von Barner und darauf ebenfalls für lange Zeit die Grafen von Schmettau. Letztere veräußerten in der zweiten Hälfte des 18. Jahrhunderts den Besitz wieder an die Barner, die ein Fideikommiss auf Trebbow gründeten. Während des Krieges wurde der Herrensitz geplündert und verwahrloste. Im Jahre 1945 folgte die Enteignung der Familie von Barner. Es wurde ein Volkseigenes Gut eingerichtet und im Herrenhaus der Rat der Gemeinde untergebracht. Ab 1990 stand das Gutshaus leer. 1996 wurde es an die „Wohnpark Schloss Trebbow GmbH" verkauft. Seit 2004 erinnert hier eine Gedenkstätte an die Männer des Widerstands gegen Hitler vom 20. Juli 1944. Die einstige prächtige Parkanlage aus dem 18. Jahrhundert birgt zahlreiche alte Bäume. Der wieder in Privatbesitz befindliche schöne Bau ist mit Wohnungen belegt und steht zum Verkauf. Geplant ist eine Familien-Ferienstätte.

Herrenhaus Klein Welzin

Herrenhaus Klein Welzin

19209 Klein Welzin/
Gem. Gottesgabe
Landkreis
Nordwestmecklenburg

Klein Welzin liegt westlich von Schwerin. 1433 gehörte es zur Vogtei der heutigen Landeshauptstadt. Auch hier saßen von 1627 bis Anfang des 18. Jahrhunderts die von Barner, die von Plessen und die Familie von Halberstadt. Gustav Adolph Hans von der Lühe war 1790 der Eigentümer und 1867 übernahm Carl Heinrich August Diestel das Rittergut bis 1925. Nachdem es 1928 Max Hausknecht erworben hatte, wurde es schon ein Jahr später zwangsversteigert und ging an Max Pötter. Die Mecklenburgische Landsiedlungsgesellschaft erwirbt das Gut und siedelt es 1931 auf. Im Jahre 1932 wird eine Hitlerjugendführerschule und anschließend ein Arbeitsdienstlager für Mädchen untergebracht. 1945 war es Lazarett und Kinderheim, diente dann Flüchtlingen als Unterkunft und seit 1971 ist es ein Altenpflegeheim.

Burg Klempenow

17089 Klempenow/Gem. Breest
Landkreis Demmin

Die mittelalterliche Burg, im Kern aus dem 13./14. Jahrhundert, die im 16. Jahrhundert verändert wurde, liegt auf einer Anhöhe in der Tollense-Niederung an der Autobahnabfahrt Anklam, südlich von Jarmen. Erhalten geblieben sind nur der nordöstliche Eckturm, Teile des zweigeschossigen Palas sowie Überreste der Wirtschaftsgebäude.

Die Stammburg der Familie von Eickstedt wurde in wendischer Zeit als Weißen-Klempenow erwähnt und war eine bedeutsame Wehranlage. Sie gehörte im 12. Jahrhundert zur Grundherrschaft des Kastellans von Demmin und war nach der Christianisierung Pommerns mehrere Jahrhunderte im Besitz des Geschlechts von Heydebreck, das als sächsisches Adelsgeschlecht schon 1269 in Pommern eingewandert war. Als Lehensherrn sind sie der Burg bis in das 16. Jahrhundert verbunden. Zu Beginn des 18. Jahrhunderts war die Familie in Vorpommern verschwunden, doch in Hinterpommern war sie bis 1945 angesessen. Es waren die Heydebreck, die der Anlage vier Rundtürme anfügten. Mit Feldmarschall Knyphausen kam nach dem Dreißigjährigen Krieg die Burg als Pfand, mit kurzen Unterbrechungen bis 1720, in schwedischen Besitz. Damit tritt eine schillernde Familie über drei Generationen die Herrschaft über Klempenow an. In der Vorburg wird urkundlich eine alte Kapelle erwähnt, in der nachweislich 1494 noch eine katholische Messe gelesen wurde. Im 18. Jahrhundert gelangte Klempenow zu Preußen und wurde bis auf ein Restgut gesiedelt. Bis 1945 war die Burg im Besitz der

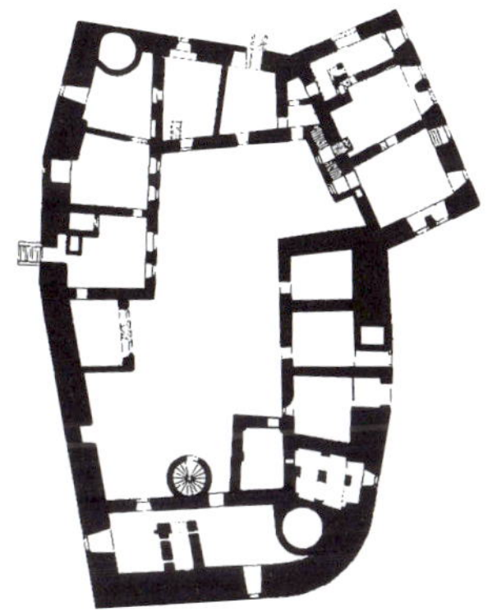

Burg Klempenow, Grundriss

Burg Klempenow

Familie Stut, danach wurden in der Burg Unterkünfte für Flüchtlingsfamilien bereitgestellt. Später wurde sie als LPG genutzt, bis 1991 der Verein Kultur Transit 96 e.V. mit vielfältiger Unterstützung die Anlage sanierte. Im Turm erhielten sich ein Kaminzimmer sowie der Söller. Eingerichtet wurden in der Anlage eine Galerie, ein kleines Café, der Burgsaal für Konzerte, Ausstellungen und Feste sowie ein Kino. Hier befindet sich auch das Welcome Center der Region Vorpommersche Flusslandschaft.

Herrenhaus Klenz

17168 Klenz/Gem. Jördenstorf
Landkreis Güstrow

Der zweigeschossige Backsteinbau von Klenz mit 13 Achsen und Krüppelwalmdach ist nördlich von Teterow am Rande der Mecklenburgischen Schweiz zu finden. Das Gutshaus wurde in der ersten Hälfte des 19. Jahrhunderts in Backsteinbauweise gleichzeitig mit der umfangreichen Gutsanlage errichtet. Um 1860 wurde der Turm erbaut sowie die Gartenseite angelegt. Das Gut befand sich um 1896 im Besitz von Carl Friedrich Georg von Treuenfels und blieb bis 1945 im Besitz der Familie. In der Folgezeit diente das Haus zu Wohnzwecken. Heute befindet es sich wieder in Privatbesitz und ist bewohnt.

Herrenhaus Klenz

Herrenhaus Klink

17192 Klink
Landkreis Müritz

Klink mit seinem herrlichen im französischen Neorenaissancestil von 1896 bis 1898 erbauten „Schloss“ liegt auf der Landenge zwischen der Müritz und dem Kolpinsee, südlich von Waren. Das Herrenhaus wurde vom Berliner Architekten Hans Grisebach für Arthur und Hedwig von Schnitzler nach Vorbild der berühmten Loire-Schlösser erbaut. Der Anbau eines Bankettsaales erfolgte 1912 durch Ernst Paulus und Olaf Lilloe aus Berlin. Bis 1945 blieb Klink im Besitz der Bauherren. Auch hier wurden in der Nachkriegszeit Flüchtlinge untergebracht. Als für diese ein

Herrenhaus Klink

Neubau an der Zufahrt errichtet wurde, übernahm 1965 der VEB Wasserversorgung und Abwasserbehandlung Neubrandenburg die Rechtsträgerschaft. Im Jahre 1971 wurde „Schloss Klink" für Urlauber eröffnet. Um 1991/92 schrieb die Treuhandgesellschaft das Objekt zum Verkauf aus. Käufer war Karl M. E. Brenner aus Bad Homburg, der jedoch die vertraglichen Verpflichtungen nicht erfüllen konnte. Darauf erhielten Ernst und Guido Gabriel Walloschke 1996 durch die Treuhandanstalt den Zuschlag zur Einrichtung eines Hotels. Die Familie Walloschke hatte bereits Schloss Groß Plasten restaurieren lassen und als Hotel in Betrieb genommen. Als Ernst Walloschke 1997 verstarb, übernahmen seine Witwe sowie die Kinder Herrenhaus Klink und brachten es ab 1998 als Hotel mit Wellness-Bereich und zahlreichen touristischen Angeboten zu neuem Glanz. Der Bau zeichnet sich durch vielfältige Dekorationen wie Ecktürme, Zwerchhäuser, Erkerausbauten und Terrakottaschmuck aus. Eine gepflegte Parkanlage, ein Jachthafen und ein Strand gehören zum Schlossbereich.

Herrenhaus Klockow

Herrenhaus Klockow

17099 Klockow/
Gem. Galenbeck
Landkreis Mecklenburg-Strelitz

Östlich von Friedland gelegen findet man Klockow mit dem neugotischen zweigeschossigen Gutshaus, das 1853 nach Plänen von Friedrich Wilhelm Buttel errichtet wurde. Der Putzbau der Bauherren Gebrüder Carl und Louis von Bülow besitzt einen Mittelrisalit. Die Bülows hatten das Gut nach dem Tod ihrer Eltern geerbt, die es von der Familie von Oertzen als Nachfolger 1838 nach dem Ableben des August von Oertzen übernommen hatten. Die von Oertzen kamen bereits 1679 zuerst pfandweise, 1694 in Eigentumsbesitz. Da auch die Bülows nicht auf Dauer auf Klockow blieben, wechselten in der Folge häufig die Besitzer, zu denen 1871 Otto von Itzenplitz, 1884 Ernst von Meyern, 1900 Adolf Burmeister und 1914 Henning von Oertzen auf Rattey zählen. Als der letzte Besitzer des Gutes, Erich Srasen, sein Eigentum aufgeben musste, wurde es 1933/34 aufgesiedelt. Das Haus beherbergte Wohnungen, Büros der Landwirtschaftlichen Produktionsgenossenschaft, einen Kulturraum, eine Verkaufsstelle und einst sogar die Dorfschule. Eigentümer war die Kirche, doch 1992 gelangte das Gutshaus wieder in Privatbesitz. Nach der Restaurierung wurden Mietwohnungen eingerichtet.

Schloss Bothmer

23948 Klütz
Landkreis
Nordwestmecklenburg

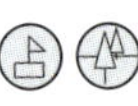

Am südlichen Stadtrand von Klütz steht die größte Barockanlage Mecklenburg-Vorpommerns. In Auftrag gegeben wurde sie von dem hannoverschen Minister Hans Caspar von Bothmer dem Architekten Johann Friedrich Künnecke, der sie von 1726 bis 1732 vollenden ließ. 1696 wurden die von Bothmer Reichsfreiherren, 1713 Reichsgrafen. 1715 gründeten sie eine Majoratsgrafschaft. Reichsgraf Hans Caspar von Bothmer begann schon in jungen Jahren eine beispiellose diplomatische Laufbahn, die ihn weite Teile Europas kennenlernen ließ. Unter Kurfürst Georg Ludwig von Hannover wurde er zum ersten Minister für deutsche Angelegenheiten. Die Schlossanlage stellt ein großzügiges, von Wassergräben und Lindenalleen umgebenes weitläufiges Ensemble dar. An den großen rechteckigen Ehrenhof schließt sich das repräsentative Herrenhaus mit dem zweigeschossigen Corps de Logis und dreiachsigen Risalit an Hof- und Gartenseite sowie die seitlich vorgelagerten Pavillons mit angeschlossenen niedrigen Galerien und Trakten an. Der Dreieckgiebel zum Hof zeigt das Wappen des Bauherrn. Alle Bauteile wurden aus rotem Backstein geschaffen und durch Eckrustika gegliedert. Im Inneren blieb die ursprüngliche Raumfolge mit Vestibül und Gartensaal erhalten. Im Obergeschoss befindet sich der große Saal. Die Räume sind reich mit meist ornamentalen Stuckdekorationen aus der Zeit um 1728 aus der Werkstatt J. Mogias geziert. Um 1730 gab es hier noch einen Barockgarten, der im 19. Jahrhundert weitgehend zum Landschaftspark umgestaltet, doch in den 1980er-Jahren wieder barockisiert wurde. Im Jahre 1945 wurde die Familie von Bothmer enteignet und das Schloss ab 1948 als Alten- und Pflegeheim genutzt. Im Seitentrakt befand sich zeitweilig eine Fachhochschule. Gegenwärtig befindet sich das Schlossareal in Rekonstruktion, doch im Park werden Führungen angeboten. Die Gesamtanlage steht unter der Verwaltung der Staatlichen Schlösser und Gärten Mecklenburg-Vorpommerns.

Schloss Bothmer, Klütz

Herrenhaus Kölzow

18334 Kölzow/
Gem. Dettmannsdorf
Landkreis Nordvorpommern

Das 1233 erstmals erwähnte Kölzow liegt westlich von Bad Sülze, am Rande des Naturschutzgebietes Recknitztal. Bereits vor über 800 Jahren hatten Vorfahren der heutigen Eigentümer im Gefolge von Heinrich dem Löwen Siedler in das östliche Mecklenburg geholt. Sie wurden hier sesshaft. Im Laufe von Jahrhunderten entwickelte sich in Kölzow eine große Gutsanlage. Heute führt das Gutshaus die Familie von der Lühe, deren besagte Vorfahren die Ortsgründer und bis zum Ende des 18. Jahrhunderts auf Kölzow ansässig waren. Die späteren Generationen legten den Gutshof an seine heutige Stelle. 1850 entstand das spätklassizistische zweiflüglige Herrenhaus mit angefügtem Turm durch die Familie von Pröllius. Mit dem Kauf von Haus und Gut zur Nutzung als Sommerresidenz erfüllte sich 1925 Prinz Sigismund von Preußen einen Wunsch. Seine Familie besaß das Anwesen bis 1945. In der Folge wurden Flüchtlinge hier untergebracht, danach ein Konsum und ein Kindergarten. Darauf trat eine zunehmende Verwahrlosung des Herrenhauses ein, bis es 2000 die Familie von der Lühe erwarb und ein Jahr darauf mit der Sanierung begann. Seit 2004 kann man im „Landhaus Schloss Kölzow“ Kunst und Kulturgeschichte erleben und im urigen Weinkeller einen guten Tropfen genießen. Die Räumlichkeiten sind individuell mit besonderen chinesischen Antiquitäten ausgestattet. In den Leseräumen kann man sich zur Kultur sowie Natur und Umwelt von Mecklenburg-Vorpommern umfassend informieren. Die große und schöne Parkanlage mit altem Baumbestand umgibt das Herrenhaus und verleiht diesem einen Hauch von Romantik.

Herrenhaus Kölzow

Herrenhaus Kotelow

17099 Kotelow/Gem. Galenbeck
Landkreis Mecklenburg-Strelitz

Der Kotelower Besitz der Familie von Rieben, gelegen östlich von Friedland, ging 1672 an die Familie von Oertzen. Dabei erhielt Henning von Oertzen den größeren Teil und Victor Sigismund von Oertzen bekam den kleineren Bereich. Ein Tauschvertrag 1702 hatte das Ergebnis, dass Victor Sigismund Kotelow und zwei Höfe in Klockow erhielt und Henning Lübbersdorf nebst einer Zuzahlung bekam. Als Victor verstarb, fiel Kotelow an seinen Sohn Arndt Heinrich, der wohl auch 1773 das barocke, breit gelagerte eingeschossige Gutshaus mit erhöhtem Mittelrisalit und Zwerchhäuser über der Durchfahrt erbauen ließ. Eine weitläufige Parkanlage mit Teich schließt sich dem Bau an. Letzter Besitzer war Karl Bernhard von Oertzen, der im Zuge der Bodenreform enteignet wurde. Es erfolgte die Aufsiedelung und nach 1945 wurde die Gemeindeverwaltung in das Haus gelegt. Mit dem Verkauf 2002 begannen die neuen Eigentümer das Gutshaus zu restaurieren. Es entstanden Einzel- und Doppelzimmer zur Vermietung an Feriengäste sowie Säle für Veranstaltungen.

Oben: Herrenhaus Kotelow

Unten: Herrenhaus Krassow

Herrenhaus Krassow

23992 Krassow/Gem. Zurow
Landkreis Nordwestmecklenburg

Krassow liegt zwischen den beiden Autobahnen A 14 und A 20 an der Abfahrt Kreuz Wismar, östlich der Stadt. In der Zeit von 1781 bis 1800 war das Gut in der Hand der Familie von Raven. Das verputzte zweigeschossige Gutshaus mit schönem Dachreiter entstand im 19. Jahrhundert. Nach dem Zweiten Weltkrieg wurde eine Schule für schwererziehbare Kinder eingerichtet. Darauf wurde das Gut, nachdem es an Neubauern verteilt worden war, der Landwirtschaftlichen Produktionsgenossenschaft (LPG) Zurow zugegliedert. Seit 1990 wurde das Herrenhaus kurzzeitig vom Jugendsozialwerk genutzt, später kam es zum Leerstand. Heute befindet sich der historische Bau in Privatbesitz und wurde restauriert. Im Parkbereich entstand ein Nebengebäude mit Ferienwohnungen.

Herrenhaus Kressin

19399 Kressin/
Gem. Neu Poserin
Landkreis Parchim

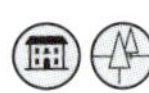

Das ehemalige Rittergut, nahe dem Zahrener See, nordöstlich von Lübz, befand sich im Jahre 1896 in den Händen von Hans Selpcke. Gräfin Rantzau war in der Zeit des Ersten Weltkrieges Eigentümerin, der die Familie von Boddin folgte. Im Reigen des Besitzerwechsels kam das Gut 1933 an die Reichsumsiedlungsgesellschaft und wurde aufgesiedelt. Das im Stil der Tudorgotik erbaute Haus, das von einer Parkanlage umgeben ist, wurde in heutiger Zeit saniert und befindet sich in Privatbesitz.

Herrenhaus Kressin

Herrenhaus Krönnevitz

18445 Krönnevitz/Gem. Preetz
Landkreis Nordvorpommern

Der noch bis 1815 zum Königreich Schweden gehörende Ort liegt nur wenige Kilometer westlich von Stralsund. Bereits Ende des 13. Jahrhunderts saßen hier die Crane, ein Teilbereich des Gutes befand sich im Besitz des Klosters Neuenkamp. Nachweislich teilten sich 1696 drei Familien das Herrenhaus Krönnevitz: der Regimentsquartiermeister Heinrich Bahr, der Amtmann Johann Sodemann und die Witwe des Majors Abraham Elver zu Preetz, Maria Elisabeth von Sydow. Nach dem Wiener Kongress wurde das Gut an Preußen abgetreten. Es war die Junkerfamilie von Kahlden, die 1807 den Grund und Boden kaufte und von

Herrenhaus Krönnevitz

1820 bis 1830 ein prachtvolles, klassizistisches Herrenhaus mit Säulenportal und marmorgefliestem Vestibül errichten ließen. Nach den von Kahlden wechselten mehrfach die Eigentümer, zu denen 1937 Werner Freiherr von Klot-Trautvetter zählte, bis der letzte Besitzer, Egbert von Maltzahn, 1939 an das Anwesen kam. Er wurde jedoch später enteignet. Im Jahre 1995 übernahmen Hanna und Gerd Eujen den mittlerweile verfallenen Bau und restaurierten diesen und den Park mit viel Liebe und Leidenschaft. Sie richteten eine Ferienwohnung im stilvollen Ambiente für Urlauber und Wochenendgäste ein. Der heutige Salon, einst Gartensaal, wurde im Stil des Empires ausgestaltet. Er führt auf die Terrasse und in den großen Park mit Teepavillon und verfügt über eine Bibliothek.

Herrenhaus Krukow

17217 Krukow
Landkreis Müritz

Der im Stil der Neogotik errichtete zweigeschossige Putzbau aus der Zeit um 1850 steht am Ortsrand von Krukow, nordöstlich von Penzlin. Entstanden ist der Ort aus einer slawischen Siedlung. Im Jahre 1702 erhielt Gustav Friedrich von Walsleben, ein Verwandter der Maltzan, den Lehnbesitz über die Dörfer Krukow und Lübkow, doch 1725 musste er diesen wieder verkaufen. Das Gut hat wechselnde Besitzer zu verzeichnen, zu denen die Familien von Kargow, von Bardenflet, von Maltzan, von Kosboth und ab 1775 wieder die von Maltzan zählen. Im Jahre 1933 wurde das Gut aufgesiedelt und das

Herrenhaus Krukow

Gutshaus zu Wohnzwecken genutzt. Das Herrenhaus befindet sich im Besitz der Gemeinde und dient Wohnzwecken. Einige Räume werden für Veranstaltungen genutzt.

Herrenhaus Kummerow

17139 Kummerow

Landkreis Demmin

Herrenhaus Kummerow

Das zweigeschossige Herrenhaus mit übergiebelten dreigeschossigen Mittelrisaliten und Pilastergliederung von 1733 liegt am gleichnamigen See nordöstlich von Malchin. Der 500 Jahre alte Besitz der ritterschaftlichen Familie von Maltzahn wurde für den Landrat Axel Albrecht Freiherrn von Maltzahn erbaut. Zwischen den beiden Weltkriegen erlebte Kummerow unter Mortimer Freiherrn von Maltzahn noch einmal eine Blütezeit. Zur Anlage gehörten mehrere Wirtschaftsgebäude, die zum Teil später verändert wurden. Die Maltzahns wurden 1945 enteignet, der Hausherr festgenommen und 1948 schwer krank entlassen. Der barocke Adelssitz wurde als Schule und Gemeindebüro genutzt. Eine Restaurierung der Anlage wurde 1964 durchgeführt, doch nach über 40 Jahren DDR-Zeit weist der Bau einen bedauernswerten Zustand auf. Im Innern bestehen noch das Treppenhaus mit einer zweiläufigen Treppe und mehrere Räume mit Deckenstuck aus der Erbauungszeit. Auch der Festsaal im ersten Obergeschoss blieb erhalten, doch von den Gartenanlagen existieren nur noch barocke Lindenalleen. Der Landschaftspark, zu Beginn des 19. Jahrhunderts von dem preußischen Gartenarchitekten Peter Joseph Lenné gestaltet, erstreckt sich bis zum See.

Herrenhaus Kurzen Trechow

18249 Kurzen Trechow/ Gem. Bernitt
Landkreis Güstrow

Die nordwestlich von Bützow liegende „Burg“ Trechow ist einer der wenigen Bauten, die den Dreißigjährigen Krieg überstanden haben. Im Jahre 1284 war Vollrath von Trechow Domherr in Bützow, wo zuvor das Geschlecht von Moltke angesessen war. Die einstige mittelalterliche Wasserburg diente zur Verteidigung der deutschen Siedler gegen die Wenden, und von 1369 bis 1641 regierten die Ritter von Maltzahn auf der Burg. Im 16. Jahrhundert bekam die Burg Volutengiebel im Renaissancestil. Als nach dem Dreißigjährigen Krieg die Familie von Plüskow die Wehranlage erwarb, die sie von 1641 bis 1840 innehatte, stattete sie Johann von Plüskow-Suhr von 1785 bis 1800 im klassizistischen Stil aus. 1814 entstand ein zweigeschossiger Renaissancebau mit hohem Mittelrisalit. 1847 zog Anna von Plessen auf das Anwesen, worauf mehrere Generationen das Herrenhaus um- und ausbauten, bis die von Plessen 1945 enteignet wurden. Während des Sozialismus war das Gebäude am Trechower See stets bewohnt. Seit 2005 ist es wieder im Besitz der Nachkommen von Plessen. Sehr engagiert ist der Förderkreis „Rettet die Burg Trechow“, der viel Kraft und Zeit aufwendet, um das Kleinod wieder herzustellen. Es soll ein Ort für Veranstaltungen, Konzerte und Ausstellungen werden.

Herrenhaus Kurzen Trechow

Herrenhaus Leezen

19067 Leezen
Landkreis Parchim

Leezen gehörte über mehrere Jahrhunderte zum grundherrschaftlichen Besitz des Geschlechtes von Halberstadt. Es liegt am Schweriner See östlich der Landeshauptstadt. Schon

1298 war es hier mit Johann von Halberstadt urkundlich bezeugt. Diese Herren gaben Leezen dann an das Geschlecht von Laffert weiter, die es ein halbes Jahrhundert in Besitz hatten. Mit den Agrarumwälzungen des 18. Jahrhunderts wechselten auf den Gütern auch oft die Besitzer und so ließen sich hier die Familien Dessin, die Hahn, die Bülow und die von Dorne nieder. Es war Carl Detlef Evers, der im 19. Jahrhundert ein zweigeschossiges, gotisierendes Herrenhaus mit vier spitzhelmbedeckten Türmen vom mecklenburgischen Landbaumeister Jatzow errichten ließ. Ein mit gotischem Dreiecksgiebel besetzter Mittelrisalit ziert den Bau. Die Erben verkauften das Herrenhaus später an die Familie Diestel. Ein englischer Landschaftspark umgibt das Gebäude. Auch auf diesem Gut wurde nach 1945 eine LPG eingerichtet. Im Jahre 1990 stand das Herrenhaus noch leer, ging später in Privatbesitz und wurde ab 1995 restauriert. Es dient als Wohnanlage mit integriertem Standesamt.

Herrenhaus Lehsen

19243 Lehsen

Landkreis Ludwigslust

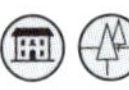

Die Familie von Laffert war vom Ende des 18. bis zum 20. Jahrhundert im Besitz des Gutes, das südwestlich von Wittenburg liegt. Gebaut wurde das einst von einem großen Wildpark umgebene zweigeschossige Gutshaus 1822, im klassizistischen Stil nach Plänen des Baumeisters Joseph Christian Lillie für Ernst August von Laffert. Es ist wohl das schönste klassizis-

Herrenhaus Leezen

tische Herrenhaus Mecklenburg-Vorpommerns. An der Gartenseite weist es einen prächtigen toskanischen Säulenportikus auf. Der Landschaftspark wurde zu Beginn des 19. Jahrhunderts angelegt, vermutlich unter Einbeziehung älterer, noch barocker Gartenpartien. Zu damaliger Zeit betrieb man hier eine Baumschule und 1847 wurde für kurze Zeit eine Wasserheilanstalt eröffnet. Die Orangerie und das Mausoleum waren 1930 verfallen. Im Herrenhaus waren nach 1945 ein Kinderheim und in den 1970er-Jahren die Gemeindeverwaltung untergebracht. Von 1990 bis 1999 stand das Gutshaus leer, ging dann wieder in Privatbesitz und wurde restauriert.

Oben: Herrenhaus Lehsen

Unten: Herrenhaus Leizen

Herrenhaus Leizen

17209 Leizen

Landkreis Müritz

Die Anlage aus der Gründerzeit von 1898, für Familie von Gundlach erbaut, liegt nahe der Mecklenburgischen Seenplatte, südwestlich von Röbel an der gleichnamigen Autobahnabfahrt. Das einstige Gut befand sich im Besitz der Familie Knuth und ab 1753 war es Eigentum der Familie von Gundlach, die es bis zur Enteignung nach 1945 behielt. Darauf diente das Haus Wohnzwecken und wurde von der Gemeinde genutzt. Der das Herrenhaus umgebende Park kann auf einen teilweise über 300 Jahre alten Baumbestand verweisen. In jüngster Zeit wurde das Herrenhaus restauriert und zu einem Hotel umgebaut, doch der Betrieb mit geplanten Führungen sowie Kostüm- und Gauklerfesten währte nicht lange. Auch der Swingerklub hatte keinen Erfolg. Als die bereits installierten Anlagen verantwortungslos wieder herausgerissen wurden, entstanden erhebliche Schäden. Das Haus steht erneut zum Verkauf.

Lelkendorf

Herrenhaus Lelkendorf

17168 Lelkendorf

Landkreis Güstrow

Als einer der ältesten Herrensitze Mecklenburgs wird Lelkendorf, gelegen am Rande der Mecklenburgischen Schweiz, nordöstlich von Teterow, 1225 erstmals urkundlich genannt. Das ursprüngliche Herrenhaus aus dem Jahr 1224 befand sich ab 1529 in den Händen der Herren von Levetzow, es wurde im Dreißigjährigen Krieg 1629 durch Wallensteins Truppen niedergebrannt. 1630 wurde es mit umfangreicher Gutsanlage im Renaissancestil neu errichtet und 1898 vom Architekten Paul Schultze-Naumburg im Tudorstil umgestaltet. Baron von Levetzow war 1945 der letzte Besitzer. Später wurde das Herrenhaus als Schule, Kindergarten, Gasthaus, Rathaus und Poststelle genutzt. Im Jahre 1990 kauften die Nachkommen von Levetzow ihr Eigentum zurück, rekonstruierten das Haus und bauten es zu Eigentums- und Ferienwohnungen um. Der die Anlage umgebende große Park besitzt alte und seltene Bäume.

Herrenhaus Lelkendorf

Herrenhaus Leppin

Herrenhaus Leppin

17349 Leppin/Gem. Lindetal

Landkreis Mecklenburg-Strelitz

Einst saßen in Leppin, südöstlich von Neubrandenburg, die alten Geschlechter Blankenburg und Tornow. Ende des 17. Jahrhunderts befand sich das hiesige Gut in den Händen der Familie Genzkow, das bei einer Erbauseinandersetzung von Katharine Christine von Genzkow übernommen wurde. Zwei Ehen ging sie ein, zuerst mit Reimar Otto von Rowen und nach dessen Tod 1705 mit Hans Felix von Oertzen. Als 1707 Katharine Christine von Genzkow verstarb, erbte Letzterer das Gut und ließ das hufeisenförmige Herrenhaus erbauen. Nach seinem Tod 1733 bezog Wilhelm Victor von Oertzen auf Rattey das Gut. Durch einen Brand wurden 1775 alle Bauten, einschließlich des Herrenhauses, eingeäschert. Dritter Bauherr auf Leppin war Jasper Joachim Bernhard Wilhelm von Oertzen. Er beauftragte um 1850 den Architekten Friedrich Wilhelm Buttel mit dem Neubau eines Herrenhauses unter Einbeziehung des noch Vorhandenen. Im Jahre 1927 verkauften die Oertzens das Gut an Viktor Kolbe auf Pritzlow bei Stettin. Bis 1945 war das Haus mit den angesetzten eingeschossigen Flügeln in neugotischem Stil von Buttel umgebaut und im Besitz der Familie Kolbe. Von 1952 bis 1990 fungierte das Herrenhaus als Berufsschule mit Internat. 1967 erfolgte eine Instandsetzung. Mit den neuen Eigentümern, der „Rittergut Leppin GmbH & Co. KG", erfuhr die Anlage in den 1990er-Jahren eine grundlegende Sanierung.

Libnitz

Herrenhaus Libnitz

18569 Libnitz/Gem. Trent

Landkreis Rügen

Libnitz liegt im Nordwesten der Insel Rügen am Breetzer Bodden. Inmitten einer gepflegten Parkanlage steht der repräsentative zweigeschossige Zweiflügelbacksteinbau aus der Zeit um 1912. Der stilistische Einfluss norddeutscher Reformarchitektur ist deutlich erkennbar. Die Fassadengestaltung ist durch Schweifgiebel, Erker, das vortretende Treppenhaus und eine Loggia zwischen den Ecktürmen bestimmt. Vor der Südfront befindet sich eine große Terrasse. Im Inneren ist die Raumstruktur und das Interieur der großzügig gehaltenen Eingangshalle mit Balkendecke, Podesttreppe, einer Galerie und schmalen Fensterbahnen mit Glasgemälden, die Szenen des Landlebens zeigen, fast unverändert erhalten. Das damalige Gut befand sich ab dem 13. Jahrhundert im Besitz der Rügenschen Fürsten. 1747 gehörte es zwei Geistlichen aus Bergen. Mit Beginn des 19. Jahrhunderts kam es in die Hände der vermögenden Familie Meyer-Sarnow. Fritz Alfred Meyer ließ das Herrenhaus und die umfangreichen Wirtschaftsgebäude errichten. Der Zweitname Sarnow stammt von seiner Ehefrau, Friederike Sarnow. Als der Krieg 1945 zu Ende ging, floh die Familie, wobei die Ehefrau auf tragische Weise ums Leben kam. Fritz Alfred Meyer starb 1955 in Karlsruhe. Seit der Enteignung dient der Herrensitz bis heute Wohnzwecken. Im Park befindet sich ein Mausoleum im neoklassizistischen Stil für die Familie Meyer-Sarnow. Im Jahre 2000 verkaufte die Gemeinde das Gutshaus, das der neue Besitzer von 2001 bis 2003 gründlich sanierte und modernisierte. Eingerichtet wurden Wohnungen, Feriensuiten sowie eine Wellnessanlage.

Herrenhaus Libnitz

Herrenhaus Libnow

17390 Libnow/Gem. Murchin
Landkreis Ostvorpommern

Herrenhaus Libnow

Das Herrenhaus in Libnow, ein gotisierender Backsteinbau im Tudorstil mit zweigeschossigem Mitteltrakt, liegt nordöstlich von Anklam, nahe dem Peenestrom. Errichtet wurde es 1862 vom aus Anklam stammenden Architekten Drowatzky für den Bauherrn Wilhelm von Homeyer auf den Fundamenten eines älteren Gebäudes. Diese pommersche Landwirtsfamilie, die in verwandtschaftlicher Beziehung zu den Familien Kolbe und Ferno stand und einen namhaften Juristen in ihrem Kreise hatte, wurde im 19. Jahrhundert geadelt. Letzter Besitzer auf Libnow, nach mehreren Eigentümerwechseln, war zum Ende des Zweiten Weltkrieges Otto Hoehne. Mit der Enteignung 1945 kamen Flüchtlinge in das Haus und später übernahm die Landwirtschaftliche Produktionsgenossenschaft das Gut, und das Gebäude verfiel zunehmend. Später wurde ein Ferienlager eines Magdeburger Betriebes eingerichtet. Nachdem das Herrenhaus bald zehn Jahre leer gestanden hatte, fanden sich im Jahre 2000 neue Eigentümer, die durch Restaurierung dem kleinen Objekt, umrahmt von einem Park mit Lindenallee, ein romantisches Aussehen verliehen. Heute befinden sich im Gutshaus eine Galerie, eine Rahmen-Manufaktur und eine Kunsthandlung, außerdem Tagungs- und Seminarräume sowie Ferienwohnungen.

Villa „Schloss Lichtenstein“

18528 Lietzow
Landkreis Rügen

Die um 1868 im Historismusstil burgartig erbaute, zweigeschossige Villa „Schloss Lichtenstein“ steht auf einem Südhang über dem kleinen Jasmunder Bodden und wurde dem bei Reutlingen stehenden Schloss gleichen Namens nachempfunden. Der Putzbau ist durch Stufengiebel und Zinnen sowie einen großen Rundturm geziert. Gebaut hat es der Architekt und leitende Ingenieur des damaligen Dammbaus

Villa „Schloss Lichtenstein“, Lietzow

als Wohnhaus. Im Jahre 1695 gab es hier nur zwei Höfe, die von einem Fährmann und einem Schiffer bewohnt wurden. Während des letzten Krieges und in der Nachfolgezeit kam der Verfall. Das Gebäude wurde erst ab 1997 von den neuen Eigentümern, die es nun privat bewohnen, rekonstruiert und saniert.

Herrenhaus Lischow

23974 Lischow/Gem. Neuburg
Landkreis Nordwestmecklenburg

Die großzügige Hofanlage, die sich seit 1894 im Besitz der Familie Schröder befand, ist nordöstlich von Wismar zu finden, gegenüber der Insel Poel an der B 105. Sechs Generationen dieser Familie waren auf dem Wirtschaftshof mit mehreren Scheunen und einem Speicher ansässig. Seit 1999 befindet sich das Anwesen mit einem romantischen Park, einem Angelsee, vielen Haustieren sowie dem Ferien- und Reiterhof, auf dem auch Pferdezucht betrieben wird, wieder in Privatbesitz. Geboten werden ganzjährig zahlreiche Aktivitäten in der Natur und selbstverständlich auch eine gute Gastronomie.

Herrenhaus Lischow

Burg Löcknitz

17321 Löcknitz

Landkreis Uecker-Randow

Burg Löcknitz

Die pommersche Burg entstand Anfang des 13. Jahrhunderts am Ufer der Randow, nahe der B 104 südöstlich von Pasewalk. 1212 ist hier eine gleichnamige ritterschaftliche Familie nachgewiesen, die als Verwalter auf der Burg saß. Auch einem Bischof von Cammin gehörte sie wohl um diese Zeit. Im Jahre 1390 verpfändeten die Pommernherzöge Svatibor und Bogislaw den Besitz an die Ratsherrenfamilie Wussow. Die Ruine des achteckigen Bergfrieds mit quadratischem Unterbau stammt wohl aus dem 14. Jahrhundert, die Reste der Umwallung und Ringmauer sowie ein Teil der gewölbten Kasematten aus dem 15. Jahrhundert. 1433 wurde die Familie von Heydebreck mit der Burg belehnt, die 1468 durch brandenburgische Truppen erobert wurde. Im Jahre 1479 gehörte die landesherrschaftliche Burg zu Brandenburg und wurde im 16. Jahrhundert festungsartig als Grenzburg zwischen der Mark Brandenburg und Pommern erweitert, doch im Laufe der Zeit zerstört. In dieser Zeit war die Familie von der Schulenburg mit der Burg belehnt, die bis 1688, während des Dreißigjährigen Krieges, in ihrem Besitz verblieb. Das dreigeschossige Renaissanceschloss mit Treppenturm und Portalgewänden entstand 1557. Ab 1851 befanden sich hier Wohnungen und eine Brauerei und nach der Enteignung wurden Flüchtlinge untergebracht. Nach drei Jahrzehnte langem Leerstand brach man das Schloss 1985 ab. Heute befindet sich hier der Sitz der Tourismusinformation. 1997

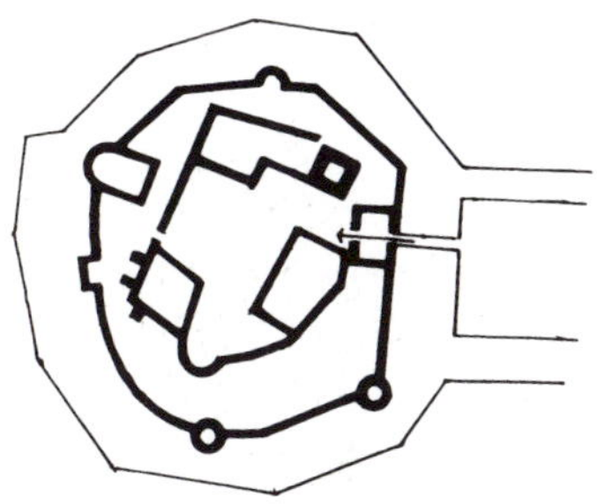

Burg Löcknitz, Grundriss

wurde der Burgturm mit schöner Aussicht in das Randowtal begehbar gestaltet. Neben der Burg befindet sich eine Pension. Bei Veranstaltungen sorgt eine Gastronomie u. a. mit Rieteressen für das leibliche Wohl.

Herrenhaus Löwitz

19217 Löwitz/Stadt Rehna
Landkreis Nordwestmecklenburg

Kein Geringerer als der bekannte preußische Generalfeldmarschall Kurt Christoph Graf von Schwerin wurde 1684 auf diesem alten Familienbesitz geboren, den man südwestlich von Grevesmühlen bei Rehna findet. Der Graf fiel 1757 während des Siebenjährigen Krieges in der Schlacht bei Prag. 1868 war das Gut im Besitz der Familie Görbitz. Das Gut und der neugotische Bau mit zweigeschossigem Mittelrisalit und zwei spitzen Türmen befanden sich noch 1917 im Besitz der Grafen von Schwerin. Im Jahre 1924 gehörte es Alfred Graf von Soden und für 1939 werden gleich drei Eigentümer des Rittergutes erwähnt: die Herren von Gerstenberg, Edler von Zech und Graf von Schwerin. Nach dem Zweiten Weltkrieg ging es an die Gemeinde Löwitz, stand in den 1960er-Jahren leer und verfiel zur Ruine. Obwohl das Herrenhaus in der Folge immer mal kurzzeitig einen Besitzer hatte, änderte dies nichts an seinem weiteren Verfall. Heute ist das Gebäude eine Ruine und auch die kleine Parkanlage ist verfallen.

Herrenhaus Löwitz

Eldenburg Lübz

19386 Lübz
Landkreis Parchim

Östlich von Parchim findet man das kleine Städtchen Lübz mit dem Turm der einstigen Eldenburg aus dem 14. Jahrhundert. Er ist ein spätromanischer fünfgeschossiger Rundturm in Backstein mit Kegeldach, der Rest der 1308 erstmals erwähnten und später abgetragenen Eldenburg. Errichtet wurde sie von 1306 bis 1308 durch die Mark-

Eldenburg Lübz

grafen Otto und Hermann von Brandenburg. Die ritterschaftliche Familie Johann und Helmold von Plessen bekam die Burg im 14. Jahrhundert von den mecklenburgischen Herzögen als Pfand, das 1456 durch Herzog Heinrich von Mecklenburg wieder eingelöst wurde. Die zum Schloss umgebaute Burg war von 1547 bis 1634 herzoglicher Witwensitz. Herzog Adolf Friedrich I. in Schwerin und Johann in Güstrow wurden 1628 vom Kaiser des Landes verwiesen. Herzogin Sophie hatte sich während des Dreißigjährigen Krieges auf die Eldenburg zurückgezogen, während Wallenstein als Herzog von Mecklenburg das Land beherrschte. Nach ihrem Tod zerfiel das Schloss. Es wurde von 1691 bis 1706 auf Abbruch verkauft. Mitte des 18. Jahrhunderts errichtete man anstelle des alten Schlosses das Amtshaus. Seit 1976 befindet sich im Turm das Stadtmuseum, das die Entwicklung vom Dorf zur Stadt, das Handwerk und Leben der Lübzer um 1900 sowie wechselnde Ausstellungen zeigt. 1877 wurde die Brauerei gegründet, die besichtigt werden kann. Außerdem gibt es seit 1999 Ausstellungen im historischen Amtshaus. Das Turmfest mit Turmblasen durch das Jagdblasorchester Lübz findet jedes Jahr am Heiligen Abend statt.

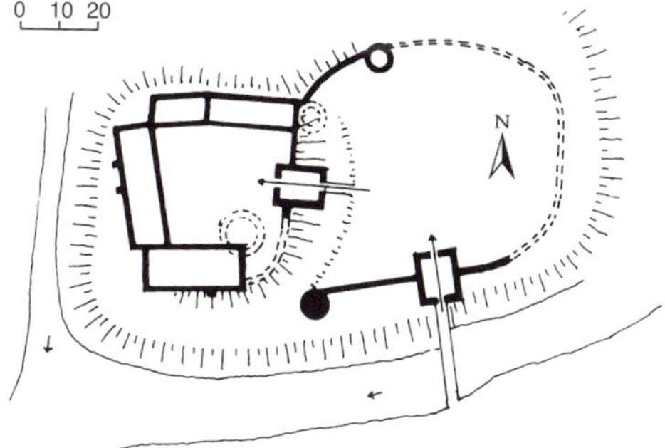

Eldenburg Lübz, Grundriss

Herrenhaus Lübzin

Herrenhaus Lübzin

18249 Lübzin/Gem. Warnow
Landkreis Güstrow

Das Dorf Lübzin wurde erstmalig 1261 als „Lubbetsoin“ erwähnt. Es liegt südwestlich von Güstrow, nördlich der B 104. Ab 1337 erfolgte ein ständiger Wechsel von Lehnsherren, bis im Jahre 1740 das Dorf in den Besitz der Familie Mecklenburg überging. Verkauft wurde der Besitz 1787 an den Müller Johann Christian Hillmann, der auch das Gutshaus baute. Die Familie blieb über vier Generationen Eigentümer. Kurt Viering und seine Gattin waren die letzten Besitzer. Sie nahmen sich nach dem Einzug der Roten Armee das Leben. 1950 war das Dorf aufgrund von Flüchtlingszuzug um mehr als 200 Bürger angewachsen. Das Herrenhaus mit seiner schlossartigen Fassade liegt an einem See. Von den einstigen Wirtschaftsgebäuden stehen nur noch ein Speicher von 1929 und die Kutschwagenremise. Seit vielen Jahren hat sich der marode Zustand des leer stehenden Hauses, das einmal als Hotel ausgebaut werden sollte, nicht verändert, ebenso wenig die umgebende Parkanlage.

Herrenhaus Ludorf

17207 Ludorf
Landkreis Müritz

Das von 1686 für die Familie von Knuth erbaute, breit gelagerte zweigeschossige Gutshaus im dänischen Klinkerrenaissancestil, mit seinem großen Landschaftspark, liegt östlich von Röbel nahe dem Müritzufer. Vor den Knuths besaßen das Areal die Familien von Marin und von der Kerberg. Das von Pilastern eingefasste Portal ist von Kartuschen mit Wappen der von Knuth bekrönt. Sie blieben bis 1901 Eigentümer der Anlage. Im Jahre 1938 übernahm Dr. jur. Wilhelm von Schulse-Bülow das Herrenhaus. Es ist eines der ältesten des Landes. Unweit davon stand einst die alte Burg Morin. Das Innere zieren restaurierte Deckenmalereien auf Holz aus der Erbauerzeit. Der englische Landschaftspark aus der ersten Hälfte des 19. Jahrhunderts gewährt durch Sichtachsen den Blick zur Müritz. Das Gutsmuseum im 1850 errichteten Wirtschaftsgebäude besitzt eine sehenswerte Ausstellung unter dem Thema „Von Mecklenburg in die Welt". Neben dem Herrenhaus befindet sich die Gutskirche. Bemerkenswert ist die angefügte Familiengruft derer von Knuth, die 1736 vom Erbherrn auf Ludorf und Gneve Adam Levin II. von Knuth errichtet wurde. Heute lädt das Herrenhaus mit seinem Hotel Gäste zum Verweilen ein.

Herrenhaus Ludwigsburg

17509 Ludwigsburg/
Gem. Loissin
Landkreis Ostvorpommern

Das von 1577 bis 1592 anstelle einer Burganlage erbaute schlichte dreigeschossige Gebäude mit den kurzen Querflügeln diente im 17. Jahrhundert der Herzogin Hedwig Sophie von Pommern-Wolgast als Witwensitz. Es steht am dänischen Wiek, östlich von Greifswald. Ab 1810 gehörte die Anlage der Familie Weissenborn, und Jörg Weissenborn engagierte sich stark zur Wiederherstellung und Ausgestaltung des alten Familienerbes. So erfolgte im 19. Jahrhundert der Umbau zum

Herrenhaus Ludorf

Herrenhaus Ludwigsburg

Schloss im leichten Renaissancestil. Es wurde später als Wohnung genutzt. Das Erdgeschoss birgt eine Halle mit einem Kreuzgratgewölbe auf toskanischen Säulen und im ersten Obergeschoss befinden sich Balkendecken und ein Saal mit stilisiertem figürlichem Deckenschmuck und teils umlaufender Wandmalerei aus der Erbauungszeit. 1860 erfolgte eine Innenrestaurierung mit der Erneuerung vieler Türen. Nach dem Zweiten Weltkrieg wurde die Besitzerfamilie vertrieben und russische Soldaten zogen ein, danach Flüchtlinge aus Ostpreußen. Seit 1975 Leerstand. Der heutige Besitzer beabsichtigt einen Umbau zum Hotel, doch bisher besteht nur ein Hofladen. Der Förderverein „Schloss und Gutshofanlage Ludwigsburg e. V." engagiert sich mit vielfältigen Veranstaltungen, mit Ausstellungen und Führungen für die Erhaltung. Ursprünglich war ein Teil des weitläufigen Parks mit Lindenallee und Rundtempel eine barocke Gartenanlage aus der zweiten Hälfte des 18. Jahrhunderts. Der Park wurde 1830 um einen Landschaftsgarten erweitert.

Residenzschloss Ludwigslust

19288 Ludwigslust

Landkreis Ludwigslust

Die Kreisstadt liegt im Südwesten des Bundeslandes. Hier ließ sich Herzog Friedrich von Mecklenburg-Schwerin von 1772 bis 1776 nach Plänen des Hofbaumeisters Johann Joachim Busch ein neues Schloss als spätbarocke Anlage errichten, das er 1765 zur Residenz bestimmte. Schon 1724 stand im Dorf Klenow ein erstes Jagdhaus mit Park für den Prinzen Christian Ludwig II. von Mecklenburg-Schwerin nach Entwürfen von Johann Friedrich Künnecke. 1754 benannte man Klenow in Ludwigslust um. 1776 wurde das Jagdhaus abgerissen. Nach Herzog Friedrich nutzte das Schloss auch Großherzog Friedrich Franz I. als Residenz. Großherzog Paul Friedrich verlegte sie 1837 nach Schwerin zurück, sodass Ludwigsburg von da an als Jagd- und Sommerresidenz genutzt wurde. Auf der Attika zieren zwischen Vasen 40 überlebensgroße Personifikationen von Wissenschaften, Künsten und Tugenden, von Rudolph Kaplunger geschaffen, das Schloss. Im Jahre 1918 dankte Großherzog Friedrich Franz IV. ab. Das Residenzschloss diente bis zum Ende des Zweiten Weltkrieges der großherzoglichen Familie als Wohnsitz. Schon 1920 wurde hier ein Museum eingerichtet und nach der Enteignung im Zuge der Bodenreform etablierten sich Behörden der Kreisverwaltung. Staatliches Museum wurde das Schloss ab 1986, mit Ausstellungen von Möbeln, Uhren, Gemälden, Büsten sowie höfischer Kunst und Wohnkultur. Erhalten blieben Parkettfußböden, verschiedene Ornamente und Dekorationen, Kronleuchter, Kamine und Spiegel. Die Raumfolge ist zum Teil an Musterentwürfe von J. F. Blondels angelehnt und wurde kaum verändert. Im Goldenen Saal werden zu besonderen Anlässen Konzerte gegeben. Der ehemals barocke Schlosspark aus der Mitte des 19. Jahrhunderts wurde durch Peter Joseph Lenné landschaftlich umgestaltet, mit Kaskaden, Alleen, Kanälen, Wasserspielen und einem Luisenmausoleum. Hier finden auch Kleinkunstfestivals und Konzerte statt und im Schweizerhaus befindet sich eine gastronomische Einrichtung. Seit 2003 steht die Anlage unter der Verwaltung der Staatlichen Schlösser und Gärten Mecklenburg-Vorpommern.

Residenzschloss Ludwigslust

Herrenhaus Lühburg

17179 Lühburg
Landkreis Güstrow

Vom 14. Jahrhundert bis 1945 befand sich der westlich von Gnoien gelegene Besitz im Eigentum der Familie von Bassewitz. Im Dreißigjährigen Krieg wurde das feste Haus von 1523 zerstört. Von 1720 bis 1730 ließ Ludolph Friedrich von Bassewitz das heutige zweigeschossige Haupthaus mit höherem giebelbekröntem Mitteltrakt und zwei eingeschossigen Kavalierhäusern nach französischem Vorbild errichten. 1782 verkaufte er verschiedene Güter, darunter auch Lühburg, das in der Folgezeit an die Familien Splittgerber, Schlieffen, Strömer und weitere ging. Im Jahre 1858 kaufte Heinrich Graf von Bassewitz, verheiratet mit Charlotte von Bülow, die Güter wieder zurück. Die barocke Dreiflügelanlage gilt als älteste erhalten gebliebene Anlage ihrer Art in Mecklenburg und wurde bereits 1946 unter Denkmalschutz gestellt. Ihre erste Umgestaltung erfuhr die Anlage mit einem Ehrenhof nach französischem Vorbild 1885. Der dreigeschossige Mittelteil ist durch Pilaster abgesetzt, die Seitenflügel mit Krüppelwalmdächern wurden eingeschossig gestaltet. 1945 wurde die Familie Bassewitz enteignet und sowjetische Truppen nahmen Quartier. Nach deren Abzug waren hier noch ein Konsum und eine Gaststätte untergebracht, dann begann der allmähliche Verfall des Gebäudes. Im Jahre 1970 zerstörte ein Brand den Herrensitz. Er wurde durch die neuen Besitzer 1996/97 in alter Form wieder aufgebaut. Es entstanden Ferienwohnungen und im westlichen Kavalierflügel wurde der Festsaal für Hochzeiten, Seminare und Konzerte wiederhergestellt. Das Herrenhaus ist von Wassergräben und einem Park umgeben.

Herrenhaus Lühburg

Herrenhaus Blücherhof, Lütgendorf

Herrenhaus Blücherhof

17194 Lütgendorf/ Gem. Klocksin
Landkreis Müritz

Blücherhof ist ein Ortsteil von Klocksin und liegt nordwestlich von Waren am Tiefen See. Beim Betrachten des neobarocken Herrenhauses fallen schnell die Elemente russischer Folklorearchitektur auf. Es ist vom vorgelagerten Gutshof durch kunstvolle, rokokoähnliche Portale und ein Torhaus getrennt. Die Wirtschaftsbauten weisen barockisierende Formen und Jugendstilelemente auf und bilden mit dem Gutskomplex mit Dachturm und kleinem Taubenhaus ein geschlossenes Ensemble. Gebaut wurde die Gesamtanlage 1902 nach Plänen des Berliner Architekten Gustav Holland im Auftrag des in St. Petersburg geborenen Alexander König. Eine Besonderheit ist der acht Hektar große Park, der von Alexander König in der Zeit von 1900 bis 1906 zu einem dendrologischen Garten, einer Art Arboretum mit exotischen Baumarten, umgestaltet wurde. Das Herrenhaus wird privat genutzt und bildet mit dem Park einen eigenen Bereich, doch Besucher können sich an verschiedenen Ausstellungen, Kulturveranstaltungen und gastronomischer Versorgung in den Gebäuden der einstigen Gutsanlage erfreuen. Zum Tag des offenen Denkmals werden im dendrologischen Park Führungen angeboten.

Herrenhaus Lützow

19209 Lützow
Landkreis Nordwestmecklenburg

Bis in das Jahr 1270 reicht die Geschichte von „Schloss“ Lützow zurück, das malerisch zwischen Schwerin und Gadebusch an der B 104 liegt. Zu jener Zeit saß hier der Knappe William de Bülowe, dessen Ritter mit der Bewachung des Schlosses in Gadebusch betreut waren. Im 14. Jahrhundert gehörte das Gut der Familie von Lützow und um 1616/17 wird ein Volrad von Lützow erwähnt. Das prächtige Aussehen bekam das Herrenhaus 1876 durch die Familie von Bassewitz-Behr, die es in romantischer Neugotik umbauen ließ. Die Familie war von 1866 bis 1945 im Besitz des Gutes mit dem weitläufigen Landschaftspark und dem Mausoleum mit Bärenwappen der Familie des Grafen Adolf von Bassewitz. Von 1945 bis 1961 nutzte die Deutsche Reichsbahn den Adelssitz als Betriebsberufsschule. In den letzten Jahren wurde das Gebäude wieder hergerichtet. Es wird ausschließlich privat genutzt.

Herrenhaus Lützow

Herrenhaus Mallin

17217 Mallin

Landkreis Müritz

Mallin mit seinem Neurenaissancebau von 1870/71 liegt zwischen Neubrandenburg und Penzlin an der B 192. Das Haus ist ein breit gelagerter, historischer Putzbau von zwei Geschossen über einem Souterrain aus Naturstein. Der Mittelrisalit mit Lünettengiebel und flankierenden Achtecktürmen sowie vorgelagertem Altan befindet sich über der Auffahrt. Zum Garten hin Pilastergliederung und ein Dreieckgiebel. Im Inneren sind noch Reste der Ausstattung im zentralen Treppenhaus vorhanden. Erstmals wurde das Dorf Mallin 1348 urkundlich erwähnt. Das Gut gehörte mit einigen Unterbrechungen seit dem 15. Jahrhundert bis 1857 der Familie von Maltzan, der später die Familie Schröder, Karl Ludwig Baron von Hauff, der das Herrenhaus erbauen ließ, und die Familie Beckmann folgten. Nach Beendigung des Zweiten Weltkrieges nutzte die Gemeinde das Herrenhaus bis 1991 für Wohnzwecke und als Dorfgaststätte. Auch einen Kindergarten und ein Künstleratelier beherbergte es einst. Geplante Sanierungen scheiterten an den fehlenden

finanziellen Mitteln. Seit 1991 stand das Objekt leer und verfiel allmählich. Die 2006 begonnenen Sanierungs- und Restaurierungsarbeiten führten jedoch bis heute nicht zum Erfolg, sodass das Gebäude weiter verfällt und der Park verwildert.

Herrenhaus Mallin

Herrenhaus Marienhof

18292 Marienhof/
Stadt Krakow am See
Landkreis Güstrow

Marienhof liegt nördlich von Krakow am See. Die Gutsanlage besteht aus dem mit Putz und Backstein geschaffenen Herrenhaus mit dem Anbau am Nordflügel, dem Kavalierhaus, der Orangerie und den Wirtschaftsgebäuden. Einst gab es hier noch ein Verwalterhaus, weitere Wohngebäude und eine Hofschmiede, die nicht mehr existieren. Das Gutshaus war ab 1803 im Besitz des Rittmeisters von Osten-Sacken, der von 1822 bis wohl 1829 den Bau umgestaltete und ein repräsentatives Herrenhaus schuf. Doch schon Mitte des 19. Jahrhunderts war der Besitz in den Händen der Familie von Beer, der 1876 die Familie Bronsart von Schellendorf folgte. Sie vollendete den Anbau und errichtete die Stallgebäude bis 1877. In den 1930er-Jahren wurde das Gut aufgesiedelt. 1945 kam es zur Enteignung der Besitzer und Flüchtlinge aus Ostpreußen und Pommern fanden Unterkunft. 1953 zog die LPG auf dem Gut ein, und das Herrenhaus diente als Lehrlingsunterkunft und der Ausbildung junger Landwirte sowie als Festsaal für die Landbevölkerung. Nachdem der geplante Abriss des Herrenhauses 1970 nicht vollzogen wurde, übernahm 1990 die Treuhandgesellschaft des Landes Mecklenburg-Vorpommern die Verwaltung der Gutsanlage Marienhof. Die LPU e. G. Bellin kaufte 1997 die Gutsanlage und verpachtete diese an den gemeinnützigen Verein „Lebensbaum e. V.“. Von 1999 bis 2001 konnte hier eine generationsübergreifende Be-

Herrenhaus Marienhof

gegnungsstätte mit Bildungs- und Beratungsangeboten geschaffen werden, die auch auf internationaler Ebene die Freizeitgestaltung von Kindern und Jugendlichen unterstützte. Ab 2009 sollte das Gutshaus, das von einem gepflegten Park gesäumt ist, als Familienhotel eröffnet werden. Zum gegenwärtigen Zeitpunkt steht es noch leer.

Herrenhaus Matgendorf

Herrenhaus Matgendorf

17168 Matgendorf/
Gem. Groß Wüstenfelde
Landkreis Güstrow

Der einstige Meierhof ist nördlich von Teterow an der B 108 in Richtung Laage zu finden. Der schlossähnliche Neubau im Stil der Neurenaissance mit kleinen Erkern und gotischen Giebeln wurde 1856 für den Gutsbesitzer Cuno August Peter von der Kettenburg vom aus Schweden kommenden Schweriner Hofbaurat Hermann Willebrand errichtet. Die Familie war von 1661 bis 1945 im Besitz dieser Anlage. Bereits im 17. Jahrhundert entstand hier ein Herrenhaus, das Mitte des 19. Jahrhunderts durch einen Brand vernichtet wurde. Im Jahre 1927 ging das Anwesen an die Mecklenburgische Landesgesellschaft mbH Schwerin, da sich der Baron stark verschuldet hatte. 1930 wurde es an katholische Siedler verkauft. Die Enteignung erfolgte 1945. Ab 1969 war das Herrenhaus ein Heim für körperbehinderte Kinder und eine Schule. Seit dem Jahre 1994 wird es als diakonische Einrichtung für Menschen mit psychiatrischer Erkrankung geführt. Am Herrensitz führt eine kleine Allee vorbei, der im englischen Stil angelegte Park besitzt alte Kastanienbäume.

Herrenhaus Melkof

19273 Melkof

Landkreis Ludwigslust

Im Südwesten, nahe der niedersächsischen Landesgrenze und nördlich von Lübtheen liegt Melkof, wo bereits 1471 ein großes zu Lehen gegebenes Gutshaus mit Gutshof bestand, das durch die Familie von Pentz von 1790 bis 1819 zu einem klassizistischen Herrenhaus umgebaut wurde. Legationsrat Carl Friedrich Wilhelm von Pentz war 1803 Eigentümer des Gutes und schon unmittelbar nach dem Umbau wurde der Besitz an die Familie von der Deeken verkauft. Als Julius von der Deeken 1868 verstarb, wurde seine Witwe Anna-Hedwig, eine geborene Kleist aus dem Hause Zülgen in der Niederlausitz, Fideikommissherrin auf dem damals als „Schloss" Melkof bezeichneten Besitz. Hier heiratete sie 1875 den herzoglich-preußischen Kammerherrn Conrad Graf von Kanitz. Durch den Baumeister Ludwig Möckel erfolgte 1888 ein erneuter Umbau am Herrenhaus, den die heutige Erscheinung noch widerspiegelt. Einst

Herrenhaus Melkof

gehörten zur Gesamtanlage noch fünf geschwungene, heute nicht mehr vorhandene Zwerchhäuser. Bis zur Enteignung 1946 befand sich das Gut in den Händen der Familie von Kanitz. Darauf wurde es bis 1996 Kreisfeierabendheim. Auch suchtkranke Frauen und Saisonhelfer in der Landwirtschaft fanden im Herrenhaus eine Bleibe. Seit dem Jahr 2003 ist das Herrenhaus wieder in Privatbesitz und die Inhaberin will es wieder in den Zustand von 1888 versetzen. Das Große Kaminzimmer, das Vestibül und der Gartensaal weisen bereits den ursprünglichen Zustand wieder auf. Ein weitläufiger Landschaftspark schließt sich dem ehemaligen Gutsbereich an.

Herrenhaus Mellenthin

17429 Mellenthin

Landkreis Ostvorpommern

Im Jahre 1288 wird in Mellenthin auf Usedom die Familie von Nienkerken (Neuenkirchen) erwähnt. Von 1575 bis 1580 ließ Rüdiger von Neuenkirchen über einem älteren Vorgängerbau ein Wasserschloss im Stil der Renaissance errichten, dessen heute noch erhaltener, teilweise ausgemauerter Graben das Herrenhaus umgibt. Johann Friedrich von Neuenkirchen ließ durch den italienischen Baumeister Antonio Wilhelmi das schlossartige Gebäude weiter ausbauen. Im 17. Jahrhundert starb die Familie aus.

Herrenhaus Mellenthin

Das zweigeschossige Haupthaus flankieren zwei eingeschossige Nebentrakte, sodass eine Dreiflügelanlage entsteht. 1648 befand sie sich im Besitz des schwedischen Reichsgrafen Oxenstierna, dem Sohn des schwedischen Reichskanzlers, dem in Erbfolge die schwedische Familie der Grafen Brahe und darauf der Landgraf von Hessen-Homburg auf dem Gut nachfolgten. Zwischen 1747 und 1817 wurde der Adelssitz nochmals umfassend verändert. Nachdem er an die schwedische Krone zurückgefallen war, ging er an den General Möller von der Lühne. Danach hatten ihn noch mehrere Eigentümer wie die von Meyen, von Brese und von Bredow im Besitz. Letztere besaßen das Gut bis 1945, worauf es als Kindergarten, für Verwaltungsbereiche und Wohnungen genutzt wurde. 2001 erwarb die Familie Fiodora das Areal und gestaltete hier ein Restaurant mit Café und im Westflügel ein Hotel. Ein kleiner Landschaftspark umgibt die Anlage.

Herrenhaus Mentin

19376 Mentin/Gem. Suckow
Landkreis Parchim

Unmittelbar an der A 24, südlich von Parchim im Landschafts-

Herrenhaus Mentin

schutzgebiet der Ruhner Berge, findet man Mentin, an dessen Ortsrand das repräsentative Herrenhaus des Rittmeisters Arthur Poensgens steht, der von der Familie von Pressentin das Eigentum übernommen hatte und den Bau im Stil des Barock 1912/13 errichten ließ. Auch Jugendstilelemente nach Plänen des Architekten Paul Korff sind hier zu finden. Den Poensgens folgte 1916 die Hamburger Familie Neuerburg. Nach dem Zweiten Weltkrieg war hier bis 1996 ein Kinderheim untergebracht. Eine Freitreppe führt über Gartenterrassen in die weitläufige Parkanlage. Ein 1996 geplanter Hotelbetrieb mit Automobilmuseum kam bisher nicht zur Ausführung, sodass zurzeit keine Nutzung besteht und das Objekt dem Verfall preisgegeben ist. Auch die Parkanlage weist einen verwilderten Zustand auf.

Herrenhaus Mildenitz

17348 Mildenitz

Landkreis Mecklenburg-Strelitz

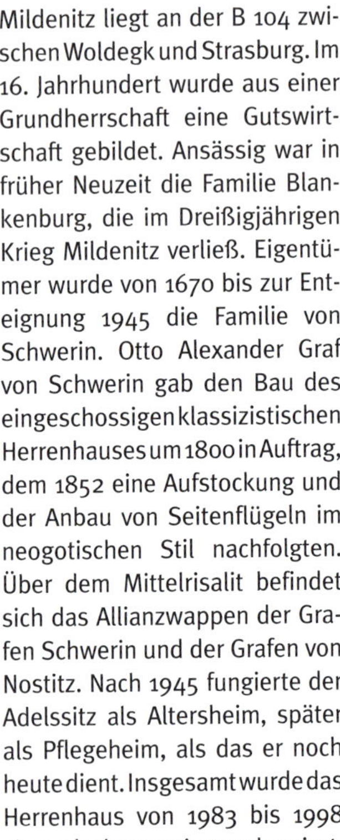

Mildenitz liegt an der B 104 zwischen Woldegk und Strasburg. Im 16. Jahrhundert wurde aus einer Grundherrschaft eine Gutswirtschaft gebildet. Ansässig war in früher Neuzeit die Familie Blankenburg, die im Dreißigjährigen Krieg Mildenitz verließ. Eigentümer wurde von 1670 bis zur Enteignung 1945 die Familie von Schwerin. Otto Alexander Graf von Schwerin gab den Bau des eingeschossigen klassizistischen Herrenhauses um 1800 in Auftrag, dem 1852 eine Aufstockung und der Anbau von Seitenflügeln im neogotischen Stil nachfolgten. Über dem Mittelrisalit befindet sich das Allianzwappen der Grafen Schwerin und der Grafen von Nostitz. Nach 1945 fungierte der Adelssitz als Altersheim, später als Pflegeheim, als das er noch heute dient. Insgesamt wurde das Herrenhaus von 1983 bis 1998 viermal rekonstruiert und saniert.

Herrenhaus Mildenitz

Schloss Mirow

17252 Mirow

Landkreis Mecklenburg-Strelitz

Im Jahre 1227 gründeten Johanniter in Mirow, das südöstlich der Müritz auf halber Strecke an der B 198 zwischen Röbel und Neustrelitz liegt, auf einer geschützten Halbinsel des Mirower Sees eine Komturei und Kirche. 1330 wurde eine Brauerei betrieben und ein Eiskeller angelegt. 1587 hatten das Areal die Herzöge von Mecklenburg in ihrem Besitz und ließen 1588 das zweigeschossige Torhaus erbauen. Herzog Karl nutzte das Ordenshaus als Residenz. Im Westfälischen Frieden 1648 wird die Johanniterkomturei den Mecklenburger Herzögen zugesprochen. Mit dem Ableben von Herzog Adolf Friedrich von Mecklenburg-Güstrow 1695 beginnt der Erbfolgestreit in Mecklenburg, dessen Folge die Landesteilung in Mecklenburg-Schwerin und Mecklenburg-Strelitz ist. Herzog Adolf Friedrich II. von Mecklenburg-Strelitz begründet 1704 in Mirow ein Erbbegräbnis in der Johanniterkirche. In den Jahren von 1707 bis 1712 erfolgte der Ausbau der Komturei zum Schloss durch J. Borchmann als Witwensitz für die Herzöge von Mecklenburg-Strelitz. 1708 nutzte es bereits Herzogin Christiane Emilie Antonie. Hier wurden Prinzessin

Schloss Mirow

Sophie Charlotte von Mecklenburg-Strelitz, die spätere Königin von England, und ihr Bruder Herzog Karl II. geboren, Vater der späteren Königin Luise von Preußen. 1758 wurde das Kavalierhaus gebaut und im Jahre 1760 war der Innenausbau des Schlosses mit dem reich barock stuckierten Festsaal vollendet. Ab 1761 bis zum Tod der Prinzessin Elisabeth Albertine wird in Mirow ständig Hof gehalten. Noch im September des gleichen Jahres heiratet ihre Tochter, Prinzessin Sophie Charlotte, den englischen König Georg III. Mecklenburg-Strelitz wird 1815 Großherzogtum. Der letzte Großherzog, Adolf Friedrich VI., stirbt 1918. Nach dem Ersten Weltkrieg wurde das Schloss museal genutzt. Im letzten Weltkrieg ließ sich in den Räumlichkeiten eine Dienststelle der Wehrmacht nieder und ein Lazarett wurde eingerichtet. Zerstört wurde das historische Areal nicht und von 1952 bis 1978 fungierte das Schloss als Seniorenheim. Nach der Restaurierung in den 1980er-Jahren wurden im Haus Veranstaltungen, Tagungen, Ausstellungen, Lesungen und Trauungen sowie Konzerte gegeben. Georg Alexander, Herzog zu Mecklenburg, wurde 1991 auf Schloss Mirow das Wohnrecht erteilt. Auch als Museum wurde das Schloss wieder hergerichtet, in dem Besonderheiten wie der Gartensaal mit seinen Rokokostuckaturen und dem Fayence-Kamin, der Rote Salon mit Seidenbespannung an den Wänden und reich geschnitztes vergoldetes Rankenwerk zu bestaunen sind. Im 19. Jahrhundert wurde der einstige barocke Garten in einen englischen Landschaftsgarten umgestaltet. Schloss, Park, Kavalierhaus, Remise und Torhaus bilden noch heute eine geschlossene architektonische Einheit auf der Insel. Die Gesamtanlage unterliegt der Verwaltung der Staatlichen Schlösser und Gärten.

Herrenhaus Moltzow

17194 Moltzow
Landkreis Müritz

Das 1852 im Stil der Tudorgotik über einem Feldsteinsockel errichtete dreigeschossige Gutshaus liegt nordwestlich von Waren, unweit vom Malchiner See. Ursprünglich war es eine slawische Siedlung. Gebaut wurde es unter Leitung des Baurates Krüger aus Schwerin. Das Gut befand sich im Besitz der Familie von Maltzan. Bauherr des Gutshauses mit angeschlossenem Landschaftspark war Wilhelm von Maltzan. Dieser beabsichtigte, die 15-jährige Adelheid von Oertzen zu ehelichen, musste jedoch darauf noch einige Zeit warten. Neben Moltzow gehörten auch Rambow und Ilkensee ab 1850 zum Besitz der Familie von Maltzan. Der Landschaftspark ist als solcher heute nicht mehr vorhanden. Dr. Bernd von Maltzan, ein Nachkomme, erwarb in jüngster Zeit den einstigen Familienbesitz zurück, begann mit der schrittweisen Restaurierung des Gebäudes und beabsichtigt, sich hier eine landwirtschaftliche Existenz aufzubauen. Ein Zugang zum Privatbesitz ist nicht möglich.

Herrenhaus Moltzow

Herrenhaus Müggenburg

17392 Müggenburg/
Gem. Neuenkirchen
Landkreis Ostvorpommern

Südlich von Anklam war auf der mittelalterlichen Wasserburg Müggenburg die pommersche Adelsfamilie Nienkerken angesessen. Die Wasserburganlage ist urkundlich 1355 erstmals erwähnt. Im Turm besitzt sie eine an Burgkapellen erinnernde Vorhalle mit bemalten Kreuzrippengewölben auf Wandpfeilern. Der Bibelvers „Ich aber und mein Haus wollen dem Herrn dienen" zeigt sich hier als Inschrift. Im Jahre 1443 wurde die Anlage teilweise zerstört. Den Nienkerken folgten die Geschlechter Hahn und Schwerin. Anstelle der einstigen Burg wurde von 1889 bis 1891 ein romantischer zweigeschossiger Backsteinbau in neuromanisch gotischen Formen unter Einbeziehung des erhaltenen runden Bergfrieds errichtet. Bis 1945 war das Herren-

haus mit dem dazugehörigen Rittergut im Besitz von Dr. Karl Friedrich Holtz. Flüchtlinge fanden nach 1945 hier eine Unterkunft und ab 1980 stand das Herrenhaus leer. Die umfangreichen Holztäfelungen wurden mutwillig zerstört und geplündert. 1986/87 wurde auf der Müggenburg der DEFA-Film „Einer trage des anderen Last“ gedreht. Im Jahre 1994 erwarb der Inhaber eines Holz verarbeitenden Betriebes das Gebäude. Vom Burgturm hat man einen weiten Blick über die vorpommersche Landschaft von Anklam bis zu den Helpter Bergen. Das nicht zugängliche Anwesen befindet sich in Privatbesitz und wird liebevoll saniert.

Oben: Herrenhaus Müggenburg

Unten: Herrenhaus Mühlenbeck

Herrenhaus Mühlenbeck

19073 Mühlenbeck/
Gem. Schossin
Landkreis Ludwigslust

Östlich von Wittenburg ist Mühlenbeck zu finden, dessen Gutshaus um 1860 von Karl Bernhard Ludwig Wilhelm von Behr nach Plänen von Distriktbaumeister Georg Daniel erbaut wurde. Die Geschichte Mühlenbecks reicht bis in das Jahr 1200 zurück. Das Gut gehörte zu jener Zeit zum Bistum Ratzeburg. Erster bekannter Besitzer war die Familie von Oertzen, die das Gut 1496 innehatte. 1607 verkaufte Vicco von Oertzen das benachbarte Gammelin an Cordt von Pentz, dessen Witwe Catharina von Pentz 1635 allein auf dem Gut Mühlenbeck den Dreißigjährigen Krieg durchlebte. Während der nächsten 200 Jahre wechselten die Besitzer, bis das Gut an die Familie von Behr überging, die es bis zur Enteignung 1945 besaß. Der letzte Besitzer, Ottomar von Behr, bestimmte noch seinen Neffen Henneke von Behr als Erben. Mit Ende des Zweiten Weltkrieges wurden Flüchtlinge im Herrenhaus untergebracht und die Wirtschaftsgebäude wie Stellmacherei, Pferde- und Kuhstall wurden später zu Wohnungen umgebaut. Auch zu DDR-Zeiten diente das Haus nebst den kommunal genutzten Räumen für verschiedene Veranstaltungen und auch zu Wohnzwecken. 1951 wurde das erste Erntefest im Park unter alten Bäumen, in dem sich einst auch der Hofgarten befand, von der Dorfbevölkerung gefeiert. Henneke von Behr versuchte vergeblich, Anfang der 1990er-Jahre den einstigen Familienbesitz zurückzuerwerben. 1997 besichtigte das Ehepaar Wehrmann erstmalig das stark verfallene spätklassizistische Gebäude mit angesetztem Turm und Belvedere, übernahm und sanierte es komplett. Es ist nicht öffentlich zugänglich.

Herrenhaus Mühlen-Eichsen

Herrenhaus Mühlen-Eichsen

19205 Mühlen-Eichsen
Landkreis
Nordwestmecklenburg

Das Gut Mühlen-Eichsen nebst Gut Rüting, südlich von Grevesmühlen im Stepenitztal, befand sich im 17. und 18. Jahrhundert in der Hand der Grafen von Bernstorff. Sie zählten wie die Plessen zu den mächtigsten Großgrundbesitzern dieser Region. Mitte des 18. Jahrhunderts lösten sie die Grafen von Bothmer, die Grafen von der Schulenburg und die Freiherren von Biel ab. Das gotisierende Herrenhaus mit Spitzbogenfenstern, auch oft als Schloss bezeichnet, ist wohl ein Bau aus der Mitte des 19. Jahrhunderts, ein typisches Gutshaus jener Zeit mit einem gewaltigen Corpus. Während der sozialistischen Ära nannte man den Bau auch gerne ein „Junkersymbol". Eine Sanierung erfolgte nach 1989 für kommunale Zwecke. Seit 2006 ist es eine Tages- und Begegnungsstätte des Vereins „Die Insel", der hier sozialtherapeutisches Wohnen ermöglicht. Das Herrenhaus ist von einem im englischen Stil gestalteten und gepflegten Landschaftspark umgeben.

Herrenhaus Neddesitz

Herrenhaus Neddesitz

18551 Neddesitz/Gem. Sagard
Landkreis Rügen

Auf der Insel Rügen, nordöstlich von Sagard, liegt Neddesitz mit seinem Gutshaus. Das Anwesen hatte die Familie Gierke von 1813 bis 1995 im Besitz. Bereits im 16. Jahrhundert gehörte das Gut zur Herrschaft Spyker. 1815 fiel es an das Haus Putbus. Gewirtschaftet wurde hier mit der landwirtschaftlichen Nutzfläche und einer Kreidefabrik. Letztere entstand 1855 unter der Bezeichnung „Rügener Kreidewerke Fritz Gierke“ und brachte der Familie ein Vermögen ein. Dieses gestattete von 1901 bis 1911 den Bau eines prächtigen, neobarocken Herrenhauses mit Dekorelementen des Jugendstils und Rosengarten mit Springbrunnen. Auch ein Obst- und Gemüsegarten kam dazu. In diesem rückwärtigen Bereich des zweigeschossigen Herrenhauses über Souterrain mit Krüppelwalmdach führt eine Freitreppe in den Park. An der Hoffront liegt der eingeschossige Portalvorbau mit Freitreppe, darüber ein Altan mit Balustrade und ein Zwerchhaus. Im Innern ist das Interieur der über beide Geschosse reichenden Halle mit Treppe und umlaufender Galerie weitgehend erhalten. Eine Enteignung wie bei den meisten Privatbesitzern erfolgte in Neddesitz nicht, doch eine LPG wurde auch hier gegründet und 1967 wurde das Herrenhaus unter Druck zur kostenlosen Nutzung an den Rat des Kreises übergeben. Im Jahre 1976 zog Familie Gierke aus und 1995 veräußerten sie den Familienbesitz, der gleich darauf bis 1997 eine Restaurierung erfuhr. Heute befindet sich hier ein Hotel der Steigenberger Resorts mit vielen Angeboten im Sport- und Wellnessbereich.

Herrenhaus Neetzow

17391 Neetzow

Landkreis Ostvorpommern

Das Herrenhaus, welches südöstlich von Jarmen an der B 110 zu finden ist, wurde 1848 bis 1851 nach Plänen des Berliner Architekten Friedrich Hitzig im historischen Stil englischer Landsitze für die Familie von Kruse erbaut. Die Familie war auf Neetzow von 1803 bis 1945 ansässig, und als dem Rittmeister von Kruse sein bisheriges Herrenhaus zu klein wurde, ließ er ein neues im Stil englischer Landschlösser mit gelbem Klinker errichten. Die Familie gehörte seit 1784 dem Adel an. 1945 flüchtete Wolf-Eginhard von Kruse und das Herrenhaus wurde von russischen Soldaten geplündert. Im Zuge der Bodenreform kamen Umsiedler nach Neetzow. Von 1954 bis 1962 zog das Staatliche Dorfensemble ein und 1992 folgte das Institut für Agrarökonomik der Berliner Akademie der Landwirtschaftswissenschaften. Eine Restaurierung der Fassaden wurde 1964 vorge-

Herrenhaus Neetzow

nommen, im Innern blieben weitgehend die einstigen Raumstrukturen mit vielfältigem Interieur erhalten. Man kann heute historische Kamine sowie Wandmalereien bestaunen, vor allem im Festsaal. Der weitläufige Landschaftspark im englischen Stil, mit Grotte und Teich, wurde nach Plänen von Peter Joseph Lenné gestaltet. Im Jahre 2001 wurde das Herrenhaus mit Park verkauft und das Objekt innerhalb von drei Jahren für das Schlosshotel mit Restaurant, das 2004 eröffnete wurde, saniert. Beliebt sind Hochzeitsfeiern im historischen Ambiente, Maskenbälle und Konzerte.

Herrenhaus Neu Gaarz

17194 Neu Gaarz
Landkreis Müritz

Der schöne barocke Putzbau mit klassizistischen Anklängen und übergiebeltem Mittelrisalit aus der Zeit um 1760 liegt nordwestlich von Waren in der Nossentiner Heide. Bereits 1698 wurde in Neu Gaarz ein schlichtes Gutshaus erbaut. Bis in das 20. Jahrhundert hinein wechselten häufig die Eigentümer. Zwischen 1910 und 1931 befand sich das Gut in den Händen von Fritz Boas, dem von 1934 bis 1937 Heinz Holtfretter folgte. Dieser ließ das Gutshaus

Herrenhaus Neu Gaarz

um- und ausbauen. Nach dem Zweiten Weltkrieg zogen Flüchtlinge ein und für kurze Zeit das Gemeindebüro. Das Müritz-Museum Waren nutzte das Herrenhaus zur Einlagerung der Museumsstücke. 1991 wurde das Gutshaus von der Kulturwissenschaftlerin und Kunsthändlerin Dr. U. Eisel erworben, die das damals marode Gebäude rekonstruieren ließ und die Gestaltung der gesamten Anlage in Angriff nahm. Die umliegende Seenlandschaft mit dem Loppiner See, dem Fleesen- und dem Kölpinsee, der Müritz und dem unmittelbar an Neu Gaarz angrenzenden Tiefen See war Anlass, hier ein Hotel mit Künstlertreff, reich ausgestatteter Bibliothek und Weingalerie zu eröffnen. Die neuen Besitzer eröffneten im Jahr 2008, nachdem sie Umgestaltungen am Objekt vorgenommen hatten. Eine Jagdschule bietet monatlich Kurse an. Auch Urlaubsgäste finden hier eine stilvolle Unterkunft.

Herrenhaus Neu Wendorf

18190 Neu Wendorf/
Gem. Sanitz
Landkreis Bad Doberan

Das nördlich von Sanitz in der Rostocker Heide gelegene Neu Wendorf besitzt ein ansehnliches Gutshaus von 1805. Leider konnte zur Geschichte nichts ermittelt werden, so ist nur bekannt, dass es zu DDR-Zeiten als Wohnhaus genutzt wurde und dass ab 1990 die Familie Erben in den Besitz kam, die das Herrenhaus restaurierte und als Hotel einrichtete. Auf dem Gelände wurde ein behindertengerechtes Ferienhaus für Urlauber ausgestattet. Der Besucher findet im Gutshaus eine liebevoll eingerichtete Empfangsdiele nebst Ess- und Kaminzimmer. Inmitten eines weitläufigen Parks kann er die Ruhe und Geborgenheit genießen.

Herrenhaus Neu Wendorf

Burg Neustadt-Glewe

19306 Neustadt-Glewe
Landkreis Ludwigslust

Nordöstlich von Ludwigslust, von der B 191 auf der Fahrt nach Neustadt-Glewe, erblickt man bald den runden Burgturm zwischen den Wehrmauern der zu Beginn des 13. Jahrhunderts durch die Grafen von Schwerin errichteten rechteckigen Burganlage. Zu dieser Zeit saß hier ein herzoglicher Vogt. Die Hauptbautätigkeit vollzog sich jedoch erst im 14./15. Jahrhundert. Im 16. Jahrhundert wurde die Burg erstmals umgebaut. Für 1576 ist ein Neues Haus, das bis in das 18. Jahrhundert als herzogliche Wohnung diente, bezeugt. Der Emdener Baumeister G. E. Piloot teilte das Gebäude 1612 in Vorkammer und Hofstuben. Das Neue Haus wurde nach einem Brand 1741 ein Marstall, der noch bis um 1960 bestand. Das Alte Haus war im 16. Jahrhundert ein Wirtschaftsgebäude, das eine Brau- und Backstube, Küche, Speisekammer, Wollstube, einen Keller und im Obergeschoss einen Malzboden besaß. An dem ursprünglich dreigeschossigen Bergfried befinden sich eine Ringmauer mit Zinnen, ein Wehrgang, Tor und zweigeschossige Gebäude. Den jagdverliebten Herzögen von Mecklenburg diente die Burg zu Wohnzwecken, wenn sie sich

Burg Neustadt-Glewe

hier zur Wildpirsch aufhielten. Eine Teilsanierung erfuhr die Anlage von 1993 bis 1997. Im Obergeschoss des Neuen Hauses ist heute ein Museum zur Burggeschichte und Kunst untergebracht. Des Weiteren gibt es hier Wechselausstellungen zu verschiedenen Themen. Interessant sind die Wandmalereien aus der Gotik und Renaissance und die mittelalterliche Warmluftheizung in der Hofstube. Die Burg zählt zu den beliebtesten Ausflugszielen im Land.

Burg Neustadt-Glewe, Grundriss

Orangerie und Schlosspark

17235 Neustrelitz

Landkreis Mecklenburg-Strelitz

Die am Zierker See gelegene Stadt konnte einst auf ein Schloss in schöner Parkanlage verweisen, wo man heute noch die verbliebene Orangerie, einen der schönsten klassizistischen Gartensalons Deutschlands, besuchen kann. Das einstige Schloss der Herzöge von Mecklenburg-Strelitz brannte 1712 während des Nordischen Krieges völlig nieder und so ließen sich diese von 1726 bis 1731 das nördlich der Stadt gelegene Jagdhaus zur landesherrlichen Residenz ausbauen. Anfangs war es eine schlichte dreigeschossige Dreiflügelanlage von Christoph Julius

Löwe, die später durch Christian Philipp Wolff, Friedrich Wilhelm Buttel und Friedrich August Stüler verändert wurde. Der herzogliche Gärtner Löwe entwarf zwischen 1726 und 1732 die barocke Gartenanlage zwischen Schloss und Zierker See. Herzog Adolf Friedrich IV. ließ sie während seiner Regierungszeit von 1752 bis 1794 völlig neu gestalten. Großherzog Georg veränderte den Garten im westlichen Teil unter Einbeziehung Peter Joseph Lennés 1842/43 zum englischen Landschaftspark. Im Jahre 1945 brannte das Schloss nieder und die Ruine wurde abgetragen. Auch der Schlosspark wurde zwischen 1790 und Anfang des 20. Jahrhunderts mehrfach verändert und erweitert. Hier findet man heute den Luisen- und Hebe-Tempel. A. Seydel errichtete 1755 im Auftrag des Herzogs Adolf Friedrich IV. am Parkrand eine schlichte barocke Orangerie, die von 1840 bis 1842 auf Empfehlung von Karl Friedrich Schinkel durch Friedrich Wilhelm Buttel und Christian Daniel Rauch zu einem klassizistischen eingeschossigen Gartensalon umgestaltet wurde. Ursprünglich sollte er als Gewächshaus für exotische Pflanzen dienen. Er enthält drei prächtige Säle mit Deckengemälden von Bernhard Rosendahl sowie Abgüsse antiker und zeitgenössischer Plastiken. Eine Veränderung erfuhr die Orangerie 1937 durch einen Vorbau und nochmals 1975 durch Anbindung eines Wirtschaftsflügels. Heute, wie schon von 1920 bis Kriegsende, ist in der Orangerie ein Restaurant etabliert, aber auch stilvolle Räume für Veranstaltungen und Ausstellungen. Sie unterliegt der Verwaltung der Staatlichen Schlösser und Gärten.

Orangerie und Schlosspark, Neustrelitz

Herrenhaus Nisdorf

18445 Nisdorf/Gem. Altenpleen
Landkreis Nordvorpommern

Der erste Besitzer des Gutes, gelegen nordwestlich von Stralsund, unmittelbar an der Küste, war wohl Johannes de Ost de Neslestorp. Im Jahre 1439 gehörte es dem Stralsunder Ratsherrn Sabel Segefried, 1455 der Familie Junge und 1512 dem Kloster Neuenkamp. Nachdem Caspar von Rammin das Anwesen erworben hatte, musste er es 1612 wegen Verschuldung an Stralsund abtreten, kaufte es jedoch um 1650 wieder zurück. Das Gut wurde 1675/76 zerstört und 1695 vom damaligen Besitzer, Wilhelm von Hertell, wieder aufgebaut. 1922 war der Besitz in den Händen von Marie Therese von Zansen Osten-Rewoldt und 1939 der Frau von Radetzky-Mikoulicz, Freifrau von Wechmar. Flüchtlingsfamilien hielten nach dem Zweiten Weltkrieg Einzug im Gutshaus und das Gut wurde aufgesiedelt. Erst 1997, nachdem das Haus viele Jahre leer gestanden hatte und verfallen war, erwarben es die Berliner Jürg Gloor und Sabine Stange. Sie restaurierten liebevoll den historischen Bau und eröffneten 2003 ein Familienhotel mit Wellnessbereich. Ein umfangreicher Garten mit Streichelzoo und Indianerzelt für die Kinder umgibt das Gutshaus.

Oben: Herrenhaus Nisdorf

Unten: Herrenhaus Oberhof

Herrenhaus Oberhof

23948 Oberhof
Landkreis Nordwestmecklenburg

Das um 1900 im Stil des Neobarock errichtete zweigeschossige, verputzte Gutshaus ist östlich der Straße von Klütz nach Wismar zu finden, nahe dem Strand der Wohlenberger Wiek. Es besitzt einen vorstehenden Mittelrisalit. Die Anlage zeigt einen terrassenförmig angelegten Landschaftspark mit Lindenallee und wertvollem Baumbestand. Im Besitz des Gutes war 1896 Christian Carl Friedrich Schröder. 1945 legte man eine Schule in das Gutshaus. Heute kann man in dem liebevoll restaurierten Gebäude Ferienwohnungen mieten. Eine Vielzahl von Freizeitaktivitäten, besonders für Familien mit Kindern, steht zur Auswahl.

Herrenhaus Pansevitz

18569 Pansevitz/Gem. Kluis

Landkreis Rügen

Den erstmals 1314 erwähnten Ort Pansevitz mit seinem Herrenhaus, das zu jener Zeit im Besitz der Familie von Krassow war, findet man im Westen der Insel Rügen bei Gingst. Die von Krassow waren ein altes rügensches Adelsgeschlecht, das ab 1720 zur schwedischen Ritterschaft gehörte. Der Besitz kam im 19. Jahrhundert durch Heirat an die Familie der Fürsten Knyphausen. Im 16. Jahrhundert erbauten die Eigentümer der Anlage das Hauptgebäude im Renaissancestil. Am Stalltrakt wurden im 18. und 19. Jahrhundert zeitgemäße Veränderungen und Neubauten vorgenommen, zu denen unter anderem um 1800 ein Kavaliershaus und der nördliche Seitenflügel zählten. Die zwei großen noch heute teilweise vorhandenen Alleen wurden ebenfalls zu dieser Zeit angelegt. Im 19. Jahrhundert folgte ein Landschaftspark. Bis zur Enteignung 1945 saß im Herrenhaus die Grafenfamilie von Inn- und Knyphausen. Später zogen mehrere Familien ein. Danach verfiel die Anlage zur Ruine, die in den 1980er-Jahren als Steinbruch genutzt wurde. Der Landschaftspark, der sich bis zu dieser Zeit noch in sehr gepflegtem Zustand befand, verwilderte. Die Parkfläche wurde von der Familie zu Knyphausen zurückgekauft und dem Verein Insula Rugia zur Sanierung übergeben. Hier befindet sich heute ein Friedwald. Von der Stiftung werden an diesem Ort Führungen durchgeführt, Konzerte gegeben und Lesungen gehalten. Die Ruine des Herrenhauses fügt sich in das Ensemble romantisch ein.

Herrenhaus Pansevitz

Herrenhaus Parow

18445 Parow/Gem. Kramerhof
Landkreis Nordvorpommern

Das Gutshaus von Parow aus der Zeit um 1860 ist nördlich von Stralsund zu finden. Es weist den Stil englischer sowie deutscher Landhäuser auf. Wizlaw III. von Rügen hatte im 14. Jahrhundert vom damaligen Landesherrn den Besitz Parow bekommen. Im 16. Jahrhundert war der Ort in Klein und Groß Parow geteilt, die beide im Eigentum von Stralsunder Ratsherrenfamilien waren. Das Gut war von 1775 bis zur Enteignung 1945 im Besitz der Familie von Langen, deren bekanntester Vertreter Carl-Friedrich Freiherr von Langen war, der 1928 in Amsterdam olympisches Gold im Dressurreiten errang. Von 1990 bis 2002 wurde die an den Kernbau angefügte neogotische Gutskapelle saniert. Die Wirtschaftsgebäude des Hofes und die Gärtnerei stammen aus dem Jahr 1913. Das in Backstein errichtete Gutshaus ist mit zahlreichen geschwungenen Giebeln versehen. In der Kapelle können sich Paare im romantischen Ambiente trauen lassen, und im Herrenhaus werden auch für größere Gruppen Räumlichkeiten zum Feiern angeboten.

Herrenhaus Parow

Herrenhaus Passow

19386 Passow
Landkreis Parchim

Nördlich von Lübz liegt das 1324 der Familie von Plessen zu Lehen übertragene Anwesen, das sich 1456 im Eigentum der Familie von Passow befand. Im Jahre 1672 wurde es auf die Familie von Koppelow übertragen. Es folgte die Familie Schlottmann, die sich später von Freiberg nannte. 1797 ging der Besitz an die Familie von Behr-Negendank. Von 1839 bis 1842 errichtete man für Hortarius von Behr-Negendank einen zweigeschossigen Putzbau mit Walmdach, Portalnische und von zwei Säulen getragenem Giebel an der Hoffront. Das Vestibül mit einer Galerie im Obergeschoss reicht über zwei Geschosse und wird durch eine gläserne Kuppel im

Herrenhaus Passow

Dach beleuchtet. Sehenswert sind die farbenprächtigen Decken- und Wandmalereien eines unbekannten Künstlers. Gebaut wurde das „Schloss" wohl auf den Resten einer slawischen Burg, deren Rundturmreste im historischen Weinkeller zu sehen sind. Der letzte des Geschlechts wurde 1932 auf dem Friedhof von Passow beigesetzt. 1918 kam die Familie Beese bis zur Enteignung 1945 in den Besitz des historischen Gebäudes. In der Folge war es Kulturhaus, Bürgermeisteramt, Kindergarten, Bibliothek und Gaststätte. Seit dem Jahre 2000 erstrahlt der Herrensitz nach denkmalgerechter Restaurierung wieder im alten Glanz. Der englische Landschaftspark blieb in den Grundzügen erhalten, er erstreckt sich bis zum Passower See. Das Hotel mit Restaurant bietet die verschiedensten Arrangements wie Hochzeiten, Seminare und Sommerfeste.

Herrenhaus Peckatel

17237 Peckatel/
Gem. Klein Vielen
Landkreis Mecklenburg-Strelitz

Der ursprünglich eingeschossige Bau mit kleiner vorgebauter Veranda aus der Zeit um 1700, mit Umbauten des 19. Jahrhunderts, entstand am Rande des Ortes, der nördlich von Neustrelitz an der B 193 zu finden ist. Einst gab es hier eine alte ritterschaftliche Familie von Peccatel, die vermutlich ein wendisches Geschlecht war, das im 18. Jahrhundert ausstarb. Bereits im Jahre 1505 waren die Güter im Besitz der Penzliner Familie von Maltzan, die diese 1629 an verschiedene Gläubiger verpfänden musste. Joseph von Maltzan auf Werder hatte sie 1795 zurückerworben und der Besitz blieb im Eigentum der Familie bis 1945. Zunächst stand auf dem Grundstück nur ein Gutshaus, das nach dem Tod Joseph von Maltzans kurzzeitig von seinem zweiten Sohn Friedrich als Wohnung genutzt wurde. Nach ihm zogen Pächter ein, die während der französischen Besatzung zahlungsunfähig wurden, sodass mit Friedrich von Maltzan die heruntergekommene Wirtschaft wieder aufgebaut werden sollte. Ab dem Jahre 1823 lebte er im

Gutshaus von Rothenmoor, doch sein ältester Sohn Albrecht hielt sich öfter in Peckatel auf, das er dann 1850 in Besitz nahm. Er bezog das Gutshaus, verstarb jedoch ein Jahr später. Sein Bruder Friedrich erbte Peckatel, heiratete 1852 Auguste von Oertzen auf Lübbersdorf und ließ das Herrenhaus bis 1854 klassizistisch umbauen. Im Jahre 1887 erbte Ludolf von Maltzan das Anwesen und heiratete 1890 Auguste Gräfin von Bernstorff, mit deren Mitgift das Herrenhaus erweitert wurde. 1895 entstand der zweigeschossige rote Backsteinanbau. Der kleine angefügte Turm zeigt die Wappen der Maltzan und Bernstorff. Als 1929 zu Weihnachten in Brustorf das Dampfsägewerk und die Kartoffelflockenfabrik niederbrannten, mussten die Besitzer 1934 Peckatel an eine Siedlungsgesellschaft verkaufen. Ludolf erwarb später das Herrenhaus samt Park zurück und wohnte hier bis zu seinem Tod 1942. Die Erben hatten kein Interesse am Besitz und verkauften diesen an den Drahtfabrikanten Orthey aus Rostock, dessen Frau bis 1953 dort wohnte. Die Zweckentfremdung während der sozialistischen Zeit zeigte sich darin, dass der Ahnensaal des Hauses als Turnhalle genutzt wurde und man im Altbau 1960 eine Gaststätte einrichtete. Das Gut wurde eine LPG. 1992 verkaufte die Erbin das Haus an die Berliner Familie Unger, die das Herrenhaus restaurieren ließ und den Sitz ihrer Firma und Wohnungen einrichtete.

Herrenhaus Peckatel

Schloss Penkun

17328 Penkun

Landkreis Uecker-Randow

Anstelle einer 1190 erwähnten bischöflichen Burg wurde von 1578 bis 1590 das dreigeschossige, dreiflüglige Renaissanceschloss nahe der brandenburgischen Landesgrenze errichtet. Gebaut wurde es für Joachim von der Schulenburg nach Plänen des italienischen Baumeisters Thaddäus Paglion. Im 17. Jahrhundert bekam es Veränderungen. Im Erdgeschoss befinden sich Tonnengewölbe und Stichkappen sowie Kreuzrippengewölbe aus Stuck. Zwei quadratische Räume mit toskanischen Mittelsäulen liegen im Ostflügel. Das vorgelagerte, zweigeschossige aus dem Jahre 1486 stammende Torhaus mit Blendgiebeln, das in der Durchfahrt einen Wappenschmuck und die Jahreszahl 1614 trägt, liegt im Osten der Anlage. Der Vorgängerbau wurde von den pommerschen Herzögen angelegt. 1478 beschenkte der Herzog Bogislaw X. seinen Kanzler Werner von der Schulenburg mit Penkun und der dazugehörigen Grundherrschaft, der dann von 1484 bis 1486 ein Schloss erbauen ließ, aus dessen Zeit heute nur noch das Torwärterhäuschen steht. Die Familie war hier 135 Jahre angesessen, bis sie 1614 den Besitz an die Familie von der Osten veräußerte. Im 18. Jahrhundert war die Anlage Eigentum der Grafen Hacke, denen erneut die pommersche Familie von der Osten bis 1945 folgte. Der letzte dieser Familie auf dem Adelssitz war Eckhart von der Osten. Nach dem Einzug der Roten Armee wurde das Schloss Kornspeicher, Grundschule, Internat, Landwirtschaftsschule und Verwaltungsgebäude der LPG. Nach der Gründung einer Arbeitsgruppe Denkmalpflege 1985 zur Erhaltung des Schlosses fand von 1991 bis 2005 eine umfassende Sanierung mit Mitteln des Landes und des Bundes, der Stiftung Deutscher Denkmalschutz und der Stadt Penkun statt. 1998 erhielt der Museumsverein der Stadt Penkun e. V. das Nutzungsrecht für Ausstellungen im Ostflügel, in

Schloss Penkun

dem sich heute das Museum zur Stadtgeschichte und das Grenz- und Zollmuseum befinden. Der weitläufige Park wurde Ende des 19. Jahrhunderts angelegt.

Herrenhaus Pentz

17111 Pentz/Gem. Borrentin
Landkreis Demmin

Das im 18. Jahrhundert errichtete Gutshaus, zu finden südlich von Demmin an der B 194, war Stammsitz der Familie von Pentz und wurde im 19. Jahrhundert umgebaut. Diese Familie war später im gesamten Ostseeraum zu finden. Christian Graf von Pentz, ein weit bekannter Feldherr und eine herausragende Persönlichkeit dieser Familie, war verheiratet mit Sophie Elisabeth Gräfin von Schleswig-Holstein, einer Tochter aus einer Seitenlinie des beliebten Königs Christian IV. von Dänemark. Das Lehensgut Pentz wurde bereits 1311 Klosterbesitz von Verchen und erlebte in der Folgezeit eine wechselvolle Geschichte. Nach der Umwandlung zur Gutswirtschaft kam das Lehen an den Staat und wurde Staatsdomäne. Nach den napoleonischen Umwälzungen wurde Pentz 1818 verkauft und wechselte in der Folge häufig die Besitzer. Letzter Besitzer vor dem Zweiten Weltkrieg war die Familie Brandt. Das noch heute stehende, als Zweiflügelanlage gebaute Herrenhaus besitzt ein Corps de Logis mit einem Giebel in neobarocken Formen. Heute gehört das Gebäude der Gemeinde, die hier einen Jugendklub eingerichtet hat. Eine Parkanlage grenzt an.

Herrenhaus Pentz

Herrenhaus Pinnow

17139 Pinnow/Gem. Duckow
Landkreis Demmin

Pinnow, gelegen südwestlich von Stavenhagen, kann auf ein Gut verweisen, das sich von 1210 bis zur Enteignung 1945 mit Unterbrechungen im Besitz der Familie von Maltzahn befand. Das Herrenhaus ist ein zweigeschossiger Rechteckbau mit einem Mittelrisalit und rückseitigem quadratischem Treppenturm aus dem 17. Jahrhundert. Es wurde im 18. Jahrhundert um ei-

Oben: Herrenhaus Pinnow

Unten: Burgturm Plau am See

nen eingeschossigen Seitenflügel erweitert. Veränderungen erfolgten nochmals im 19. Jahrhundert. Eine erste urkundliche Erwähnung der brandenburgischen Gemeinde Pinnow als Klostergut, im Zusammenhang mit einer Schenkung an Pommern, geht auf das Jahr 1354 zurück. Bis 1472 gehörte es zu dieser Landesherrschaft. Pinnow ging später wieder an Brandenburg zurück. Ein Adelssitz wird Pinnow im Jahre 1487, 1608 der Rittersitz der von Behren. 1684 wird es Wohnsitz der von Bredow und der Witwe von Düringshofen. Im 15. Jahrhundert gab es hier zwei Gutshöfe und bis 1688 lagen die Bauernhöfe wüst. Einer der Gutshöfe gehörte den Herren von Behren, der zweite wurde von Kleinbauern bewirtschaftet. Im Jahre 1939 gab es hier zwei land- und forstwirtschaftliche Betriebe, die 1946 enteignet wurden. Im Zuge der Bodenreform entstand 1952 eine LPG. Nach der Wiedervereinigung Deutschlands kaufte Hans Albrecht von Maltzahn das Gut zurück und gründete einen Poloklub, den ersten in Mecklenburg-Vorpommern. Der englische Landschaftspark mit Lindenallee wurde von Peter Joseph Lenné angelegt.

Burgturm Plau am See

19395 Plau am See
Landkreis Parchim

In Plau am See, gelegen östlich von Parchim am Kreuzungspunkt der B 191 und B 103, wurde 1287 eine Burg errichtet, die man später mehrfach erweiterte. Heute

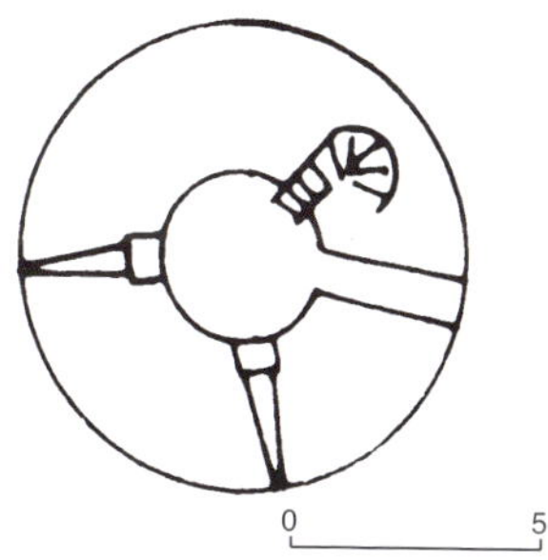

Burgturm Plau am See, Grundriss

steht nur noch der zweigeschossige Bergfried mit einem Verlies im Erdgeschoss von 1448/49, in dem 1985 ein Museum eröffnet wurde. Plau wird 1273 als Sitz eines fürstlichen Vogts erwähnt, dessen Schlossbau durch Fürst Nicolaus II. 1227 vollendet wurde. Aufgrund ständiger kriegerischer Auseinandersetzungen mit der Mark Brandenburg ließ Herzog Heinrich das Schloss ab 1448 von Lüdeke Hahn zur Burg ausbauen, in der Hahn bis 1463 als Vogt wohnte. Von 1538 bis 1550 baute man die Anlage zu einer Festung aus, die 1626 in den Dreißigjährigen Krieg einbezogen wurde. Plau erlebte schwere Zeiten, denn schon drei Jahre später kam die Pest über den Ort, und 1621 griffen die Schweden an, jedoch ohne Erfolg. Im Jahre 1660 wird sie dennoch geschleift. 1715 beabsichtigte Prinz Christian Ludwig nach einer Besichtigung der einstigen Festung, diese wieder zum Schloss herzurichten und hier seinen Wohnsitz zu nehmen. Dieser Plan gelangte jedoch nicht zur Ausführung. Postmeister Schnell nahm 1819 das Burggelände in Erbpacht, und 1935 ging der Burgturm an die Stadt, der um 1900 nach weitgehendem Verfall wieder hergestellt und um 1950 erneut restauriert wurde. Im Museum werden Ausstellungen zu Handwerk und Technik vergangener Zeiten gezeigt.

Schloss Plüschow

23936 Plüschow
Landkreis
Nordwestmecklenburg

Plüschow liegt südöstlich von Grevesmühlen, nahe der A 20. Im Jahre 1335 wird hier Heinrich von Bülow erwähnt. Das heutige Künstlerhaus wurde von 1758 bis 1763 vom Hamburger Kaufmann Philipp Heinrich Freiherr von Stenglin erbaut. Es ist ein schlichter Backsteinbau von zwei Geschossen mit Mansard-

Schloss Plüschow

dach. Die Fassadenmitte auf Hof- und Gartenseite ist durch dreiachsige übergiebelte Dachhäuser betont, die stichbogigen Portale sind von Rocaillen bekrönt. Die Einfassung des Hofportals bekam 1910 eine Erneuerung in Sandstein. Die Raumaufteilung blieb in den Jahrhunderten weitgehend unverändert. Im Obergeschoss befinden sich drei klassizistische Öfen aus der Zeit um 1810. Das zweiläufige Treppenhaus und einige Räume weisen Rokokostuckdecken auf. Im Jahre 1803 kaufte Erbprinz Friedrich Ludwig von Mecklenburg das Anwesen, dessen großherzogliche Familie 1945 enteignet wurde. Seit 1990 wird Schloss Plüschow als Kunstgalerie genutzt. Hier werden seit 1991 vom Förderkreis „Kunst auf Schloss Plüschow e. V.“ Studienmöglichkeiten in Ateliers geboten und Ausstellungen zeitgenössischer Kunst gezeigt.

Herrenhaus Pöglitz

Herrenhaus Pöglitz

18461 Pöglitz/
Gem. Gremersdorf-Buchholz
Landkreis Nordvorpommern

Pöglitz mit seinem Gutshaus liegt im Dreieck westlich von Grimmen und südlich von Franzburg. Mit Ende des Dreißigjährigen Krieges bis zum Jahre 1815 gehörte die Region zu Schwedisch-Pommern, danach zur preußischen Provinz Pommern. Zwischen 1800 und 1860 ließen sich die Schlagenteuffel ein wahres „Märchenschloss“ mit vielen Türmen im Stile der Neogotik erbauen. 1928 befand sich der Besitz noch in der Familie. In der Zeit um 1912/13 erfolgten Veränderungen am Objekt, das aber ein malerischer ein- und dreigeschossiger Putzbau blieb, trotz der Beseitigung vieler Details und einzelner Bauteile bei einer Instandsetzung von 1982. Ein schönes schiefergedecktes Türmchen blieb jedoch erhalten. Auf dieses gelangt man über eine historische Treppe. An der Hofseite befinden sich drei übergiebelte Risalite. Der rechte trägt einen polygonalen Erker. Der neue Besitzer kaufte 1998 das teilweise leer stehende Haus und erarbeitet ein Umbau- und Nutzungskonzept. Ein Park mit Garten umgibt den historischen Bau.

Herrenhaus Polchow

Herrenhaus Polchow

18299 Polchow/Gem. Wardow
Landkreis Güstrow

Urkundlich wurde Polchow das erste Mal 1216 erwähnt. Es ist das älteste Dorf des Landkreises Güstrow, das mit seinem Gutshaus keine 10 Kilometer nordöstlich von Laage liegt. Das Gut „Neu-Polchow" wurde als Nebengut von Groß Ridsenow 1748 bis 1750 durch den Baron von Wendhausen angelegt. Gebaut wurde das noch heute bestehende Herrenhaus von 1904 bis 1907 im Auftrag des Gutsbesitzers Wilhelm von Lowtzow im neobarocken Stil durch den großherzoglichen Hofbaumeister Gotthilf Ludwig Möckel und Hofbaumeister Stubbe zu Gnoien. Der Gutsherr und seine Gemahlin, die Sängerin Erna, geborene Schleef, bewohnten das Haus bis zu ihrem Ableben im Jahre 1933. Das Gut ging von der kinderlosen Familie bis zur Enteignung 1945 an den Tuchfabrikanten Fritz Loll aus Cottbus. Anschließend zogen Flüchtlinge im Gutshaus ein und Neusiedler wurden hier wohnhaft. Daher wurden die Nebengebäude zu Wohnungen ausgebaut. Der ländliche Besitz wurde im Zuge der Bodenreform unter Gutshofarbeitern und Umsiedlern aufgeteilt. Das Herrenhaus bekam 1951 die Funktion eines Kreisfeierabendheims und später Pflegeheims. Im Jahre 2003 kam das Anwesen wieder in private Hände. Es wurde von 2006 bis 2008 aufwendig restauriert und unter Denkmalschutz gestellt. Eine Ferienwohnung wurde im Gutshaus eingerichtet, deren Bewohner sich im umgebenden Park wohlfühlen können.

Herrenhaus Poppelvitz

Herrenhaus Poppelvitz

18574 Poppelvitz/Stadt Garz

Landkreis Rügen

Am südlichsten Ende Rügens, unmittelbar an der Schoritzer Wiek, steht das villenartige Gutshaus, das 1894/95 eingeschossig errichtet wurde. Der Ort ist slawischen Ursprungs und wurde 1318 erstmals als „Popelovici" erwähnt. Vom 15. bis in das 16. Jahrhundert hinein war der Ort Poppelvitz im Besitz der Familie von Preetz. Das Gut übernahm 1578 die Familie von Normann. Nach Beendigung des Ersten Weltkrieges kam das Anwesen in die Hände der Familie von Bohlen, die 1945 enteignet wurde. Der Herrensitz wurde zu Wohnzwecken genutzt. Später stand das Gutshaus jahrelang leer. Im Jahre 2003 kam es wieder in Privatbesitz. Die neuen Eigentümer sanierten das denkmalgeschützte Haus von 2003 bis 2006 grundlegend nach alten Originalvorlagen und gestalteten im Haus vier geschmackvolle und komfortable Ferienwohnungen für Familien mit Kindern. Mit der nahe gelegenen Fähre gelangen die Besucher schnell auf das Festland.

Herrenhaus Poppendorf

18184 Poppendorf

Landkreis Bad Doberan

Östlich Rostocks ist Poppendorf mit seinem zweigeschossigen Gutshaus zu finden, das sich bis 1945 im Eigentum der mecklenburgischen Kaufmannsfamilie Berg befand. Erwähnt wurde der einstige grundherrschaftliche Besitz urkundlich im 13. Jahrhundert. Der Ortsname legt die Vermutung nahe, dass eine Verbindung zu der Familie Plessen besteht, da einer ihrer Vorfahren den Namen „Poppo" trug. Im Zuge der Säkularisierung und Reformation war im 16. Jahrhundert der Rostocker Bürgermeister Christoph Bützow im Besitz des Anwesens. Nach dem Dreißigjährigen Krieg kam die Familie von Winterfeldt an Poppendorf und Anfang des 18. Jahrhunderts saß hier die Rostocker Patrizierfamilie Berg, die 1701 die Pfandherrschaft erwarb und das Gut von 1738 bis 1820 als

Musenstall, Poppendorf

ihr Eigentum bezeichnen konnte. Darauf wechselten die Besitzer häufig in kurzen Zeitabständen. Zu Beginn des 20. Jahrhunderts zog die Kaufmannsfamilie Rammelow auf dem Anwesen ein, dessen letzter Besitzer, Wilhelm Rammelow, ein Mustergut mit Vollblutzucht betrieb. Er wurde 1945 enteignet. Später nahm das 1810 zum klassizistischen Herrenhaus umgebaute Objekt, das im Dreiecksgiebel eine große Uhr birgt, den Rat der Gemeinde auf. Wie vielerorts ließ sich auch in Poppendorf auf dem Gutsgelände die LPG nieder. Im Jahre 1993 wurde das in Privatbesitz befindliche Herrenhaus denkmalgerecht saniert und beherbergt heute einen Musenhof mit wechselnden Ausstellungen. Im sanierten Pferdestall werden seit 2001 Konzerte gegeben. Ein gepflegter Park schließt sich dem Herrenhaus an.

Herrenhaus Poppendorf

Herrenhaus Prebberede

17168 Prebberede

Landkreis Güstrow

Bereits 1228 erfuhr Prebberede, gelegen östlich von Laage, seine erste urkundliche Erwähnung. Das Gut befand sich zu jener Zeit im Besitz des ritterschaftlichen Geschlechts Pramuhlen. Im Jahre 1385 kaufte Gerd von Bassewitz das Herrenhaus. Henning Friedrich Graf von Bassewitz wurde 1727 in den Grafenstand erhoben und lebte hier von 1730 bis zu seinem Tod 1749. Sein Sohn, Karl Friedrich Graf von Bassewitz, verheiratet mit Maria von Lützow, ließ von 1772 bis 1778 den zweigeschossigen Backsteinbau mit einem gartenseitigen dreiachsigen Mittelrisalit, Pilastergliederung und Mansarddach durch den Güstrower Baumeister Sidon errichten. Das Allianzwappen Bassewitz/Lützow im Dreiecksgiebel verweist auf den Bauherrn. Die Familie saß über 500 Jahre auf Prebberede. Nach der Enteignung 1945 zog ein Konsum ein, dann wurde das Gebäude als Gemeindeamt, zu Wohnzwecken und von der LPG genutzt. 1951 wurde das Haus unter Denk-

Herrenhaus Prebberede

malschutz gestellt und von 1959 bis 1960 restauriert. Das Treppenhaus, die Küche und der restaurierte Festsaal im Obergeschoss mit reich stuckiertem Rokokodekor blieben erhalten. Vom Gutshof bestehen noch heute zwei barocke Marstallgebäude, die Gutsschmiede vom Ende des 18. Jahrhunderts und im Park eine neugotische Gutskapelle von 1861/62. Im privat geführten Herrenhaus wurden Ferienwohnungen eingerichtet. Auf dem Gut finden wechselnde Ausstellungen und Musikveranstaltungen statt. Nach Anmeldung werden Führungen im Haus durchgeführt.

Herrenhaus Priborn

17209 Priborn

Landkreis Müritz

Am südlichen Ausläufer der Müritz, nordwestlich von Mirow, liegt Priborn. Einst gründeten die Slawen den Ort, dessen urkundliche Ersterwähnung durch Fürst Nikolaus von Werle auf das Jahr 1239 zurückgeht. Seine Söhne bestimmten 1285 Priborn zum Ort der Landdinge (Gerichtsbarkeit). Im Jahre 1346, mit der Kirchenweihe von Ludorf, gingen Landflächen an die Ludorfer Kirche über und

Herrenhaus Priborn

Fürst Bernhard von Werle überschrieb seiner Frau Elisabeth Landflächen im Dorf. Als sie verstarb, kam die Familie Hahn-Damerow an das Gut. Die Familie von Ferber zu Melz besaß ab 1732 die Ländereien. 1840 erbte Friedrich August von Ferber die Güter seines Vaters. Zwischen 1870 und 1880 ließen Ernst von Ferber und seine Frau Valley von Bornstedt das zweigeschossige Gutshaus mit seinen zwei markanten Türmen errichten, dessen Familienwappen sich am Giebel befindet. Dr. Ing. Horst von Ferber war der letzte Besitzer des Gutes bis zur Enteignung 1945. Danach wurden im Haus Flüchtlinge untergebracht. Das Gutshaus war von 1959 bis 2003 eine Schule. Danach unterlag es keiner Nutzung und wurde Anfang 2009 an eine Privatperson versteigert.

Prillwitz

Schloss Prillwitz

17237 Prillwitz/
Gem. Hohenzieritz
Landkreis Mecklenburg-Strelitz

Das Gut mit seinem zweigeschossigen Jugendstilbau von 1888 bis 1890, errichtet von Großherzog Friedrich Wilhelm von Mecklenburg-Strelitz für seinen Erben Adolf Friedrich V., liegt am südlichen Ende des Tollensesees an der Lieps und nördlich von Neustrelitz. Das Gut Prillwitz gehörte wie das Gut Hohenzieritz einst zum Kloster Broda. Auf Prillwitz stand vermutlich früher eine Burg der Familie von Peccatel. Später ging das Gut an die pommersche Familie von Heydebreck, dann an die Maltzahn und schließlich an die Familie Blankenburg. Letztere wurde bereits 1173 erwähnt und erlosch Ende des 17. Jahrhunderts mit Jürgen von Blankenburg auf Prillwitz. Das märkische Geschlecht von Bredow kam 1767 an das Anwesen, das noch zum Ende des 18. Jahrhunderts in landesherrlichen Besitz kam und von der herzoglichen Familie als Sommersitz genutzt wurde. In den weitläufigen englischen Park mit 300- bis 400-jährigen Eichen wurden die Reste der alten Burg, nebst einem Teehaus und weiteren kleinen Bauten, einbezogen. Nach dem Zweiten Weltkrieg legte die Volkseigene Genossenschaft eine Schweinemastanlage auf das Gut, im Jagdschloss wurde eine Betriebsgaststätte eingerichtet. Heute werden dem Gast in dem Hotelrestaurant, das für Hochzeiten, Tagungen und andere Feste beliebt ist, Fisch- und Wildspezialitäten serviert. Des Weiteren hat man Möglichkeiten zum Reiten, Wandern und Radfahren und Kinder können sich auf einem Spielplatz austoben.

Schloss Prillwitz

Herrenhaus Pritzier

19230 Pritzier
Landkreis Ludwigslust

Das schon im 13. Jahrhundert zur Diözese Ratzeburg gehörende Dorf Pritzier findet man südwestlich von Hagenow, am Kreuzungsbereich der B 5 nach Ludwigslust. Es gehörte dem ritterschaftlichen Geschlecht von Lützow. 1392 wird im großen Krieg zwischen dem Herzog von Sachsen, den Herren zu Lauenburg und zu Lützow berichtet, dass die Feste zu Pritzier genommen und verbrannt wurde. Landrat Henning von Lützow musste im Zuge einer Konkursabwicklung 1652 das Gut an den Rittmeister von Scharfenberg verkaufen, dessen Witwe, Maria Margarete, geb. von Göhren, dieses vorerst an Balthasar Friedrich von Zülow verpachtete. Kurz darauf ehelichte sie den Major von Peterswal und von diesem ging der Besitz 1756 an den Hauptmann von Hövel. Im Jahre 1773 erhob Kaiser Joseph II. den braunschweigisch-lüneburgischen Stadtvogt und Stiftshauptmann Otto Johann Christoph Koenemann auf Pritzier und dessen Brüder in den Adelsstand, dessen Nachfahren in Pritzier bis zur Enteignung 1945 saßen. Das zweigeschossige, im klassizistischen Stil gebaute Herrenhaus entstand im

Herrenhaus Pritzier

Auftrage des Georg Justus von Könemann von 1820 bis 1825 nach Plänen des Baumeisters Joseph Christian Lillie aus Lübeck. Die Frontfassade bekam nach 1870 Verzierungen. Hergestellt wurden, auch wieder nach Veränderungen, die großen französischen Fenster am ovalen, zur Hälfte heraustretenden Gartensaal mit Stuckornamentik. Von den einst zum Gutsbereich gehörenden Wirtschaftsgebäuden existieren nur noch ein Instenhaus und der Pferdestall, außerdem besteht noch die englische Parkanlage. Nach 1945 kamen Flüchtlingsfamilien und später der Verwaltungssitz des VEG Pritzier in das Herrenhaus. Olaf von Könemann erwarb 1996 das Haus mit einigen Nebengebäuden und dem großen Landschaftspark mit Quellen, Teichen und einer künstlichen Insel und sanierte es als Arbeits- und Wohnhaus. Ein Zugang ist nicht möglich.

Herrenhaus Puchow

Herrenhaus Puchow

17217 Puchow

Landkreis Müritz

Westlich von Neubrandenburg und südlich von Penzlin liegt Puchow mit seinem zweigeschossigen Putzbau mit Säulenvorbau sowie Altan im neubarocken Stil. Der Besitz ging durch die Familie von der Lanken von 1878 bis 1905 an die Familie von Maltzahn. Kurz darauf erwarb Dr. Adolf von Buenger das Anwesen und ließ zwischen 1905 und 1914 beinahe das gesamte Dorf abreißen, um hier ein Herrenhaus, den Gutshof und das Dorf neu zu errichten. Das Herrenhaus besitzt eine Eingangshalle mit original erhaltener Holzvertäfelung über zwei Etagen. Eine breite Treppe führt zur Galerie. In der Zeit zwischen 1945 und 1990 war das Herrenhaus das Schulungsheim der Kulturakademie des Bezirkes Neubrandenburg, danach stand es viele Jahre leer. Heute ist das Gebäude saniert und befindet sich in Privatbesitz. Angrenzend liegt eine kleine Parkanlage.

Orangerie Putbus

18581 Putbus

Landkreis Rügen

Die einstige fürstliche Residenzanlage im prächtigen klassizistischen Stil liegt im Südosten der Insel. Die erste urkundliche Erwähnung der Herren von Putbus auf Rügen geht auf das 13. Jahrhundert zurück. Für das Jahr 1371 wird hier ein steinernes Haus erwähnt, das später unter mehrfachen Veränderungen und Erweiterungen zu einer dreiflügeligen Schlossanlage ausgebaut wurde. 1725 werden Erneuerungen am Schloss vorgenommen und der barocke Schlosspark gestaltet. Von 1805 bis 1825 wird der Park zu einem weitläufigen Landschaftspark verändert. In diesem befinden sich mehrere klassizistische Gebäude. Der Marstall wurde von 1821 bis 1824 erbaut und die Orangerie 1824, angeblich nach Entwürfen von Karl Friedrich Schinkel. 1853 bekam sie eine Veränderung. Heute werden hier verschiedene Ausstellungen gezeigt. Das Gebäude ist ein lang gestreckter Putzbau mit

Mittelpavillon und drei Seitenrisaliten, im Kern von 1816, wohl nach einem Entwurf von W. Steinbach. Das heutige Aussehen des eingeschossigen Putzbaus ist vom Umbau 1853/54 durch F. A. Stüler geprägt. Der Mittelpavillon, einschließlich seiner Attika, wurde um ein Geschoss mit Hauptgesims erhöht. Das Gartenhaus, die spätere Villa Löwenstein, ist heute ein Parkcafé, nach einem Entwurf von Johann Gottfried Steinmeyer. In der Zeit von 1815 bis 1933 bestand hier ein Tiergehege mit Rotwild und Damhirschen. Graf Wilhelm Malte von Putbus wurde 1807 vom schwedischen König in den Fürstenstand erhoben, den auch der preußische König bestätigte. Putbus wird von 1808 bis 1823 als Residenz und Badeort ausgebaut. Im Jahre 1825 wird mit dem Bau des klassizistischen Residenzschlosses nach Plänen des Berliner Architekten Johann Gottfried Steinmeyer begonnen, unter Verwendung wesentlicher Teile des barocken Vorgängerbaus. 1854 erlosch die direkte Linie der Fürstenfamilie von Putbus. 1867 zerstört ein Brand das Schloss, worauf es im Stil des Historismus durch J. Pawelt umfassend verändert wird. Die gefürsteten Erben bewohnten bis zur Enteignung 1945 das Schloss, das danach zu verfallen begann. Die Folge war der Abbruch zunächst des Mittelteils 1949 und die Nutzung der Flügel als Düngemittellager. 1960 erfolgte die Sprengung der noch bestehenden Gebäudeteile. Dominantes Objekt der einstigen Anlage im schönen Park ist heute die Orangerie.

Orangerie Putbus

Orangerie Putbus

Oben: Herrenhaus Quadenschönfeld

Unten: Herrenhaus Quassel

Herrenhaus Quadenschönfeld

17237 Quadenschönfeld/ Gem. Möllenbeck
Landkreis Mecklenburg-Strelitz

Bereits im Mittelalter hatte in Quadenschönfeld, 22 Kilometer nordöstlich von Neustrelitz, die aus der Altmark stammende Familie von Warburg einen Besitz. Die urkundlich in Mecklenburg seit 1252 bezeugte Familie hatte bis in das 19. Jahrhundert hier ihren Stammsitz. Sie ließen um 1800 ein eingeschossiges breit gelagertes Herrenhaus mit Mansarddach errichten. 1897/98 wurden ein Obergeschoss aufgesetzt und die polygonal vorspringenden drei Mittelachsen an Hof- und Gartenfassade ergänzt. An beiden Fassadenseiten wurde eine Freitreppe vorgelagert, zum Garten hin zweiläufig. Nach dem Aussterben dieser Familie kamen die Grafen Bernstorff aus dem Hause Wedendorf an den Besitz und waren 100 Jahre lang mit dem Gut verbunden. Am Herrenhaus wurden um 1890 umfangreiche Umbauten vorgenommen. 1945 wurden die Bernstorff enteignet und im Herrenhaus wurden Wohnungen eingerichtet. Im Laufe der Jahrzehnte diente es als Gaststätte und Hotel, dann folgte keine Nutzung mehr. 2009 wurde das Gebäude restauriert.

Herrenhaus Quassel

19249 Quassel/Stadt Lübtheen
Landkreis Ludwigslust

Quassel liegt nördlich von Lübtheen, nahe der niedersächsischen Landesgrenze im Naturpark Mecklenburgisches Elbtal. Das schöne zweigeschossige Herrenhaus im Stil der englischen Gotik, mit vorgeblendetem, polygonalem Mittelrisalit und kurzen Fachwerkflügeln zur

Gartenseite, wurde um 1840 für die Familie von Paepke gebaut. Im Jahre 1850 wurde der Fachwerkbau mit einer Putzfassade versehen, im Innern wurden Umbauten vorgenommen. Ein kleiner gepflegter Park umgibt den Adelssitz. Nach Ende des Zweiten Weltkrieges kam in das Gebäude eine Kreislandwirtschaftsschule. Heute befindet es sich in Privateigentum und ist Sitz eines Software-Unternehmens.

Herrenhaus Quilow

17390 Quilow/Gem. Groß Polzin
Landkreis Ostvorpommern

Der stattliche, zweigeschossige Putzbau der Renaissance nordwestlich von Anklam war ein alter Besitz der Familie von Schwerin. Das Gebäude war von einem kreisförmigen, feuchten Graben umgeben, der zum Teil zugeschüttet wurde. Errichtet wurde der Bau nach 1551, wohl nach niederländischen Vorbildern, für Roleff von Owstin. An der Hoffront befindet sich der im oberen Teil quadratische, achteckige Treppenturm mit flachem Zeltdach. Von einem Umbau Anfang des 17. Jahrhunderts stammen die seitlichen Zwerchhäuser, die geschweiften Giebel mit Voluten und schlanken Säulen. Im Keller und Erdgeschoss befinden sich Tonnengewölbe mit Stichkappen. In der Eingangshalle blieb ein Renaissancekamin erhalten. Bis zum Zweiten Weltkrieg war das Herrenhaus im Besitz des Claus von Ploetz. In den Jahren von 1958 bis 1967 wurde die Anlage restauriert und für die Nutzung als Gemeindebüro und Wohnhaus umgebaut, doch 2009 war das Objekt sowie die Umgebung in bemerkenswert schlechtem Zustand. Es ist im Besitz der Stiftung Kulturerbe im ländlichen Raum Mecklenburg-Vorpommern, die das Gebäude modellhaft sanieren und der Öffentlichkeit als Veranstaltungsort unter dem Motto „Gläserne Denkmalpflege“ und „Lernen vor Ort“ zugänglich machen will.

Herrenhaus Quilow

Herrenhaus Quitzin

18513 Quitzin/Gem. Splietsdorf
Landkreis Nordvorpommern

Das dreigeschossige Gutshaus mit eingeschossigen Flügelbauten, vorspringendem Mittelteil sowie wappengeschmücktem Dreiecksgiebel wurde 1607 auf dem Gewölbe einer Burg aus dem 13. Jahrhundert errichtet und liegt neun Kilometer westlich von Grimmen. Im 18. Jahrhundert erfuhr es eine Erweiterung zum barocken Jagdschloss für Erasmus Ernst Friedrich Graf von Küssow, eine in Adelskreisen angesehene Familie, da sie die pommerschen Herzöge erzog, beriet und im diplomatischen Dienst unter den Schweden und dem deutschen Kaiser stand. Auch der schwedische König Karl XII. hielt sich auf seinen Durchreisen gern zur Jagd hier auf. 1824 starb mit Ludwig Julius Erasmus dieses Geschlecht im Mannesstamm aus. 1908 erwarb der preußische Kammerherr Werner von Veltheim das Gut, dem seine Söhne Franz und 1921 Burghard von Veltheim folgten. Im Innern des Hauses befinden sich aufwendige Stuckaturen und eine doppelläufige Treppenanlage. Der einstige Barockgarten wurde im 19. Jahrhundert zum romantischen Landschaftspark im englischen Stil umgestaltet. Nach der Enteignung Burghard von Veltheims 1945 wurden Flüchtlinge im Gutshaus untergebracht. Im Jahr 1972 bekam der Bau eine notdürftige Restaurierung, verfiel danach jedoch zusehends. Der Enkel des letzten Eigentümers erwarb 1992 den Besitz seiner Vorfahren zurück. Nach zehnjähriger, aufwendiger Arbeit erstrahlt das Herrenhaus in neuem Glanz und dient der Familie als Wohnhaus. Außerdem werden Ferienwohnungen vermietet.

Herrenhaus Quitzin

Schloss Raben Steinfeld

19065 Raben Steinfeld

Landkreis Parchim

Schloss Raben Steinfeld

Südöstlich am Ufer des Schweriner Sees, nahe der A 14 gelegen, ist das 1410 erstmals urkundlich genannte Raben Steinfeld zu finden. Es waren die Familie von Raben und die reich mit Steinen belegte Feldflur, die dem Ort den Namen gaben. Schon 1160 stand hier eine Burg. Das hier bestehende Gut ging 1648 in herzoglichen Besitz. 1679 gelangt Oberst Helmuth von Plessen an das Dorf, doch schon 1683 geht dieses an Herzog Christian Louis I. von Mecklenburg-Schwerin. Herzog Friedrich Franz II. legt im Ort ein Gestüt an und unter Herzog Friedrich Franz III. entsteht in der Zeit um 1886/87 der großzügige Backsteinbau im Stil der Neorenaissance nach Plänen des Architekten Hermann Willebrand. Selbstverständlich durfte ein großer englischer Landschaftspark, 1851 nach Plänen des Hofgärtners Theodor Klett mit dendrologischen Besonderheiten angelegt, nicht fehlen. Das Schloss befand sich bis 1945 im Besitz der großherzoglichen Familie. In der Zeit von 1947 bis 1995 wurden im Schloss Förster und Ingenieure für die Forstwirtschaft ausgebildet. Der Park wurde von der Gemeinde zurückgekauft und das Schloss ist im Besitz einer Schweizer Immobilienfirma.

Herrenhaus Ralswiek

18528 Ralswiek

Landkreis Rügen

Das zweiflüglige „Schloss“ liegt nördlich von Bergen, unmittelbar am Großen Jasmunder Bodden. Im 12. Jahrhundert gab es hier ein Tafelgut der dänischen Bischöfe von Roeskilde. Dieses war Zentrum der kirchlichen Verwaltung der Insel Rügen. Im 14. Jahrhundert baute man einen Probsteihof als festes Gebäude und 1480 wurde die Verwaltung auf weltliche Personen übertragen. Der erste Besitzer war Henning von Normann, dann folgten sein Sohn und die Familie von Barnekow. Das

Oben und unten: Herrenhaus Ralswiek

mittelalterliche Probsteigebäude wurde im 16. Jahrhundert umgebaut, und 1536 wird Ralswiek erbliches Lehen der Familie von Barnekow. Nach dem Dreißigjährigen Krieg überträgt der schwedische König 1656 das Anwesen seinem Feldmarschall Graf Carl Gustav von Wrangel. Dieser lässt das Gutshaus um einen Anbau mit abgestuftem Renaissancegiebel verlängern. Im Jahre 1679 kommt der Besitz erneut an die Familie von Barnekow. 1890 wird der mittelalterliche Teil des Hauses abgerissen und neu errichtet. Graf Hugo Scholto (Sholto) Douglas kauft 1891 Ralswiek und lässt ein stattliches Gebäude im Neurenaissancestil mit zwei runden Ecktürmen an der Vorderfront erbauen. Die Einrichtung geht teilweise auf Entwürfe des Jugendstilmalers und Architekten Henry van de Velde zurück. Der Landschaftspark wurde um 1810 angelegt und 1900 erweitert. In den Jahren 1913/14 erfolgten ein Umbau

und eine Erweiterung der Anlage. 1939 gab es hier auch ein Kasino. Nach der Enteignung Douglas' 1945 wurden im Haus Wohnungen und später ein psychiatrisches Pflegeheim untergebracht. 1999 erwirbt die Kur-Immobilien-Raulff OHG das historische Gebäude und lässt es 2000 umfassend restaurieren. Im Jahre 2002 wird ein Schlosshotel der gehobenen Klasse eröffnet, umgeben von einem Park mit alten Bäumen. Ein schöner Ort für Eheschließungen und für Feierlichkeiten jeder Art. Im Sommer finden am Fuße des Schlosses die Störtebeker-Festspiele auf der Naturbühne statt, die jährlich Tausende von Zuschauern anlocken.

Herrenhaus Ranzow

18551 Ranzow/Gem. Lohme

Landkreis Rügen

Das noch junge, im 20. Jahrhundert erbaute backsteinverputzte Herrenhaus mit zinnenbewehrtem Turm liegt am nördlichsten Ende von Jasmund, nahe der Großen Stubbenkammer und dem Königsstuhl. Ranzow gehörte zur damaligen Herrschaft Spyker. Besitzer des Ortes waren 1532 Hans von Jasmund und 1577 ein von der Osten. Im Jahre 1596 ging Ranzow an die Familie von der Lancken über, die es noch am Ende des 18. Jahrhunderts besaß. Seit dem 17. Jahrhundert ist

Störtebeker Bühne, Ralswiek

Herrenhaus Ranzow

das Gut ein Einzelhof. Sein Name stammt vom slawischen „Ransov". Im 20. Jahrhundert wurde das Herrenhaus nochmals verändert. Besitzer war bis 2005 das Bundesvermögensamt. Im Jahr 2006 fanden Renovierungsarbeiten statt. Der Besitzer plant für das Herrenhaus eine neue Nutzung.

Herrenhaus Rattey

17349 Rattey/Gem. Schönbeck

Landkreis Mecklenburg-Strelitz

Nordwestlich von Strasburg, in Richtung Friedland, liegt unweit der A 20 das Herrenhaus Rattey, ein zweigeschossiger klassizistischer Bau von 1802 bis 1806 mit übergiebeltem Mittelrisalit und Krüppelwalmdach. Das Anwesen war bis 1945 im Besitz der Familie von Oertzen. Im 13. Jahrhundert gehörte das Gut dem Kloster Wanzka. Es war ein Geschenk der Landesherrschaft, das vom Kloster als Lehen an ritterschaftliche Familien vergeben wurde. Zu Beginn des 14. Jahrhunderts hatte die erstmals 1258 urkundlich erwähnte Familie von Manteuffel hier ihren Wohnsitz, die bis zum

Herrenhaus Rattey

18. Jahrhundert in Rattey verblieb. Die von Manteuffel starben 1770 aus. Darauf übernahmen die Oertzen das Gut zu Lehen und blieben bis 1945. Hans Christoph von Oertzen ließ das Herrenhaus auf dem Gelände eines früheren Vorgängerbaus errichten, das von einer weitläufigen, gepflegten Parkanlage mit historischem Reitstall, Teich und großem Baumbestand umschlossen ist. 700-jährige Gutseichen und alte Linden machen den Park wertvoll. Nach der Enteignung wurde das Haus zu Wohnzwecken und als Konsum genutzt. Nach aufwendiger Sanierung wurde es 1998 Hotel mit großem Weingarten, in dem nach Absprache Führungen stattfinden. Die Rundwege durch den über 20 Hektar großen Park und die Weinblüten- und Winzerfeste sind bei den Besuchern sehr beliebt.

Herrenhaus Redefin

19230 Redefin

Landkreis Ludwigslust

Der ehemalige Stammsitz der Familie von Pentz liegt westlich von Ludwigslust an der B 5. Ende des 17. Jahrhunderts wurde Redefin durch die Herzöge von Mecklenburg auf dem Boden der im 14. Jahrhundert gebauten Burg der Grafen Schwerin errichtet. Seit 1710 besteht das landesherrschaftliche Gestüt, das mit dem herzoglichen Marstall in Schwerin verbunden war. 1794 wurde das Landgestüt eingerichtet. Von 1812 bis 1820 vollzog man den Neubau der gesamten Anlage nach Entwürfen des mecklenburgischen Oberlandbaumeisters Carl Heinrich Wünsch im Auftrag des Schweriner Großherzogs Friedrich Franz I. Im Jahre 1847 wurde

Herrenhaus Redefin

das Hauptgestüt aufgelöst, 1934 verlegte man den Hengstbestand des Landgestüts Neustrelitz nach Redefin. Die klassizistische Anlage mit Verwaltungsgebäude, Pferdeställen, Wohnhäusern und Reitstall war auch zu DDR-Zeiten staatliches Hengstdepot. Heute ist sie das größte unverändert erhalten gebliebene klassizistische Ensemble Norddeutschlands mit großem Park, einer Kastanienallee und Teichen. Hier befinden sich die Landesreitschule und ein Hotel. Es werden Veranstaltungen und Konzerte gegeben und Reitturniere durchgeführt. Das Gestüt ist ein Zentrum für Leistungsprüfungen und eine Ausbildungsstätte für Pferde und Reiter. Viele Besucher werden von den alljährlich durchgeführten Hengstparaden angezogen.

Herrenhaus Rederank

18239 Rederank/Gem. Satow

Landkreis Bad Doberan

Rederank liegt südlich von Bad Doberan, dessen historisches „Landschloss“ 1892 vom Hamburger Kaufmann Wilhelm Alexander im Stil der Neorenaissance errichtet wurde. Dabei hatte man sich an die römischen Villen der Antike angelehnt und den Bau mit pompöser Eingangshalle, Säulen sowie reich gegliederter Stuckfassade ausgestattet. Auch die steinartigen Ausmalungen im Vestibül und die Stuckfassungen in den Salons legen davon Zeugnis ab. Ornamentierte Kamine, edle Hölzer für das Parkett und feine Holzarbeiten im Esssalon zierten das Innere. Die steinerne Treppe ist mit Marmorfliesen belegt, und rote Teppiche

Herrenhaus Redefin, Reithalle

und Samteinlagen in den Handläufen betonten in der Vergangenheit die Eleganz der Treppenanlage. Mit der Wiedervereinigung Deutschlands kam das Herrenhaus wieder in Privatbesitz. 1999 wurde es unter Gesichtspunkten des Denkmalschutzes saniert. Die Decke im großen Saal hatte einst ein berühmter italienischer Künstler bemalt, die Rostocker Restaurateure wieder herstellten. Das Herrenhaus wird ausschließlich privat genutzt und ist nicht öffentlich zugänglich.

Oben: Herrenhaus Rederank

Unten: Herrenhaus Reez

Herrenhaus Reez

18196 Reez/Gem. Dummerstorf

Landkreis Bad Doberan

Reez mit seinem zweigeschossigen Gutshaus von 1825 liegt südöstlich von Rostock im Dreieck des Autobahnkreuzes der A 19 und A 20. Der Ort wurde bereits 1283 erstmals urkundlich erwähnt. Wie das backsteinerne Gutshaus wurden zeitgleich ein Wirtschaftsgebäude und das Inspektorhaus sowie die Schmiede von Friedrich von Flotow gebaut. Auch die Katenzeile, die bogenartig zur älteren, rokokoausgestatteten Kapelle führt, entstand zu dieser Zeit. Veränderungen am Herrenhaus wurden im Jahre 1900 vorgenommen. Der stattliche Backsteinbau mit Krüppelwalmdach und dreigeschossigen Mittelrisaliten, in zurückhaltend klassizistischen Formen, entstand auf der Grundlage von barocken Kellern. Die Fassadengestaltung wurde 1885 durch Putzgliederung verändert. Im Innenbereich befinden sich eine Diele mit ionischen Säulen und ein zylindrischer Kachelofen. Bis 1991 war im Gutshaus eine Gaststätte untergebracht und bis 1997 wurde es zu Wohnzwecken genutzt. Im Herrenhaus, das seit 2009 leer steht, blieben ein Speisenaufzug und ein großer Kachelofen erhalten, außerdem die umfangreiche Gutsanlage.

Herrenhaus Reischvitz

18528 Reischvitz/
Gem. Parchtitz
Landkreis Rügen

Westlich von Bergen liegt das 1318 erstmals urkundlich erwähnte Reischvitz. Der Besitz gehörte im 15. Jahrhundert der Familie von Barnekow. 1783 wurde er an die Familie von Platen verkauft, die das Gut bis 1945 besaß. 1820 ließen sich diese das heute denkmalgeschützte Gutshaus im Stil des Historismus erbauen und 1904 um ein Inspektorenhaus im Jugendstil erweitern. Nach dem Ende des Zweiten Weltkrieges und der Enteignung der Platen wurden im Gutshaus Flüchtlinge untergebracht. 1947 wurde im Zuge der Bodenreform das Land aufgesiedelt. Die Landwirtschaftliche Produktionsgenossenschaft zog 1959 hier ein. 1965 übernahm der Rat der Gemeinde Parchtitz die Rechtsträgerschaft. 1992 kaufte Familie von Platen die Gutsanlage und den englischen Landschaftsgarten mit Teich und altem Baumbestand zurück und restaurierte die Anlage von 1995 bis 1998. Heute befinden sich hier Ferienappartements.

Herrenhaus Reischvitz

Schloss Remplin

17139 Remplin/Stadt Malchin
Landkreis Demmin

Nur fünf Kilometer nordwestlich von Malchin steht das Schloss im französischen Renaissancestil der Großherzöge von Mecklenburg-Strelitz. Entworfen hatte es der Berliner Architekt Friedrich Hitzig, nachdem die Familie Hahn den im 18. Jahrhundert angelegten Gutshof und das großzügige, dreiflüglige barocke Herrenhaus an den Herzog Georg von Mecklenburg-Strelitz verkauft hatte und er es 1865 umbauen ließ. Remplin gehörte zum Kloster Ivenack. Angesessen haben hier über Jahrhunderte verschiedene Besitzer, zu denen die Familien von Wozenitz, von Schnakenburg, später die von Schaumburg-Lippe und die von Maltzahn zählten. Nach der Umwandlung von der Grundherrschaft in die Gutswirtschaft im Zuge der Reformation kam der Besitz in die Hände der begüterten, 1803 in den Grafenstand erhobenen Familie von Hahn. Diese blieb bis 1816 auf Remplin. Die Grafen Karl und Friedrich Hahn umgaben sich gern mit Künstlern, wie den Dichtern Herder und Stollberg. Erstgenannter, auch als Theatergraf bezeichnet, veranstaltete berühmte Theateraufführungen, denen auch die preußische Königin Luise beiwohnte. Herzog Georg ließ den ursprünglich barocken Park nach Plänen von Peter Joseph Lenné ab 1851 in einen englischen Landschaftspark mit Lindenalleen umgestalten. 200-jährige Bäume prägen heute noch das Bild des gepflegten Parks, der einst einer der bedeutendsten Barockgärten Mecklenburgs gewesen ist. Ein 1801 errichteter Turm enthält die 1792/93 gebaute Sternwarte, die ab 1980 durch den Arbeitskreis der Berliner Archenhold-Sternwarte eingerichtet wurde und seit 2004 von Hobbyastronomen und Vereinen genutzt wird. Großherzogin Marie von Mecklenburg-Strelitz, Gemahlin des Großherzogs Georg, ließ 1878 eine Kirche in Remplin zum Andenken an zwei 1876 verstorbene Kinder bauen, Herzogin Caroline und Herzog Georg. Im Jahre 1940 brannte das Schloss nieder und nur der zweigeschossige Nordflügel sowie ein dreigeschossiger Torturm, die Fachwerkgebäude des Gutshofes und die Gutskirche blieben erhalten. 1938 kamen die Grafen von der Schulenburg-Wolfsburg durch Kauf an einen Teil des Gutes. Der letzte Besitzer war Dr. Georg Herzog zu Mecklenburg. Im Jahr 2009 befand sich im Schloss nur noch eine genutzte Wohnung.

Schloss Remplin

Herrenhaus Retzow

17248 Retzow/Gem. Rechlin

Landkreis Müritz

Das Gut, welches sich 1601 im Besitz von Christoph von Barnewitz befand, ist nordwestlich von Mirow nahe der Kleinen Müritz gelegen. Es war ein nicht eingelöstes Pfand des Carsten von Retzow. 1786 ging es an den Regierungsrat Friedrich Werner Ludwig Freiherr von Hammerstein. Um 1810 erfolgte der

Herrenhaus Retzow

Umbau zu einem klassizistischen zweigeschossigen Putzbau mit hofseitigem, viersäuligem, übergiebeltem Portikus. Als man nahe dem Gut einen Flugplatz errichtete, wurde 1917 ein erheblicher Teil enteignet und der Resthof mit dem breit gelagerten Herrenhaus 1926 an die Familie Törck verkauft. Der Flugplatz wurde 1935 in der nationalsozialistischen Zeit erweitert und die Familie verlor ihren Besitz gänzlich. Nach dem Zweiten Weltkrieg wurde im Gutshaus ein Altersheim eingerichtet. 1992 erfuhr es eine Restaurierung. Nach vielen Jahren Leerstand befindet sich die Anlage wieder in Privatbesitz. 2009 befand sich das Herrenhaus in Restaurierung. Der angrenzende Landschaftspark bedarf ebenfalls einer Erneuerung.

Herrenhaus Roggow

18230 Roggow/Stadt Rerik

Landkreis Bad Doberan

Das Herrenhaus, gelegen südlich von Rerik am Salzhaff, wurde erstmalig in einer Urkunde 1345 erwähnt. Roggow war ursprünglich eine slawische Burgwallanlage in einem alten Park mit Teich und wertvollem Baumbestand. Eine alte Grabenführung bezeugt noch heute die Anlage. Nach dem Dreißigjährigen

Herrenhaus Roggow

Krieg entstand im barocken Stil ein Herrenhaus, das häufig um- und ausgebaut wurde. 1850 bekam es bei Veränderungen den Stil der Tudorgotik. Es war seit 1311 ununterbrochen bis zur Enteignung 1945 im Besitz der Familie von Oertzen. Mit der Wiedervereinigung Deutschlands erwarb die Familie das Herrenhaus und einen Teil des Parks zurück. Die Nachkommen der von Oertzen gestalteten es zu Ferien- und Mietwohnungen aus.

Herrenhaus Rosenhagen

Herrenhaus Rosenhagen

18239 Rosenhagen/
Gem. Satow
Landkreis Bad Doberan

Das Herrenhaus entstand 1836 im klassizistischen Stil nach Plänen des Architekten und Landesbaumeisters Carl Theodor Severin. Heute ist es südlich von Bad Doberan nahe der A 20 zu finden. Besiedelt war dieser Bereich wohl schon in der Mittleren Steinzeit. Das Gut Rosenhagen wurde 1224 als eines von vier Hagendörfern in einer Urkunde erstmals erwähnt. Der dänische Kammerjunker Cord Peter von Restorff hatte 1802 das Gut erworben. Unter ihm entstand auch das Herrenhaus, welches bis 1945 durchgehend bewohnt war. Wie in den meisten Gutshäusern wurden auch in Rosenhagen nach Kriegsende Flüchtlinge untergebracht, später befanden sich darin ein Konsum, das Dorfgemeinschaftshaus und die Gemeindeverwaltung. Schließlich wurde Rosenhagen als Mehrfamilienhaus genutzt. Dank der letzten Bewohnerin konnte 1988 eine Sprengung des Herrenhauses verhindert werden, da sie sich weigerte, das Haus zu verlassen und wegzuziehen. Mit großem Aufwand und der Förderung des Landes brachten die neuen Besitzer Anke und Hans Rutzen ab 1995 den ursprünglichen Glanz zurück. Stilecht eingerichtete Appartements und der große Rosengarten mit Duftrosen, Kräutern, Lavendel, Jasmin, Rhododendron und einem Teich, Terrasse, kleinem Teepavillon, Grotte und Sitzecken unter uralten Linden im angrenzenden Park vermitteln dem Gast eine angenehme, erholsame

Herrenhaus Rossewitz

Atmosphäre. Im Flair einer Jagdhalle mit Kamin kann man sich angenehm entspannen und dem Damwild im angrenzenden Gehege beim Äsen zusehen. Darüber hinaus lädt die Waldsauna am See zur Erholung ein. In der Nachbarschaft vermittelte Jagd- und Reitgelegenheiten kann der Gast nutzen.

Herrenhaus Rossewitz

18276 Rossewitz/Stadt Laage

Landkreis Güstrow

Südlich von Laage stand im 14. Jahrhundert eine Burg, die sich 1360 im Eigentum der Familie von Moltke befand. Dieser folgte die Familie von Normann und ab 1450 war das Anwesen im Eigentum der Familie von Vieregge. Das barocke „Schloss" mit zwei rückwärtigen Flügeln, Walmdach und leicht vorgezogenem dreiachsigem Mittelrisalit nach einem Entwurf von Charles Philippe Dieussart für den dänischen Generalmajor Joachim Heinrich von Vieregge wurde von 1657 bis 1680 gebaut. Geplant war es als Lustschloss, wurde aber ein Gutsbetrieb. Kammerherr Victor August von Vieregge musste 1760 Konkurs anmelden. Verheiratet war der königlich dänische Kammerherr mit Anna von Hahn aus dem Hause Basedow. Als 1780 die herzogliche Kammer den Besitz ankaufte, wurde er Domäne. Im 19. Jahrhundert lag das Anwesen in verschiedenen Händen. Im 20. Jahrhundert kaufte die Familie Voß das Anwesen, 1945 folgte die Enteignung. Daraufhin wurde es zu Wohnzwecken genutzt. Im Inneren über der Eingangshalle liegt ein hoher Festsaal mit illusionistischer Architekturmalerei um 1660, Medaillons über den Türen zeigen arkadische Landschaftsbilder von Johann Friedrich Fechhelm. Die Freskenmalereien wurden 1975 restauriert. Das gesamte Areal mit Herrenhaus befindet sich in verfallenem Zustand, die Malereien weisen Beschädigungen auf und von den Stuckdecken sind nur noch Reste vorhanden. Ebenso ist der ursprüngliche Park nur noch zu erahnen. Der Privatbesitz steht seit Jahren leer.

Herrenhaus Rottmannshagen

17153 Rottmannshagen/
Gem. Jürgenstorf
Landkreis Demmin

Die schöne, neu gestaltete Anlage liegt südlich von Stavenhagen. Das Gutshaus im barocken Stil entstand 1732 und war im Besitz der Familie Maltzahn. 1875 ging das Herrenhaus an die Familie Wahnschaffe, die es bis 1945 bewirtschaftete. Ein Brand zerstörte 1945 das Hauptgebäude, nur die seitlich gelegenen Kavalierhäuser, die heute als Wohnungen genutzt werden, blieben erhalten. Ein englischer Park schließt sich der Gutsanlage an. Das bewirtschaftete Gut, in dem auch Ferienwohnungen angeboten werden, ist in einem gepflegten Zustand.

Herrenhaus Rottmannshagen

Herrenhaus Rumpshagen

17219 Rumpshagen/
Gem. Ankershagen
Landkreis Müritz

Rumpshagen mit seinem Herrenhaus, das zwischen 1730 und 1732 im Stil des Barock erbaut wurde, liegt östlich von Waren, nahe des Nationalparks Müritz. Friedrich Ernst von Voß ließ sich den zweigeschossigen, rechteckigen, verputzten Backstein-

Herrenhaus Rumpshagen

bau mit beidseitig mit Kolossalpilastern versehenem Mittelrisalit errichten. Im Dreiecksgiebel der Parkseite befindet sich das Wappen derer von Voß und hofseitig derer von Gundlach. 1752 war das Herrenhaus an Jobst von Gundlach gelangt. Die Familie hatte es bis ca. 1940 in ihrem Besitz. Im Innern befindet sich ein schöner Gartensaal mit Rokokostuckdecke. Nach 1945 diente das Haus zu Wohnzwecken und der Gemeindeverwaltung. Nach erfolgter Restaurierung des Mittelrisalits begann man 2006 mit dem hofseitigen Fassadendekor aus farbigem Glasputz, der aus dem Glasbruch der drei Waldglas-Hütten der Familie von Gundlach stammt und eine einzigartige Besonderheit in Mecklenburg darstellt. Schon seit 1692 gehörte zum Gutsbetrieb eine Glashütte. Das Herrenhaus erstrahlt heute wieder in neuem Glanz und beherbergt Wohnungen und ein Atelier mit Galerie, in dem gelegentlich Ausstellungen gezeigt werden.

Oben: Herrenhaus Rustow

Unten: Herrenhaus Rustow, Grundriss

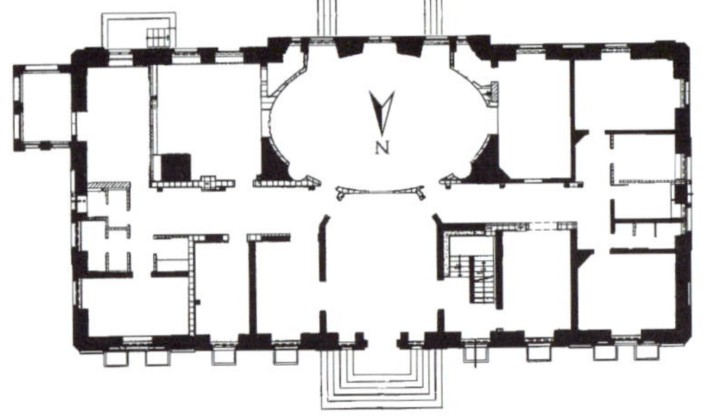

Herrenhaus Rustow

17121 Rustow/Stadt Loitz

Landkreis Demmin

Nördlich von Demmin steht der klassizistische zweigeschossige Putzbau, der nach 1800 errichtet wurde. Eine Lindenallee führt auf das Gebäude zu. Der Mittelrisalit ist durch ein Akanthusfries geziert und im Dreiecksgiebel befindet sich das von einem Bären gehaltene Wappen der Familie von Bärenfels. Erbaut auf älterem Mauerwerk, wurde das Gutshaus im Laufe der Zeit umgebaut. Im Jahre 1855 kam es an die Familie Schmidt und nach dem Ersten Weltkrieg meldete der Eigentümer des Gutes Konkurs an. In jener Zeit veränderte man das Portal. Die Stadt Loitz kaufte das Anwesen und siedelte es 1929 auf. Es entstanden zwei Geflügelfarmen und eine Gastwirtschaft sowie eine Bäckerei. Herrenhaus, Park und Kapelle blieben im Besitz der Familie Schmidt. Nach dem Zweiten Weltkrieg wurden Flüchtlinge untergebracht, danach wurde das Gutshaus Waisenhaus, später Schule und 1980 Kinderheim. Der im 19. Jahrhundert an das Haus angefügte Wintergarten wurde nach dem Zweiten Weltkrieg abgetragen. In jüngster Zeit wurde das Herrenhaus umfassend saniert. Es befindet sich im Besitz der Beck Kabel- und Gehäusetechnik.

Herrenhaus Samow

17179 Samow/
Gem. Behren-Lübchin
Landkreis Güstrow

Zu den zahlreichen Barockbauten in Mecklenburg-Vorpommern zählt auch das 1810 entstandene Gutshaus in Samow, gelegen zwischen Tessin und Gnoien, etwas südlich der A 20. Schon vor 800 Jahren soll es im heutigen Park eine frühdeutsche Turmhügelburg gegeben haben. 1760 stand hier auf einem Hügel ein von Wasser umschlossenes

Herrenhaus Samow

Haus. Gesessen hat auf Samow vom Ende des 15. bis Ende des 18. Jahrhunderts das Uradelsgeschlecht der Familie von Moltke, deren Wurzeln bis ins 13. Jahrhundert zurückreichen. Den Aufgaben nicht mehr gewachsen, verkaufte die Gutsherrin 1786 nach dem Tode ihres Gemahls den Besitz. Sie hatte zahlreiche Kinder, zu denen auch Friedrich von Moltke, Vater des Generalfeldmarschalls Helmuth von Moltke, gehörte. Das Gut wechselte in der Folge häufig den Besitzer und kam 1815 an die Rostocker Senatorenfamilie Boldt. Wilhelm Boldt wählte das Gut zum Sommersitz und richtete es ein. Die aus Frankreich stammende Familie von Polier erwarb 1901 das Gut. Maximin von Polier war der letzte Besitzer und die Familie musste 1945 nach Einmarsch der sowjetischen Truppen fliehen. Im Jahre 1810 bekam das Herrenhaus sein heutiges, in klassizistischen Formen gehaltenes Aussehen. Es ist ein verputzter, zweigeschossiger Rechteckbau mit elf Achsen, einem flachen Sockel und einem hohen Walmdach. An der Hoffassade zeigt sich ein einfacher Blendschmuck und Kolossallisenen rahmen die zwei äußeren Achsen, die im rückwärtigen Bereich als leichte Risalite erscheinen. Der weitläufige Landschaftspark mit alten Bäumen inmitten einer ursprünglichen Endmoränen-Landschaft umgibt das Gutshaus. Einst war die Anlage im französischen Stil gestaltet. Vom Gut selbst blieben der zweigeschossige Wirtschaftsanbau, der Eiskeller und die Remise erhalten, in der sich heute das Hofrestaurant befindet, sowie der Kuhstall und das Stellmacherhaus. Im Jahre 1992 erwarb der Enkel Marc von Polier das Haus zurück, ließ es sanieren und richtete Ferienwohnungen ein. Nahe der Gutsanlage haben Sportbegeisterte die Möglichkeit, dem Golfen, Reiten, Tennis und der Jagd nachzukommen.

Herrenhaus Schlemmin

18320 Schlemmin

Landkreis Nordvorpommern

Schlemmin liegt im Norden des Landes, östlich von Ribnitz-Damgarten. Hier befand sich der alte Besitz der in Vorpommern und Mecklenburg beheimateten Familie von Thun, die bereits seit 1320 urkundlich in Schlemmin bezeugt ist und die im 14. Jahrhundert hier eine Wasserburg besaß. Noch im 19. Jahrhundert stand sie auf dem Anwesen, bis 1846 ein neues mehrgeschossiges Herrenhaus im gotisierenden Stil im weitläufigen Landschaftspark errichtet wurde. Der Herrensitz wurde nach einem

Herrenhaus Schlemmin

Entwurf von Eduard Knoblauch aus Berlin für Wilhelm Ulrich von Thun gestaltet. Er zeigt sich in den Formen der englischen Neugotik mit Erkern, Türmen, Giebeln und Zinnen. Der Park mit neuen Wegen, Brücken, Pavillons und Pergolen lädt die Hotelgäste und Spaziergänger zum Verweilen ein. Während des Zweiten Weltkrieges befand sich das Herrenhaus im Besitz der Grafen zu Solms-Rödelheim und diente als Lazarett. Danach wurden Flüchtlingswohnungen, später ein Kindergarten, eine Berufsschule, die Gemeindeverwaltung und ein Gästehaus der LPG eingerichtet. 1991 kam das Areal an die Gemeinde, die es zum Gästehaus umfunktionierte. Nachdem eine Unternehmensgruppe aus Berlin bis 1992 den Besitz erfolglos als Hotel bewirtschaftet hatte, kaufte 1999 Horst Sander aus Bremen den Herrensitz, sanierte umfassend bis 2002 und eröffnete das Schlosshotel mit zahlreichen Angeboten wie Wellness-Bereich, Konzerten, Fahrrad- und Kanuverleih und einer bemerkenswerten Bibliothek. Auch für Hochzeiten wird das historische Flair gern genutzt.

Herrenhaus Schmarsow

17129 Schmarsow/
Gem. Kruckow
Landkreis Demmin

Die zweigeschossige barocke Dreiflügelanlage, die 1796 im Renaissancestil erneuert wurde, ist südwestlich von Jarmen zu finden. Einst war der Bereich das ritterschaftliche Lehen der Familie von Maltzahn, das häufig innerhalb der verschiedenen Linien dieser Familie bis in das 17. Jahrhundert hinein wechselte. Nach Beendigung des Dreißigjährigen Krieges kam der Besitz an das Haus Gülz und Ende des 17. Jahrhunderts durch Kauf an das alte vorpommersche Geschlecht von Parsenow, das im 19. Jahrhundert ausstarb. Die Maltzahn, von denen mehrere Linien Erbansprüche stellten, kamen zurück. Aber auch die Familien Penzlin und Osten kämpften um das Anwesen. Nach einem halben Jahrhundert Streit wurde ein Familienverein gegründet und Schmarsow ging an Woldemar von Heyden. Es verblieb bis zur Enteignung 1945 in dessen Besitz. Danach unterlag das Haus verschiedenen Nutzungen und ist heute wieder in Privatbesitz. Es werden Ferienwohnungen vermietet und Veranstaltungen durchgeführt.

Herrenhaus Schmuggerow

17398 Schmuggerow/
Gem. Ducherow
Landkreis Ostvorpommern

Schmuggerow mit seinem neubarocken Putzbau von zwei Geschossen aus der zweiten Hälfte des 19. Jahrhunderts liegt südlich von Anklam und westlich von Ueckermünde. Das Herrenhaus mit flachem Mittelrisalit und Pilastergliederung sowie dem Wappen derer von Schwerin im Giebel wurde 1871 von Maximilian Graf von Schwerin für seine Tochter Luise erbaut. Im rückwärtigen Bereich befinden sich Seitenrisalite und eine Freitreppe. Ein späterer Umbau erfolgte im Stil der Gründerzeit. Der Park wurde vom Berliner Landschaftsarchitekten Lange umgestaltet. 1944 bewohnten

Herrenhaus Schmarsow

Flüchtlinge das Herrenhaus. 1946 wurde eine Dienststelle des Landesamtes für Denkmalschutz untergebracht. Ab 1997 wurde der Adelssitz saniert, der bis 1989 bewohnt war. Dann richtete der Eigentümer „Hellberg Domizil" Ferienwohnungen und ein Restaurant mit Bar ein. Derzeit wird das Schloss nur noch als Ganzes vermietet.

Herrenhaus Schönfeld

19205 Schönfeld/
Gem. Mühlen-Eichsen
Landkreis
Nordwestmecklenburg

Nordwestlich von Schwerin, nahe dem Cramoner See, liegt Schönfeld mit seinem eingeschossigem klassizistischem Bau von 1806, nach einem Entwurf von Johann Christian Lillie. Um 1700 befand sich das Herrenhaus im Besitz der Familie von Plessen und kam im 18. Jahrhundert an die Familie von Bartels, eine Lübecker Ratsfamilie. In der Zeit von 1794 bis 1817 besaßen die Koenemann das Anwesen und danach kam das Geschlecht von Leer, dessen Johann Jacob Leer 1791 geadelt und 1821 in die mecklenburgische Ritterschaft aufgenommen wurde. Die Familie von Leer baute auch das klassizistische Herrenhaus mit dem großen Säulenportikus. Im 19. Jahrhundert kamen die von Plessen zurück und waren bis 1945 Besitzer des Grundstücks. Nachdem eine der beiden Scheunen 1947 abgebrannt war, stellte man 1947 die zweite unter Denkmalschutz. Das Herrenhaus wurde in der Folge als Schule, Altersheim, Kindergarten, Betriebsfe-

Herrenhaus Schmuggerow

Herrenhaus Schönfeld

rienheim und von der LPG genutzt. 1991 übernahm die Familie von Plessen von der Treuhand das Gut zurück, setzte es bis 2003 instand, richtete zwei Mietwohnungen ein und betreibt hier wieder Landwirtschaft.

Herrenhaus Schönhausen

17337 Schönhausen
Landkreis Mecklenburg-Strelitz

Unmittelbar an der A 20, nördlich von Strasburg am See, steht der zweigeschossige Putzbau von 1843 nach Plänen von Friedrich Wilhelm Buttel. Noch vor dem 16. Jahrhundert stand hier eine mittelalterliche Burg, auf deren Resten vermutlich ein Gutshaus errichtet wurde. Buttel hatte für die Familie von Michael den neuen breit gelagerten, zweieinhalbgeschossigen Putzbau mit betonten Eckpfeilern und Rundbogenfenstern sowie übergiebeltem Mittelrisalit geschaffen. Seit dem 15. Jahrhundert befand sich das Gut im Besitz der Familie von Rieben, bis diese es 1820 an den Amtmann August Georg Carl Michael verkaufte. In den Jahren 1854/55 wurden die Wirtschaftsgebäude und 1925 die Gruft im Park gebaut. 1945 wurde das Gutshaus als Wohnhaus für Umsiedler genutzt. Darauf wurden nacheinander eine LPG-Küche, eine Kinderkrippe und ein Kindergarten eingerichtet. Bis 1995 befand sich im Haus eine Schule, danach stand es leer. Peter Schmidt und Petra Sauer erwarben das Gebäude zur Einrichtung von Ferienwohnungen, sanierten und restaurierten es.

Herrenhaus Schönhausen

Herrenhaus Schorssow

Herrenhaus Schorssow

17166 Schorssow

Landkreis Güstrow

Die zweigeschossige Dreiflügelanlage aus der Zeit um 1730 bis 1740, mit Umbau von 1808 bis 1812, liegt südlich von Teterow inmitten der Mecklenburgischen Schweiz, südwestlich des Malchiner Sees. Vom 14. bis 16. Jahrhundert saßen hier die Maltzahn und 1545 gelangte das Anwesen an den Herzog Hans von Schleswig-Holstein-Gottorp. Dieser veräußerte es an die Moltke, die es während der Napoleonischen Kriege wieder verkauften. Die Familie Siebmann hatte den Besitz in den Anfangsjahren des 19. Jahrhunderts nur für kurze Zeit inne, ihr folgte um 1820 die Familie Hahn und schließlich die von Voß. Seit dem Jahr 1835 war das Gut in der Hand dieses mecklenburgischen Geschlechts, bis es von 1891 bis 1945 an die Familie Tiele-Winckler ging. Die architektonische Beschaffenheit des „Schlosses" verweist auf die Berliner Bauschule. Es ist ein klassizistisches Herrenhaus, das unter den Moltke unter Einbeziehung des Vorgängerbaus entstanden ist. Zur Gartenseite zeigt sich der Bau dreiflüglig und im ehemaligen großen Landschaftspark liegt die Ruine einer bereits 1520 zerstörten Kirche. Im Jahre 1951 wurde das marode Herrenhaus unter Denkmalschutz gestellt. Eingerichtet wurden eine Kinderkrippe und eine Betriebsküche für die örtliche Schule sowie das

Gemeindebüro. Nach aufwendiger Originalrekonstruktion der Festräume wurde 1997 ein Hotel für Tagungen und Wellness eröffnet. Hier werden z. B. Kremserfahrten angeboten. Vom einstigen englischen Landschaftspark, der sich bis zum Malchiner See erstreckte, ist nur wenig erhalten geblieben.

Herrenhaus Schwartow

19258 Schwartow/ Stadt Boizenburg

Landkreis Ludwigslust

In romantischer Lage nördlich von Boizenburg ist das kleine „Jagdschlösschen" zu finden. Aus der Dorfchronik geht hervor, dass der Ort 1335 erstmals erwähnt wurde. Das Herrenhaus wurde 1902 vom damaligen Gutsverwalter Paul Seeler errichtet, der hier bis 1907 wohnte. Danach wechselten häufig die Besitzer mit Friedrich von Hildebrandt 1907 bis 1910, Rittmeister a. D. Karl Cramer von 1922 bis 1929, Freiherr von Schröder von 1930 bis 1937. Die Verwaltung der Stadt Boizenburg hatte hier ihren Sitz von 1950 bis 1993. Im Jahre 1960 wurde das Herrenhaus erstmals gastronomisch durch den Konsum genutzt. Seit 2000 befand sich das liebevoll restaurierte Objekt im Besitz der Familie Frank aus Schwartow. Seit 2005 ist Herr Dumke mit seinem Team „Schlossherr". Das Hotel bietet den Gästen neben der umfangreichen gastronomischen Betreuung Tagungsmöglichkeiten und Festausrichtungen an. Auch der Reiterhof Frank mit der Möglichkeit von Hochzeitsfahrten kann genutzt werden.

Herrenhaus Schwartow

Residenzschloss Schwerin

19053 Schwerin
Landeshauptstadt

Residenzschloss Schwerin, Grundriss mit Burggarten

Das prächtige Wahrzeichen der Landeshauptstadt, unmittelbar am Schweriner See, hat seinen Ursprung 1358 durch die Verlegung der Residenz von den Herzögen von Mecklenburg aus Wismar nach Schwerin. Bereits 1018 wird hier eine Burg erwähnt, die 1160 von Heinrich dem Löwen zerstört wurde. Es folgte der Neubau als Sitz eines Statthalters, der 1167 mit der Gründung der Stadt Sitz der Grafen von Schwerin wurde. Im 16. Jahrhundert baute man die Burg aus und es entstand von 1553 bis 1555 das dreigeschossige, große Neue Haus mit Terrakottadekor aus der Werkstatt des Statius von Düren. Die Schlosskapelle, die gemeinsam mit dem Haus im Stil der Renaissance 1643 überformt wurde, baute von 1560 bis 1563 Johann Baptista Parr. Baumeister war der Holländer Gerd Evert Piloot. In den Jahren 1843 bis 1845 brach man sämtliche Gebäude ab, mit Ausnahme des großen Neuen Hauses, des Bischofshauses und der Schlosskapelle. Errichtet wurde ein Neubau nach dem Vorbild des französischen Schlosses Chambord durch Umbauplanung von Georg Adolph Demmler, unter Verarbeitung älterer Entwürfe von Gottfried Semper und Friedrich August Stüler. 1855 wurde die Schlosskapelle erweitert. 1913 vernichtete ein Brand Teile der Innenarchitektur, u. a. auch den Festsaal. Großherzog Friedrich Franz IV. von Mecklenburg-Schwerin verzichtete 1918 auf seine Kronrechte und das Residenzschloss ging in Staatseigentum über. 1921 öffnete das Landesmuseum für das Publikum. Mit dem Ende des Zweiten Weltkrieges kam auch der nahezu vollständige Verlust der beweglichen Ausstattung. Im Jahre 1948 wurde die Residenz Sitz der Landesregierung Mecklenburgs. Ein Plenarsaal mit Sitzungszimmern wurde im 1930 ausgebrannten

Flügel eingerichtet. 1974 begannen Restaurierungsarbeiten und 1990 hielt der Landtag von Mecklenburg-Vorpommern Einzug im prächtigen Schloss, einer der interessantesten Schöpfungen des Historismus in Deutschland. Zu besichtigen sind der Thronsaal, die Ahnengalerie und das Speisezimmer sowie aufwendige Wanddekorationen, reich gestaltete Raumdecken und kunstvolle Parkettfußböden. Sehenswert sind die Prunkräume sowie Kunsthandwerk, Porzellan, Möbel, Waffen, Schmuck und Gemälde des 18. bis 20. Jahrhunderts. Den ursprünglich barocken Schlossgarten im französischen Stil mit Tiergärten und einem Finkenherd schuf von 1748 bis 1756 der Architekt Jean Laurent Legeay. Hofgärtner Theodor Klett gestaltete ihn um 1857 unter Einbeziehung älterer Bauteile um. Die Anlage besitzt einen kleinen Parkpavillon von 1818 und das Marmordenkmal der Großherzogin Alexandrine, geschaffen 1907 von Hugo Berwald. Die Brücke und die für Norddeutschland einmalige Orangerie, heute mit Café, wurden nach fünfjähriger Sanierung feierlich eingeweiht. Die Plastiken stammen von Balthasar Permoser. Auch die künstli-

Residenzschloss Schwerin

che Grotte sollte man sich anschauen. Insgesamt ist die unter der Verwaltung der Staatlichen Schlösser und Gärten stehende Gesamtanlage ein gelungenes Zusammenspiel aus der Schlossarchitektur mit prächtiger Innenausstattung sowie kunstvollen Grünanlagen wie dem Burggarten und Schlosspark. 2009 war der Schlossgarten Bestandteil der Bundesgartenschau.

Residenzschloss Schwerin, Garten

Herrenhaus Semlow

18334 Semlow

Landkreis Nordvorpommern

Der zweigeschossige Putzbau mit Mittelrisalit und Säulenvorbau, mit Altan aus der Zeit um 1830, und späteren Anbauten, ist nordöstlich von Marlow zu finden. Der alte Besitz war seit dem Mittelalter das Lehen des Geschlechts von Behr, das über Jahrhunderte bis Ende des Zweiten Weltkrieges in Semlow ansässig war. Auch das Geschlecht von Thun hielt sich auf dem Anwesen für einige Zeit auf. Die Familie Behr, die 1861 in den preußischen Grafenstand erhoben wurde, trug seit 1767 das Wappen mit dem Namen des ausgestorbenen Geschlechts von Negendank. Im Jahre 1785 wurde ein Fideikommiss aus verschiedenen Gütern um Semlow gebildet. Errichtet wurde das Herrenhaus an der Stelle einer ehemaligen slawischen Burg. Der Mittelbau wurde 1825 nach Plänen des Strelitzer Hofbaumeisters F. W. Buttel im Auftrag des damaligen Besitzers, Carl August von Behr-Negendank, im klassizistischen Stil ausgeführt, dessen Sohn Graf Ulrich um 1850 eine Orangerie und einen viereckigen Turm anbauen ließ. Es folgte 1868 der Bau eines zweistöckigen Wohnbereiches. Parkseitig besitzt das Herrenhaus ebenfalls einen Mittelrisalit, der durch flache Wandsäulen hervorgehoben ist. Die Orangerie wurde später umgebaut und eine Bibliothek sowie eine umfangreiche Porzellansammlung untergebracht. Beides ging nach dem Zweiten Weltkrieg verloren. Nachdem die Besitzer 1945 enteignet und vertrieben worden waren, zogen Umsiedler und später der Rat der Gemeinde, eine Gaststätte und ein Friseur ein. Bei der Sanierung in den Anfangsjahren der DDR gingen viele Bauelemente aus der

Entstehungszeit verloren. Genutzt wurden vor allem der große Festsaal, die öffentliche Bibliothek sowie das Standesamt. 1999/2000 wurden der Eingangsbereich und der Saal restauriert. Der weitläufige Park mit großem Teich von 1853 und zahlreichen dendrologischen Besonderheiten entstand von 1851 bis 1855 nach Plänen von Gustav Meyer aus Potsdam, einem Mitarbeiter des Gartenarchitekten und Landschaftsgestalters Peter Josef Lenné. Einst konnte man hier schöne Parkarchitekturen bestaunen, wie das Bärentor, den Tee-Tempel, die Grotte und die Adlersäule, die jedoch allesamt zerstört wurden. In dem seit 1965 zum „Geschützten Park" erklärten Bereich findet jährlich das große Parkfest statt. Im Herrenhaus können verschiedene Räumlichkeiten für Feste gemietet werden.

Herrenhaus Solzow

17209 Solzow/Gem. Vipperow

Landkreis Müritz

Im Jahre 1291 wird Solzow urkundlich erstmals erwähnt. Es liegt südöstlich von Röbel. 1639 war der Ort völlig verlassen, was vermutlich auf die Pest, den Dreißigjährigen Krieg oder die Vertreibung der Bewohner zurückzuführen ist. Die Familie von Knuth kaufte das Gut 1689 und veräußerte es 1732 mit weiteren Dörfern an die Familie von Ferber. Doch 1805 waren die Knuth wieder Besitzer, die es 1851 in ein Allodialgut umwandelten. Neuer Eigentümer wurde ab 1855 Rittergutsbesitzer A. Bosselmann durch Erbschaft. Auch die von Hahn, von Ferber, von Richthofen und schließlich ab 1908 die Fami-

Herrenhaus Semlow

lie von Schulze-Bülow besaßen das Gut, die den Resthof 1937 an F. Erhard verpachteten, der ihn bis 1945 bewirtschaftete. Das Herrenhaus im Biedermeierstil, umgeben von einem Landschaftspark, entstand Anfang des 19. Jahrhunderts. Im Zuge der Bodenreform wird Gut Solzow enteignet und das Land an Neubauern vergeben. Im Jahre 1960 werden die Bauern zu einer Genossenschaft zusammengeschlossen. Die Familie Schubert erwirbt 1997 das Herrenhaus, lässt es ab 1998 umfassend sanieren und betreibt hier eine Pension. Eine kleine historische Dorfschenke für die Hausgäste befindet sich im Gutshaus. Im angrenzenden Park mit altem Baumbestand liegt die Familiengrabstätte derer von Richthofen.

Oben: Herrenhaus Solzow

Unten: Herrenhaus Alt Sommersdorf, Sommersdorf

Herrenhaus Alt Sommersdorf

17111 Sommersdorf
Landkreis Demmin

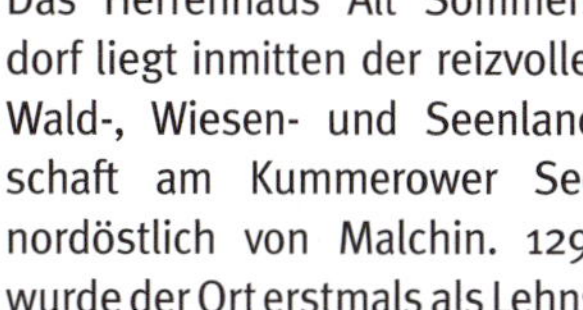

Das Herrenhaus Alt Sommersdorf liegt inmitten der reizvollen Wald-, Wiesen- und Seenlandschaft am Kummerower See, nordöstlich von Malchin. 1290 wurde der Ort erstmals als Lehnsbesitz genannt. Später befand sich das Gut im Besitz der Familie von Maltzahn, die ihren Hauptsitz auf dem benachbarten Gut Kummerow hatte. Der Vorgängerbau brannte im Jahr 1924 nieder und wurde in veränderter Form neu errichtet. Besitzer war zu jener Zeit die Familie Rewoldt. Während des Nationalsozialismus wurde das zweigeschossige Herrenhaus mit zwei Seitenflügeln, einem Mittelrisalit, kleinem Dreiecksgiebel und einem Uhrturm als „Bauernhofschule für die Ausbildung von Jungbäuerinnen" genutzt. Eigentümer ist heute die Gemeinde Sommersdorf, die Wohnungen und Räumlichkeiten für verschiedene Veranstaltungen vermietet. Das Gebäude liegt in einem Park im englischen Stil, der für die Öffentlichkeit frei zugänglich ist.

Gut befand sich um 1896 im Besitz von Alphons Ramon Canel, der das Herrenhaus 1910/11 aufbauen ließ. Es wird seit 1945 zu Wohnzwecken genutzt. Im Jahre 1996 wurde das Haus, in dem sich über 12 Wohnungen befinden, umfassend saniert. Die Anlage verfügt über einen großzügigen, gepflegten Garten mit Rasen und einem Rosenrondell.

Herrenhaus Sorgenlos

Herrenhaus Sorgenlos

17192 Sorgenlos/ Gem. Groß Gievitz
Landkreis Müritz

Nordöstlich von Waren, zwischen dem Torgelower See und dem Großen Varchentiner See, ist der stattliche, zweigeschossige Putzbau mit Mansarddach aus der Zeit um 1900 zu finden. Das

Festung Spantekow

17392 Spantekow
Landkreis Ostvorpommern

Diese älteste und bedeutendste Renaissance-Festung Norddeutschlands liegt südwestlich von Anklam. Das Areal einer mittelalterlichen Burg befand sich 1258 in den Händen des Werner von Schwerin und war

Festung Spantekow

1315 gemeinsamer Besitz seiner vier Söhne. Großhofmeister Ulrich I. von Schwerin, verheiratet mit Anna, geb. von Arnim, und einflussreicher Ratgeber des Wolgaster Pommernherzogs Philipp I., ließ sich von 1558 bis 1567 eine völlig neue viereckige, von Wassergräben, Eckbastionen und Kasematten umschlossene Niederungsfestung errichten. Eine Steintafel befindet sich über dem Festungstor mit Inschrift und lebensgroßem Reliefbild des Bauherrn und seiner Frau, geziert durch eine Pilasterarchitektur und Wappenschmuck. Nach 1634 gelangte die schwedische Familie der Grafen von Steenbock in den Besitz Spantekows. 1677 belagerten die Brandenburger mit dem Großen Kurfürsten Friedrich Wilhelm die Anlage, der nach Eroberung den Befehl zur Sprengung des Hauptgebäudes gab. Später trug man die Befestigungsanlage zum Großteil ab. Im Schlosshofbereich entstanden vom 16. bis 19. Jahrhundert neue Wohn- und Wirtschaftsgebäude. Im Jahre 1720 ging Spantekow an die preußische Krone und 1748 brannte die Schlosskirche nieder. Die Familie von Schwerin wurde 1833 wieder Eigentümer und verblieb hier mit Hans von Schwerin bis zur Enteignung 1945. Nach dem Zweiten Weltkrieg brachte man Flüchtlinge

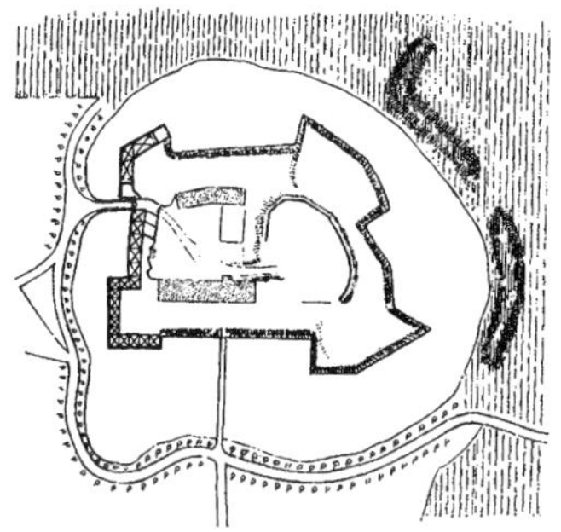

Festung Spantekow, Lageplan © Kaspar von Harnier

im historischen Gebäude unter, danach wurde es Altersheim. 1999 kaufte Kaspar Freiherr von Harnier, Enkel des letzten Schlossbesitzers von 1945, die Festung zurück, für die eine neue Verwendung durch die Krause Bohne GmbH, Architects Planners International, Aachen, geplant ist.

Herrenhaus Sparow

17214 Sparow/
Gem. Nossentiner Hütte
Landkreis Müritz

Die Ortsbezeichnung Sparow, das nordwestlich von Malchow liegt, geht vermutlich auf das Ereignis zurück, als 955 Otto der I. den Wendenhäupling Stoinef besiegte, denn Sparow leitet sich aus dem Wort „de Zbor“ ab, das Kampfplatz bedeutet. Eine erste urkundliche Erwähnung stammt aus dem Jahre 1500, als Diederich und Jasper von Flotow die Pacht

Sparow

Herrenhaus Sparow

vom Gut an Hinrich Berends verpfändeten. Johann Berner bekam von Herzog Johann Albrecht 1568 Land in Sparow zur Pacht und 1590 verkaufte die Kirche den Besitz an Joachim von Berner, worauf dieser 1615 an die Herren von Below aus Nossentin ging. Nur vier Jahre später bekam ihn Bernd von Wangelin aus Alt Schwerin. Während des Dreißigjährigen Krieges gab es auf dem Gut acht Gläubiger. Danach verfiel das Anwesen. Eggert von Knuth kaufte 1692 neben Nossentin auch Sparow und beides ging 1747 an den schwäbischen Geheimrat Christian Holle aus Württemberg. Schon 1754 kauft Werner von Raben das Sparower Anwesen. Als sich die Herren von Wangelin aus Alt Schwerin und die von Raben um den Besitz stritten, kaufte 1803 Herzog Friedrich Franz der I. den Ort und baute ein Herrenhaus. Verwaltet wurde das Gut vom Pächter Franke. Im Jahre 1812 ging es mit Herrn von Blücher in ritterschaftlichen Besitz über, worauf es von der Ritterschaft wieder an den Pächter des Gutes Wilhelm Neckel verkauft wurde und bis zur Enteignung 1945 in dessen Händen lag. Danach unterlag das Herrenhaus bis zur Wende unterschiedlichen Nutzungen. 1994 kaufte es Hans-Dieter Böhm aus dem schwäbischen Duttenberg. Der Gutskomplex wurde umfassend renoviert und saniert und ein Hotel der gehobenen Klasse mit vielen Arrangements, Wellnessbereich, Sportcenter, angeschlossener Jagdschule, Kutschfahrten und Shuttleservice zum Golf eröffnet.

Herrenhaus Spoitgendorf

18276 Spoitgendorf/Gem. Plaaz
Landkreis Güstrow

Von der A 19, Abfahrt Glasewitz, nordöstlich von Güstrow, erreicht man am schnellsten den Ort Spoitgendorf mit seinem in gelbem Backstein gebauten Herrenhaus im spätgründerzeitlichen Stil. Der Gutsbereich befand sich im Besitz der Familie von Vieregg und von 1753 bis 1924 in Besitz der Familie von Buch. Entworfen hatte das Herrenhaus, das um 1860 errichtet wurde, vermutlich Gotthilf Ludwig Möckel. Das von einem verwilderten Park umgebene Herrenhaus im Stil der Neogotik wirkt schlossartig. Es wurde vor Jahren verkauft, steht seitdem leer und wartet auf eine Sanierung und Nutzung, denn seine einstige Schönheit lässt sich noch erahnen.

Herrenhaus Spoitgendorf

Schloss Spyker

18551 Spyker/Gem. Glowe
Landkreis Rügen

Das ehemalige Eigentum der Stralsunder Patrizierfamilie von Culpen aus dem 14. Jahrhundert liegt im Nordosten der Insel Rügen, vier Kilometer nordwestlich von Sagard. Es kam Anfang des 15. Jahrhunderts durch Heirat an die Familie von Jasmund, die hier den Spyker'schen Zweig begründete. Um 1600 wurde ein dreigeschossiger, verputzter Backsteinbau mit zwei runden Ecktürmen für die Jasmunder Familie errichtet, die 1649 ausstarb. Entworfen hatte das Schloss wohl Carl Henrik von der Osten. Noch im Jahr des Ablebens derer von Jasmund wurde Feldmarschall Carl Gustav von Wrangel von der Königin Christine von Schweden als Dank für seine Verdienste während des Dreißigjährigen Krieges mit Spyker belehnt. Dieser hat das Schloss von 1650 bis 1662 um- und ausgebaut. Vermutlich wurde damals der Treppenturm vor das Haus gesetzt und die vier Ecktürme erhielten welsche Hauben. Außerdem versah er alle Räume mit den im baltischen Raum einmaligen, frühbarocken Stuckdecken. Graf Wrangel, verheiratet mit Anna von Haugwitz, starb 1676 auf Spyker. Ein weiterer hochrangiger Adliger war der Fürst von Putbus, welcher mit einer Tochter Wrangels verheiratet war und so an das Schloss kam. Zehn Jahre später ging das Gut an eine weitere Schwester, verheiratet mit dem schwedischen Grafen Brahe. Das Anwesen verblieb bei diesen bis zum Beginn des 19. Jahrhunderts. 1817, während der preußischen Zugehörigkeit Rügens, verkaufte Graf Magnus Friedrich von Brahe die Anlage an seinen Vetter, den Fürsten Wilhelm Malte I. zu Putbus. In dessen Zeit wurde 1830 der Einbau des Treppenturmportals in gotisierenden Formen veranlasst. Der Besitz wurde 1837 bis zur Enteignung 1945 Fideikommiss. Im Schloss zogen Flüchtlinge ein, was zu einer Verwahrlosung führte. Von 1964 bis 1978 richtete man nach Umbauarbeiten und starker Veränderung der Raumgliederung ein Ferienheim eines staatlichen Betriebes ein. Von 1992 bis 1994 restaurierte man entsprechend denkmalpflegerischer Vorgaben das historische Gebäude. Der rote Außenputz des 17. Jahrhunderts wurde um 1970 erneuert. Das Schloss, umgeben von einer Parkanlage, ist heute Hotel mit Restaurant. Hier werden verschiedene Veranstaltungen und Ausstellungen geboten. Beliebt ist die Kulisse besonders bei Hochzeitspaaren.

Schloss Spyker

Herrenhaus Staven

Herrenhaus Staven

17039 Staven
Landkreis Mecklenburg-Strelitz

Das Herrenhaus in Staven von 1792, mit Veränderungen aus späterer Zeit, findet man nordöstlich von Neubrandenburg. Es war der Stammsitz der ritterschaftlichen Familie Stove, die im 13. Jahrhundert urkundlich bezeugt wurde. Der ebenfalls hier ansässige Johanniterorden war nach der Säkularisierung zum Beginn des 16. Jahrhunderts gezwungen gewesen, das Dorf an den Landesherzog abzugeben, der es bis in das 18. Jahrhundert innehatte. Den Besitz bekam darauf die Familie Winterfeldt zu Lehen, die nicht lange auf Staven verweilte. Das Anwesen ging durch mehrere Hände, u. a. die der Krakewitz und der Kosboth. Während der Napoleonischen Kriege durchlebte der Ort eine schwere Zeit und auch die Besitzer wechselten mit den Paetow und der Familie von Köppen weiter. Letztere blieben hier bis zur Enteignung 1945. Das eingeschossige Herrenhaus in dem gepflegten Park entstand Ende des 18. Jahrhunderts und wurde bis Mitte des 19. Jahrhunderts häufig umgebaut. Nach dem Zweiten Weltkrieg nutzten Neubauern und später die LPG das Herrenhaus. Heute ist es wieder in Privatbesitz und das Gut wird bewirtschaftet.

Schloss Stavenhagen

17153 Stavenhagen
Landkreis Demmin

Ursprünglich gab es in der Stadt, gelegen am Bundesstraßenkreuzungspunkt nach Demmin, Neubrandenburg, Waren und Teterow, eine Burg. Sie befand sich im Besitz der ritterschaftlichen Familie von Stave (Stove). Sie war wahrscheinlich wendischen Ursprungs und ist seit dem 13. Jahrhundert bezeugt. Im 14. Jahrhundert wurde das Land an Mecklenburg gegeben und die Burg von Vögten verwaltet. Von diesen sind die Schönburgs, die Kost, Breide, auch die Maltzan zu nennen. Das herzogliche Haus Mecklenburg kam im 15. Jahrhundert an den Besitz, mit dem die Familie von Hahn 1469 belehnt wurde, die bis Mitte des 19. Jahrhunderts noch über 50 Güter im Land besaß. 1606 wurde anstelle der Burg ein Schloss am Rand des ehemaligen Burghügels gebaut, das jedoch 1727 niederbrannte. 1740 entstand die neue dreigeschossige und an der Hofseite zweigeschossige Schlossanlage mit niedrigen Seitenflügeln für die Witwe des letzten Herzogs von Mecklenburg-Güstrow als Witwensitz in barocken Formen. Darauf wurde der historische Bau Verwaltungssitz und Amtsgericht. Das Hauptgebäude zeigt sich mit dreiachsig übergiebeltem Mittelrisalit. Als Anbau entstand 1890 ein runder Treppenturm. In den Jahren nach 1945 wurde eine Schule in das Schloss gelegt und nach einer Renovierung von 1996 bis 1999 zog die Stadtverwaltung in das von einer gepflegten Parkanlage umgebene Gebäude ein. Im Erdgeschoss werden heute verschiedene Ausstellungen gezeigt.

Schloss Stavenhagen

Herrenhaus Stellshagen

23948 Stellshagen/
Gem. Damshagen
Landkreis
Nordwestmecklenburg

Südlich von Klütz, im Klützer Winkel, steht am Ortsrand von Stellshagen der eineinhalbgeschossige, teilweise mit Weinreben bewachsene, rote Backsteinbau im Stil der Neorenaissance. Architekt Hans Bach entwarf diesen Landsitz 1924 in Anlehnung an die damaligen Hamburger Villenbauten. In den Jahren nach 1945 wurde das Herrenhaus als Hilfsschule mit Internat genutzt. Seit 1994 befindet es sich im Besitz der Enkeltochter des Erbauers, Lore Cordes, und ihrer Tochter, der Heilpraktikerin Gertrud Cordes, die das Herrenhaus zurück-

Herrenhaus Stellshagen

erwarben und renovierten. Es ist umgeben von einem großen Park mit altem Baumbestand, einer Lindenallee, einem Kräutergarten und Teichen. Für Besucher werden nach Absprache Führungen durch das Herrenhaus und den Park angeboten. Das Gesundheits- und Seminarhotel mit Saunahaus und Naturbadeteich lässt für einen erholsamen Urlaub keine Wünsche offen. Auch sportlich ist man hier mit Tennis, Golf, Segeln und Reiten an der richtigen Adresse.

Herrenhaus Stolpe

17406 Stolpe/Usedom

Landkreis Ostvorpommern

Stolpe liegt im südwestlichen Bereich der Insel Usedom. Das dortige Herrenhaus befand sich von 1251 bis zu deren Aussterben im Besitz der Stolper Nebenlinie derer von Schwerin. Zwischen 1570 und 1600 entstand ein Renaissancebau, der 1693 im Besitz des Adligen Jochom Hendrick Schwerin war. Ein barocker Um- beziehungsweise Wiederaufbau erfolgte gegen Ende des 17. Jahrhunderts, nochmalige Veränderungen fanden am Anfang des 19. Jahrhunderts statt. Nachdem

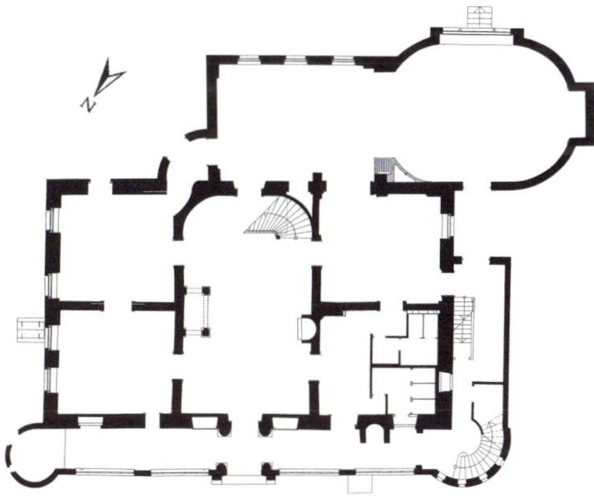

Herrenhaus Stolpe, Stolpe/Usedom, Grundriss

Stolpe

Herrenhaus Stolpe, Stolpe/ Usedom

mehrfach die Eigentümer gewechselt hatten, erwarb 1896 die Familie von Schwerin wieder den Besitz. Es erfolgten umfangreiche An- und Umbauten, worauf das auch als „Schloss" bezeichnete Herrenhaus mit der Ergänzung der drei Türme und einer umfassenden Veränderung des Hauptbaus einen romantischen, mittelalterlichen Schlosscharakter erhielt. Auch der Anbau des Arkadenganges und der Einbau der Eingangshalle, neuer Türen, Fenster und Treppen sowie der Innenausbau in neobarocken Formen veränderten den Sitz des einstigen Gutsgebäudes völlig. Im Jahre 1910 kam der Saalanbau mit neobarocker Stuckdecke hinzu. Das Herrenhaus war noch 1928 im Besitz der Grafen von Schwerin. Mit dem Jahr 1949 erfolgte der Abbruch des Mittelbaues zur Baumaterialgewinnung, 1974 mussten auch die drei Türme weichen. Nach der Wiedervereinigung Deutschlands kam das Gebäude an eine Jugendgruppe und verfiel zusehends. Mit der Auflage, das Objekt denkmalgerecht instand zu setzen, übernahm 1995 die Gemeinde Stolpe von der Bundesfinanzdirektion den Bau. Heute wird das einstige Herrenhaus für private und öffentliche Veranstaltungen vermietet. Dauer- und Wechselausstellungen sowie Veranstaltungen und Konzerte werden gern besucht. Im Jahre 2001 gründete sich der „Förderverein Schloss Stolpe e. V.", der das Herrenhaus betreut.

Herrenhaus Stolpe

17391 Stolpe

Landkreis Ostvorpommern

Im Jahre 1153 gründete sich das erste Benediktinerkloster Vorpommerns durch eine Stiftung Ratibor I. in Stolpe. Das heute bestehende Herrenhaus ist westlich von Anklam zu finden. Stolpes urkundliche Ersterwähnung reicht zurück bis ins Hochmittelalter, als hier 1136 der pommersche Herzog Wartislaw I. aus dem Greifengeschlecht von einem wendischen Edelmann ermordet und zum Märtyrer wurde. Das Kloster bestand bis zum Jahre 1637, als es im Dreißigjährigen Krieg in Brand gesetzt wurde und bis auf die Grundmauern niederbrannte. 1648 wurde Pommern schwedisch und Stolpe ein schwedisches Krongut. Königin Christine schenkte es dem Gouverneur von Schwedisch-Pommern, Generalmajor Graf Steenbock. 1720 wird es persönliche Domäne des preußischen Soldatenkönigs Friedrich Wilhelm I. und 1807 Staatsdomäne. Darauf wechselten mehrfach die Eigentümer. In den 50er-Jahren des 19. Jahrhunderts kam das Gut in Bülowschen Besitz, worauf es meist verpachtet wurde. Pächter Fritz Peters, der auf dem Gut von 1853 bis 1880 saß, wurde häufig von seinem Freund, dem pommerschen Heimatdichter Fritz Reuter, besucht. Letzter Gutsherr war der königlich-preußische Oberstleutnant Hans von Bülow mit seiner Frau Sophie, geborene von Maltzan, Freiin zu Wartenberg und Penzlin, die erst nach dem Ersten Weltkrieg ständig auf dem Gut wohnhaft waren. Nach dem Tod seiner

Herrenhaus Stolpe

Frau 1920 adoptierte Hausherr von Bülow 1921 die damals 17-jährige Ursula von Maltzan, eine Nichte seiner Frau, die 1926 Kurt Stürken aus einer Hamburger Kaufmannsfamilie heiratete und mit ihm den Gutsbetrieb führte. Dieser sanierte das verschuldete Gut und das Paar bekam zwischen 1927 und 1940 eine Tochter und fünf Söhne. 1945, beim Einmarsch der sowjetischen Truppen, floh Ursula Stürken mit ihren sechs Kindern nach Hamburg. Im Jahre 1990 kehrte Sohn Kurt zum einstigen Besitz zurück und kaufte 1994 den alten Gutshof mit einem Teil Land. Das 150 Jahre alte Herrenhaus wurde saniert und 1996 eröffnete das Hotel der gehobenen Klasse mit Wellnessbereich. Möglichkeiten zum Golfen und zum Jagen bestehen in der näheren Umgebung. 1997 erwarb Kurt Stürken auch den alten denkmalgeschützten Fährkrug, den er liebevoll restaurierte und 1998 als Hotel und Restaurant wiedereröffnete.

Herrenhaus Stubbendorf

Herrenhaus Stubbendorf

18195 Stubbendorf

Landkreis Bad Doberan

Der 1371 erstmals urkundlich erwähnte Ort Stubbendorf liegt südlich von Marlow und gehörte im Mittelalter sowie der frühen Neuzeit zu den Besitzungen der Familie von der Lühe, auf deren Gut hauptsächlich Schafe gehalten wurden. Im 18. Jahrhundert wechselten mehrfach die Besitzer und 1802 erwarb Georg Friedrich von Prollius nebst anderen Gütern auch Stubbendorf. Von 1827 bis 1829 wohnte hier im Herrenhaus der Maschinenbauer und Erfinder Dr. Ernst Alban. Der Enkel von Georg Friedrich, Gustav Friedrich Otto, machte das Gut zum Stammsitz, in dessen Familie es bis zur Enteignung 1945 verblieb. Das Herrenhaus, umgeben von einem gepflegten Park, wurde 1903/04 vom Architekten Paul Korff für Hellmuth von Prollius als eingeschossiger verputzter Bau mit Eingang im zweigeschossigen Mittelrisalit, in dem sich das Wappen des Ehepaars von Prollius befindet, erbaut. Die repräsentativen Wohnräume des heute wieder in Privatbesitz befindlichen Herrenhauses liegen im Erdgeschoss. Es wird teilweise zu Wohnzwecken genutzt.

Herrenhaus Tellow

Herrenhaus Tellow

17168 Tellow/
Gem. Warnkenhagen
Landkreis Güstrow

Seit 1810 war das Gut, das nordwestlich von Teterow, nahe der Mecklenburgischen Schweiz zu finden ist, Eigentum der Familie von Thünen. Übernommen hat es 1897 Franz Freiherr von der Kettenburg, der das Herrenhaus mit Fachwerkgiebel Anfang des 20. Jahrhunderts umbauen ließ. In dieser Zeit riss man den Ostflügel ab, verlagerte den Eingang und setzte davor einen Altan mit vier ionischen Säulen. Seit 1972 befindet sich hier das Thünen-Museum-Tellow, ein informatives Freilandmuseum auf der Gutsanlage mit umfangreichem Archivmaterial und Bibliothek des Mecklenburgischen Patriotischen Vereins. Ein gepflegter Landschaftspark mit artenreichem Baumbestand und Teich mit Insel wurde um 1810 angelegt, von dem Wanderwege in die malerische Tellower Landschaft führen. Hier war auch die Wirkungsstätte des weltbekannten Agrarwissenschaftlers und Nationalökonomen Johann Heinrich von Thünen. Auf dem Gut werden neben dem musealen Angebot auch Veranstaltungen zu verschiedenen Anlässen durchgeführt. Darüber hinaus steht der Gutsbereich als Jugendbegegnungsstätte zur Verfügung. Auch ein Gästehaus ist vorhanden.

Teschendorf/Teschow

Herrenhaus Teschendorf

Herrenhaus Teschendorf

18184 Teschendorf/
Gem. Broderstorf
Landkreis Bad Doberan

Von den zur Gemeinde Broderstorf gehörenden Dörfern sind nur Neuendorf und Teschendorf von der Anlage her reine Gutsdörfer. Letzteres ist zwischen Rostock und Sanitz zu finden und wurde erstmals 1375 erwähnt. Zu jener Zeit war es betrieblich zeitweilig mit Godow verbunden. Im Laufe der Zeit entwickelte es sich zu einem ritterschaftlichen Gut und gehörte zum Amt Ribnitz. Das Herrenhaus entstand um 1830, vermutlich unter Einbeziehung von Teilen eines Vorgängerbaus. Seit Ende des 19. Jahrhunderts kam es zu häufigerem Besitzerwechsel und ab 1936 wurde ein Teil des Gutes aufgesiedelt. Ab 1945 wurde Schulunterricht im Herrenhaus erteilt. Im Jahre 1997 verkaufte die Gemeinde das Herrenhaus, worauf 1998 eine aufwendige Restaurierung folgte. Heute dient das Haus Wohnzwecken.

Herrenhaus Teschow

17166 Teschow/Stadt Teterow
Landkreis Güstrow

Teschow, in der Mecklenburgischen Schweiz nordöstlich von Teterow gelegen, besitzt ein Herrenhaus im klassizistischen Stil,

Herrenhaus Teschow

umgeben von einem weitläufigen Park. Die alte mecklenburgische Familie Wutzen hatte das seit dem Mittelalter bestehende Gut zu Lehen. Ab 1585 wechselten über Jahrhunderte hinweg mehrfach die Besitzer, bis 1835 der Landrat Ernst von Blücher die Anlage kaufte. Diese Familie verblieb bis kurz nach dem Zweiten Weltkrieg auf ihrem Besitz, doch 1945 ließen sich hier russische Soldaten nieder. Die Blücher mussten darauf ihr Gut aufgeben und Teschow verlassen. Im Zuge der folgenden Jahrzehnte wurde das Herrenhaus unterschiedlich genutzt, so auch zur Unterbringung von Familien bis hinein in die 1990er-Jahre. Die Treuhand übernahm nach der Wiedervereinigung Deutschlands den Besitz und veräußerte ihn Mitte der 90er-Jahre. Seit 2001 wird der einstige Herrensitz als Golf- und Wellnesshotel geführt.

Herrenhaus Tessin

19243 Tessin/Gem. Wittendörp
Landkreis Ludwigslust

Der schlichte klassizistische Putzbau mit abgewalmtem Mansarddach liegt nordwestlich von Wittenburg in einem Biosphärenreservat der UNESCO. Tessin wurde 1241 erstmals urkundlich als „Tyssin" erwähnt und gehörte früher zum ritterschaftlichen Amt Crivitz. In der Zeit von 1576 bis 1724 befand sich das Gut im Besitz der Familie von Plessen. Die Familie von Bülow besaß das Gut von 1851 bis 1918. Widersprüchliche Quellen erwähnen jedoch, dass ein Hauptmann Hans von Bülow, verheiratet mit einer Winterfeldt, im 18. Jahrhundert auf Tessin und Kuhlen sesshaft war, und ein gleichnamiger Bülow, verheiratet mit Ilse von Gersdorff, von 1867 bis 1944 dort lebte und letzter Besitzer auf Tessin gewesen sei. Der Bau des Herrenhauses geht 1835 somit weder auf die Plessen noch auf die Bülow zurück. Das Haus ist in der Fassadenmitte durch einen Altanrisalit und eine Gaube mit Uhr betont. Im Innern befinden sich ein Vestibül und ein zentrales Treppenhaus mit aufwendigem Stuck, Intarsienparkett und Resten von Wandmalerei. Ab dem Jahr 1970 wurde das Herrenhaus, umgeben von einem romantischen Landschaftspark mit Ruine, dem sogenannten Katzenturm, als Alten- und Pflegeheim genutzt. Die

Herrenhaus Tessin

evangelische Kirche betrieb ab 1996 das Haus als Rehabilitationsheim für Suchtkranke. Darauf erwarb eine Schweriner Familie das Herrenhaus und sanierte den Bau. Heute wird das Herrenhaus durch die Diakonie als „Fachklinik Schloss Tessin" betrieben.

Herrenhaus Teutendorf

18190 Teutendorf/Gem. Sanitz
Landkreis Bad Doberan

Die klassizistische Anlage aus der Zeit um 1800 wurde für die Familie von Flotow auf alten Fundamenten aus dem 15. Jahrhundert erbaut und liegt südöstlich von Sanitz. Sie war die Geburts- und Wirkungsstätte des bekannten mecklenburgischen Komponisten Friedrich von Flotow. Nach 1945 zog wie vielerorts auf dem Gut und in das Herrenhaus die LPG ein. Nach der Wiedervereinigung Deutschlands konnten die Nachkommen der Familie von Flotow das weitgehend marode Herrenhaus zurückgewinnen und renovierten dieses im Jahre 2000 originalgetreu nach denkmalschutzrechtlichen Vorgaben. Die alten Fundamente der Rundbogengewölbe wurden wieder hergestellt. Das Herrenhaus, von einem großen Park mit Kapelle und Teich umgeben, dient heute Wohnzwecken.

Herrenhaus Teutendorf

Herrenhaus Tieplitz

**18276 Tieplitz/
Gem. Gülzow-Prüzen**
Landkreis Güstrow

Tieplitz liegt im Naturpark Sternberger Seenland, südwestlich von Güstrow. 1794 kaufte das Fürstenhaus von Schaumburg-Lippe in Bückeburg das Gut und hatte dieses bis in die Mitte des 19. Jahrhunderts im Besitz. Das Herrenhaus entstand vermutlich Ende des 18. Jahrhunderts und wurde in der Folgezeit verändert. Nach dem Zweiten Weltkrieg diente es als Verkaufsstelle und Wohnung. Auch die Familie von der Lanken hatte das Gut einst besessen, deren Nachkommen es nach der Wende zurückerwerben konnten und hier einen Spargel- und Erdbeerhof anlegten. Heute ist es eine sehenswerte, großzügige Anlage mit Anger, ei-

Herrenhaus Tieplitz

nem Teich, Neuanpflanzungen sowie den restaurierten Wirtschafts- und Wohngebäuden. Für Besucher steht eine Ferienwohnung für einen erholsamen Urlaub zur Verfügung und zu bestimmten Zeiten werden im Gutsbereich auch Konzerte gegeben.

Herrenhaus Torgelow

17192 Torgelow am See

Landkreis Müritz

Das zweigeschossige Herrenhaus, gebaut 1905/06 nach Plänen von Otto March im neobarocken Stil für die Familie von Behr-Negendank, ist nördlich von Waren, unmittelbar am gleichnamigen See zu finden. Es entstand anstelle eines 1848 von aufgebrachten Tagelöhnern niedergebrannten Vorgängerbaus. Die Familie von Behr-Negendank war bis 1945 im Besitz des Gutes, worauf es dann als Schulungsstätte der Staatlichen Versicherung genutzt wurde. Herrenhaus und Park, in dem noch eine mittelalterliche Burgstelle zu erkennen ist, wurden nach 1990 umfassend saniert und ein privates Internatsgymnasium eingerichtet. Eine Steinmauer fasst das Seeufer ein und von der Terrasse hat man einen herrlichen Blick auf den See.

Herrenhaus Torgelow, Torgelow am See

Herrenhaus Tressow

23996 Tressow/Gem. Bobitz
Landkreis Nordwestmecklenburg

Der zweigeschossige Putzbau aus der Zeit um 1860, für die Familie von der Schulenburg erbaut, steht südwestlich von Schwerin, nahe der A 20. Das einstige Alte Herrenhaus gehörte früher zum Besitz der Grafen von der Schulenburg, die seit 1751 hier sesshaft waren. Weit früher saß hier das weitverzweigte Geschlecht von Plessen, im Park sind heute noch die Wallanlagen der sogenannten Plessenburg sichtbar. Christian Günter von der Schulenburg wurde aus der sogenannten Weißen Linie in den Reichsgrafenstand erhoben. 1729 wurde ihm die Grafenwürde von Preußen anerkannt. Um 1995 wurde das Alte Herrenhaus abgerissen und durch ein privates Wohnhaus ersetzt. Den von einem großzügigen Park umgebenen spätklassizistischen Bau, auch als Neues Herrenhaus bezeichnet, errichtete der Schweriner Hofbaurat Daniel. Im Park liegt die gepflegte Erbbegräbnisstätte der Grafen von der Schulenburg-Tressow und darunter ein Gedenkstein für den Widerstandskämpfer Fritz-Dietlof Graf von der Schulenburg, der nach dem Attentat am 20. Juli 1944 auf Adolf Hitler hingerichtet wurde. Bis 1945 hatten die Grafen das Anwesen in ihrem Besitz, der darauf geplündert wurde. Das Herrenhaus diente bis Anfang der 1980er-Jahre als Sonderschule für lernschwache Kinder. Danach stand es lange Zeit ungenutzt. Der neue Eigentümer saniert in einzelnen Schritten den Bau und nutzt diesen für Wohnzwecke.

Herrenhaus Tressow

Herrenhaus Tribbevitz

18569 Tribbevitz/ Gem. Neuenkirchen
Landkreis Rügen

Tribbevitz liegt im nördlichen Teil der Insel Rügen am Tetzitzer See. Das Gut war von 1427 bis 1844 im Besitz der Familie von Normann. Das Herrenhaus stammt aus der Mitte des 19. Jahrhunderts. 1928 wird ein Heino Eggers als Eigentümer genannt. Dem zum kleinen Landhotel mit Restaurant, großer

Herrenhaus Tribbevitz

Außenterrasse sowie Balkon umgebauten Haus ist ein Trakehner-Gestüt angeschlossen, in dessen modernen Stallungen und Reitanlagen auch mitgeführte Pferde untergebracht werden können. Das Hotel verfügt über 22 großzügig ausgelegte Zimmer beziehungsweise Suiten. Einst haben sich hier Bettina von Arnim, Gneisenau und Blücher von den Naturschönheiten verzaubern lassen.

Herrenhaus Tüschow

19260 Tüschow/Gem. Vellahn

Landkreis Ludwigslust

An der Schaale zwischen Boizenburg und Wittenburg ist der zweigeschossige, klassizistische Putzbau im Villenstil aus der Zeit um 1830 zu finden. Errichtet auf hohem Sockel, besitzt er hofseitig einen ionischen Portikus mit vorgelagerter Freitreppe vom Ende des 19. Jahrhunderts. Bis 1935 war er Eigentum der Familie von Stern. Darauf ging das Gut in den Besitz der Familie Mangels über, die bis 1945 hier sesshaft war. Nach der Enteignung zog die Ortsverwaltung im Herrenhaus ein. Seit 1995 befindet sich das Anwesen wieder in Privatbesitz, wurde restauriert und erstrahlt seit 2005 mit gepflegtem Park im neuen Glanz.

Herrenhaus Tüschow

Herrenhaus Tützpatz

17091 Tützpatz
Landkreis Demmin

Carl Friedrich von Linden übernahm 1775 von der Familie von Maltzahn das Gut, nordwestlich von Altentreptow gelegen, und errichtete 1778 das barocke eingeschossige Herrenhaus mit Rokokoanklängen. Mittig befindet sich ein zweigeschossiger Risalit mit wappengeschmücktem Segmentgiebel. Besonders ansprechend wirken die reich gegliederte Fassade und die zu beiden Seiten des Herrenhauses befindlichen Freitreppen mit barocken Gittern. Der große Vorplatz mit Rondell wird seitlich von Kavalierhäusern eingefasst. Im Jahre 1785 ging der Besitz durch Erbschaft an die Familie von Heyden-Linden, da Carl Friedrich von Linden in seiner Ehe mit einer Ramin keine Kinder hinterließ. Nachdem ein Schornsteinbrand zu Weihnachten 1908 das Herrenhaus komplett vernichtet hatte, entstand nach dem Ersten Weltkrieg ein neues im gleichen Stil. Letzte Erbin war eine Tochter der Heyden-Linden, die mit einem Herrn von Berg verheiratet war, das Gut gelangte somit an die Familie von Berg. Nach der Enteignung 1945 wurde das Haus als Tierzuchtschule und später als Verwaltungssitz eines Volkseigenen Gutes sowie zu Wohnzwecken genutzt. Es steht mittlerweile seit vielen Jahren leer. Eine geringfügige Renovierung gab es in den 1950er-Jahren und das Herrenhaus wurde unter Denkmalschutz gestellt. Die im 19. Jahrhundert aus einem barocken Garten in einen englischen Landschaftspark mit altem Baumbestand umgewandelte Anlage ist heute nur noch in Teilen vorhanden.

Herrenhaus Tützpatz

Schloss Ueckermünde

17373 Ueckermünde
Landkreis Uecker-Randow

Ueckermünde liegt ganz im Osten des Landes und wurde 1284 erstmals urkundlich erwähnt, ist vermutlich aber schon ein älterer fürstlicher Sitz gewesen. Die Herzöge von Pommern besaßen es 1295. Herzog Bogislaw der X. hatte hier seinen Lieblingsaufenthalt, sowohl mit seiner ers-

Schloss Ueckermünde

ten Frau aus dem Hause Brandenburg wie auch der zweiten aus dem Hause der polnischen Könige. Letztere, Anna von Polen, verstarb in Ueckermünde. Im Jahre 1546 ließ Herzog Philipp I. von Pommern-Wolgast ein vierflügliges Jagdschloss im Renaissancestil erbauen, dessen Nordflügel die herzoglichen Wohnräume enthielt. Im Ostflügel befand sich die Kapelle und der Westflügel enthielt den Marstall und die Kanzlei. Im Südflügel waren Gästezimmer eingerichtet. Der mittelalterliche runde Bergfried wurde aufgestockt. Markgraf Friedrich IV., der in schwedischen Diensten stand, residierte hier nach 1648 für zehn Jahre. Als die Herzöge von Brandenburg ins Land kamen, besetzten sie das Schloss und im Nordischen Krieg diente es als Quartier für den russischen Zaren Peter den Großen. Bis auf den Südflügel mit der Tordurchfahrt und dem Bergfried wurden die Gebäude 1720 abgebrochen. Am Westende des einen Flügels steht ein quadratischer Turm mit Wendeltreppe. Im Jahre 1734 diente das Schloss als Amtssitz und 1764 mietete es der Kaufmann Hoppegarten für längere Zeit. 1789 übernahm die Stadt das Schloss als Rathaus. Nach einem Brand 1908 musste die Haube auf dem Bergfried erneuert werden. Das Schloss unterlag in den folgenden Jahrzehnten wechselnder Nutzung, wurde Sitz der Stadtverwaltung und Haffmuseum mit Ausstellungen zur Heimatgeschichte.

Herrenhaus Ulrichshusen

17194 Ulrichshusen/
Gem. Schwinkendorf
Landkreis Müritz

Nördlich von Waren, nicht weit entfernt vom Malchiner See und inmitten der Mecklenburgischen Schweiz, liegt Ulrichshusen mit dem einstigen, 1562 durch Ulrich Freiherr von Maltzan unter Nutzung älterer Reste errichteten zweiflügligen, dreigeschossigen Familiensitz im Stil der Renais-

Ulrichshusen

Herrenhaus Ulrichshusen

sance mit rundem Treppenturm. Nach dem Brand im Dreißigjährigen Krieg wurde der Bau erneuert, seitliche Schweifgiebel wurden angefügt. Der Bergfried wurde abgetragen. Der schwedische Oberst Dietrichson erhielt 1649 das Gut als Pfand und übergab es seinem Schwiegersohn J. Ehrenreich von Arnim, der es wiederum an Baron Erlenkamp verpfändete. Im Jahre 1700 wurde das Anwesen an Baron von Erlenkamp verkauft und 1776 vom Landmarschall Lüdeke von Maltzan zurückerworben. 1821 wurde das Herrenhaus an die Grafen Hahn auf Basedow veräußert, die hier von 1840 bis in das 20. Jahrhundert hinein gelebt haben. Anfang des 20. Jahrhunderts ging es an den Verwalter Herrn Sellschop und schließlich 1929 an die Grafen Bassewitz-Schlitz. 1945 flüchteten die Eigentümer und das Herrenhaus wurde zu Wohnzwecken für Flüchtlinge genutzt. Der große Saal des burgartigen Herrenhauses diente auch zum Tanzen, bis es Konsum wurde und dann viele Jahre leer stand und verfiel. 1987 kam es zu einem verheerenden Brand, bei dem der Bau bis auf die Grundmauern niederbrannte. Im Jahre 1993 erwarben Nachfahren des Erbauers, Helmuth und Alla von Maltzahn, das Gut zurück und bauten das historische Gebäude wieder auf. Der Park sowie die Wirtschaftsgebäude wurden restauriert. Die Feldsteinscheune des Gutes dient heute als Konzerthalle und zählt zu den bedeutenden Festspielstandorten des Landes Mecklenburg-Vorpommern. Hotel, Restaurant und Ferienwohnungen lassen keine Wünsche offen.

Herrenhaus Vanselow

17111 Vanselow/
Gem. Siedenbrünzow
Landkreis Demmin

Das Herrenhaus in Vanselow liegt östlich von Demmin. Das Gut war 1332 im Eigentum der Familie von Maltzahn, die dieses bis auf eine Unterbrechung vom 17. Jahrhundert bis 1945 innehatte. Im Jahre 1654 gelangte zunächst die Familie von Mardefeldt an den Besitz, der die Familien beziehungsweise Geschlechter von Winterfeldt, zu denen ein Hans Karl, Flügeladjutant Friedrichs des Großen, zählte, und schließlich die von Bohlen folgten. Albrecht Hermann Freiherr von Maltzahn erwarb 1731 das Familiengut wieder zurück und 1871 vollendete Landschaftsrat Hans Ludwig von Maltzahn durch den Schweriner Hofbaumeister Georg Daniel das vorhandene Herrenhaus im spätklassizistischen Stil. Die feinen Ornamente an der Fassade gestalteten italienische Stuckateure. Als der Besitzer 1899 verstarb, ging es mit Gut Vanselow bergab, bis Franz Jasper Freiherr von Maltzahn, der in Paraguay ein Vermögen gewann, 1926 das Gut mit dem weitläufigen Park übernahm. Nach der Enteignung der Besitzer 1945 wurde das Herrenhaus zu Wohnzwecken genutzt. Mortimer Freiherr von Maltzahn, Sohn des letzten Besitzers, übernahm 1991 das marode Gut von der Treuhandanstalt in Pacht und ließ das Haus umfassend restaurieren, das später als Hotel betrieben wurde. Heute dient es wieder privaten Wohnzwecken.

Herrenhaus Varbelvitz

18569 Varbelvitz/
Gem. Ummanz
Landkreis Rügen

Varbelvitz liegt südwestlich von Gingst auf Rügen. Als Fürst Wizlaw II. den Ort gegen zwei andere

Herrenhaus Vanselow

Herrenhaus Varbelvitz

Dörfer tauschte, erfuhr dieser 1289 seine erste urkundliche Erwähnung. Varbelvitz verblieb bis Mitte des 18. Jahrhunderts im Besitz der Fürsten von Rügen und gelangte darauf an die Familie von Platen. Um 1920 war es bei der Familie von Berg, die 1945 enteignet wurde. Der eingeschossige verputzte Backsteinbau wurde um 1920 im Auftrag von Magda von Berg, einer geborenen von Kahlden, umgebaut. Er besitzt hofseitig einen zweigeschossigen Mittelrisalit mit dreieckigem Frontispiz und großem Lünettenfenster. Der Haupteingang ist mit einem halbrunden und von Säulen getragenen Altan mit geschwungener zweiläufiger Freitreppe gestaltet. An die beiden Schmalseiten wurden eingeschossige Anbauten mit flachen Walmdächern angesetzt, wovon der westliche als Wintergarten gestaltet wurde. Die frühere Parkanlage ist heute nur noch zu erahnen, lediglich eine Kastanienallee führt auf das Herrenhaus zu. Das Gesamtareal befindet sich heute in einem schlechten Zustand und das Herrenhaus steht leer.

Herrenhaus Varchentin

17192 Varchentin

Landkreis Müritz

Bei der Ankunft in Varchentin, nordöstlich von Waren, an der B 194, erblickt man die malerische Silhouette des Herrenhauses mit seinen Gebäudeteilen unterschiedlicher Höhe, den Ecktürmen und der Zinnenbekrönung. Hier gab es einst eine Burg, die seit dem 14. Jahrhundert der Familie Kruse gehörte, die 1848 ausgestorben ist. Im Jahre 1333 befand sich die Anlage im Besitz des Warener Bürgermeisters von dem Berge. Danach wurde sie in Anteilen an die Familien von Heydebrech, Kruse, von Rostke und den Landesherrn vergeben. 1657, während des Dreißigjährigen Krieges, mussten sie sich von Varchentin trennen. 1693 ging der gesamte Besitz an die im herzoglichen Dienst stehende Familie Ferber. Kaiser Leopold I. erhob die Familie 1704 in den Adelsstand und 1798 wurde sie in die mecklenburgische Ritterschaft aufgenommen. Im Jahre 1836 kauft der Hamburger Kaufmann Gottlieb

Jenisch das Anwesen und lässt bis 1847 einen mehrflügligen ein- bis dreigeschossigen Komplex mit Türmen im Stil der Tudorgotik nach Plänen des Schweizer Architekten August de Meuron errichten. Adolf Graf Grote kommt 1875 durch Erbschaft an den Besitz, für den 1895 im Park ein Mausoleum in aufwendigen Neurenaissanceformen erbaut wurde. An der Gestaltung der Parkanlage war auch Peter Joseph Lenné beteiligt. 1945 wurde die Familie enteignet und die Gebäude wurden als Hotel und Schulungsbetrieb genutzt. Die Aurelia Gruppe Schwerin übernahm das Anwesen und wollte bis 2008 ein Hotel mit modernem Tagungszentrum eröffnen sowie in einzelne Bauten kleine Handwerksbetriebe integrieren. Diese Pläne waren Mitte 2009 noch nicht zur Ausführung gelangt.

Herrenhaus Venz

18569 Venz/Gem. Trent

Landkreis Rügen

Venz liegt im nördlichen Teil der Insel, nicht weit vom südlichen Ende des Breetzer Bodden. Bis 1563 war das Gut im Besitz der Familie von Raleke. Das zweigeschossige verputzte Herrenhaus stammt aus der Zeit nach 1563, unter Einbeziehung eines wohl mittelalterlichen Wohnturms für Georg von Platen, dessen Nachkommen hier bis 1920 saßen. Der ehemalige Wohnturm mit seinem kreuzgewölbten Erdgeschoss ist an der südwestlichen Gebäudeecke an stärkeren Mauern noch erkennbar. Auf Gut Venz verlebte Gebhard Leberecht von Blücher seine Jugendzeit. Nach den von

Herrenhaus Varchentin

Herrenhaus Venz

Platen besaß das Gut bis 1945 E. Berger, der es durch Kauf erworben hatte, doch nach Kriegsende enteignet wurde. Danach diente das Herrenhaus Wohnzwecken und dem Rat der Gemeinde. Heute ist das sanierte Gutshaus wieder in Privatbesitz und wird bewohnt.

Herrenhaus Viecheln

17179 Viecheln/
Gem. Behren-Lübchin
Landkreis Güstrow

Viecheln, nordwestlich von Gnoien, befand sich seit 1843 im Besitz der Familie Blohm. Der Wismarer Architekt Thormann schuf um 1870 für Wilhelm Blohm ein Herrenhaus im englischen Tudorstil. Zeitgleich entstand der Park mit vielen seltenen Gehölzen. Die Blohms saßen auf dem Gut bis zu ihrer Vertreibung und Enteignung 1945, die Anlage wurde geplündert. In das Herrenhaus zogen vorerst Flüchtlinge ein, später ein Kindergarten und eine Gaststätte, auch Büroräume der LPG wurden geschaf-

Herrenhaus Viecheln

Herrenhaus Vietgest

fen. Im Jahre 1995 bekam das Haus eine umfassende, denkmalgerechte Sanierung durch die Gemeinde als Eigentümer. 1996 gründete sich der Behren-Gut e. V., richtete mithilfe von Gemeinde, Sponsoren und Fördergeldern eine Gaststätte sowie Ferienwohnungen ein und gestaltete ein Trauzimmer sowie Räumlichkeiten für Feste aus. Der kleine gepflegte Park steht wegen seiner dendrologischen Besonderheiten ebenfalls unter Denkmalschutz.

Herrenhaus Vietgest

18279 Vietgest/Gem. Lalendorf

Landkreis Güstrow

Im 15. Jahrhundert war Vietgest, gelegen südöstlich von Güstrow an der B 104, im Eigentum der Familie von Oldenburg. Die ersten Pläne für den Bau des Herrenhauses stammen vom Baumeister Johann Friedrich Busch im Auftrag von Joachim G. F. Boldt, der um 1768 den Ort mit benachbarten Dörfern in Besitz hatte. Von 1792 bis 1794 entstand der repräsentative, zweigeschossige Putzbau mit übergiebeltem Mittelrisalit und Mansarddach. An den Schmalseiten wurden eingeschossige Galeriebauten angebracht, als Überleitung zu zweigeschossigen, quadratischen Eckpavillons. Im Innern befindet sich ein Vestibül mit seitlichen Treppen und dahinter liegendem Gartensaal. Der zentrale Festsaal mit Stuckdekoration und klassizistischen Öfen liegt im Obergeschoss. Die spätbarocke Gartenanlage, das tiefer gelegene Gartenparterre sowie das anschließende Wasserbecken sind noch heute zu erkennen. Baron Cornelius von Herzeele erwarb das Anwesen 1819 von den Erben Boldts, das schließlich 1841 an das Fürsten-

tum Schaumburg-Lippe in Bückeburg ging. Nach dem Zweiten Weltkrieg wurden die Besitzer enteignet und später übernahm die ostdeutsche CDU das Haus zur Nutzung als Ferienheim. Von 1985 bis 1990 erfuhr es eine umfassende Restaurierung mit Wiederherstellung des Festsaales und Erneuerung des kleinen Barockgartens. Im ehemaligen Herrensitz wurde 1993 durch einen Rostocker Unternehmer ein Hotel eröffnet.

Herrenhaus Vogelsang

18279 Vogelsang/
Gem. Lalendorf
Landkreis Güstrow

Unmittelbar an die Mecklenburgische Schweiz angrenzend, südwestlich von Teterow, ist Vogelsang mit seinem zweigeschossigem, verputztem Herrenhaus und umlaufendem Zinnenkranz zu finden. Bereits seit 1379 befand sich das Gut im Besitz der Familie Wozenitz, gehörte von 1734 bis 1838 der Familie von Plessen und bis 1856 der Familie Manecke. Später folgten die Familie Rudloff und ab 1884 Julius Hüniken. Von Letzterem befindet sich am Mittelrisalit ein Wappen mit der Jahreszahl 1884 für den Erwerb und 1893 für die Erneuerung des Sitzes. Die Familie Hüniken blieb hier bis zu ihrer Vertreibung 1945, und bereits 1946 wurde Vogelsang ein Volkseigenes Gut. Seit vielen Jahren steht das von zwei Schweizer Brüdern erworbene Herrenhaus leer und weist einen maroden Zustand auf, auch die einstige Parkanlage ist nur noch zu erahnen.

Herrenhaus Vogelsang

Herrenhaus Vogelsang

17375 Vogelsang-Warsin
Landkreis Uecker-Randow

In den Jahren 1845 bis 1847 ließ östlich von Ueckermünde, am Stettiner Haff, der Bauherr Eduard Friedrich von Enckevort durch den Berliner Architekten Eduard Knoblauch auf dem Gelände einer alten Burg ein zweigeschossiges Herrenhaus mit vier Ecktürmen im neogotischen Stil aufführen. Im 13. Jahrhundert saßen hier die Ritter von

Muckerwitz, die 1575 ausstarben. Das Geschlecht von Broecker war im 17. Jahrhundert hier ansässig und während der schwedischen Zeit waren die Familien von Lilljenström und von Wadenstein Eigentümer von Vogelsang. Die Enckevort übernahmen den Besitz 1718 mit Friedrich von Enckevort zunächst als Pfandrecht, dann 1723 als Lehen. Bis ins 20. Jahrhundert hinein war Vogelsang ihr Eigentum. Nachdem 1914 Eduard Friedrich von Enckevort an der Front gefallen war, konnten seine Söhne das Erbe nicht halten, es wurde verkauft und bald diente das Herrenhaus als Landschulheim. Auf Betreiben des Gauleiters von Pommern kam es 1934 in den Besitz des „Reichsbundes der Deutschen Beamten", der hier 1935 ein Schulungslager unter dem Namen „Franz-Schwede-Coburg-Beamtenlager" einrichtete. Ein Brand vernichtete große Teile des Herrensitzes, der in architektonisch nüchterner Form wiederhergestellt wurde. Im Zweiten Weltkrieg diente er als Lazarett und von 1945 bis 1993 war hier das Kinderheim „August-Bebel" untergebracht. Seit dieser Zeit steht das von einem Park mit Teehaus aus dem 18. Jahrhundert und altem Baumbestand sowie kleinem Teich umgebene Haus leer. Zurzeit werden Restaurierungsarbeiten durchgeführt.

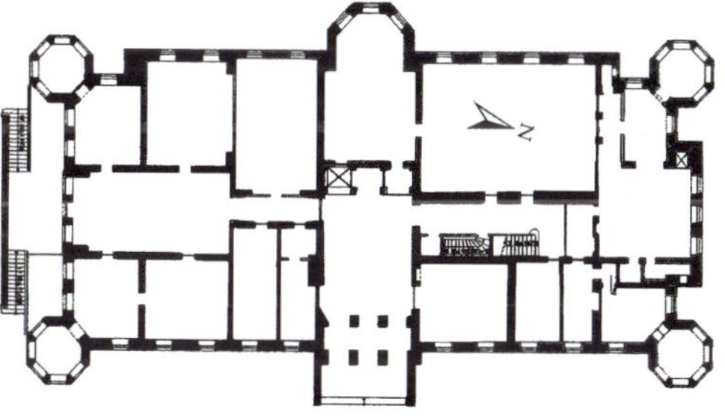

Oben: Herrenhaus Vogelsang, Vogelsang-Warsin

Unten: Herrenhaus Vogelsang, Vogelsang-Warsin, Grundriss © Schloss Vogelsang GmbH

Herrenhaus Vollrathsruhe

17194 Vollrathsruhe

Landkreis Müritz

In der Mecklenburgischen Schweiz, keine 20 Kilometer nordwestlich von Waren, liegt Vollrathsruhe. Von 1364 bis 1828 gehörte der Sitz der Familie von Maltzahn. Im Jahre 1880 gelangte er an die Familie der Freiherren von Tiele-Winckler. Sie wurden in den Grafenstand Preußens erhoben und haben im 20. Jahrhundert ein neues, breit gelagertes zweigeschossiges Herrenhaus in neubarocker

Herrenhaus Vollrathsruhe

Form anstelle des 1918 abgebrannten errichten lassen. Die Veranda bietet den Zugang zum Garten mit dem neugotischen Mausoleum aus der zweiten Hälfte des 19. Jahrhunderts. Altan und Dachhaus sind durch geschweifte Giebel betont. Die Tiele-Winckler besaßen das Anwesen bis zur Enteignung 1945. Danach wurden Wohnungen und Verwaltungsräume im Herrenhaus geschaffen. Ein Kino, Kinderheim, Konsum sowie die LPG hatte der historische Bau noch zu ertragen. Der Herrensitz wurde mehrmals verkauft. Im Frühjahr 2009 waren noch keine wesentlichen Sanierungsfortschritte erkennbar. Leider wurde der große englische Landschaftspark in der Vergangenheit fast vollständig abgeholzt.

Jagdschloss Waldsee

Jagdschloss Waldsee

17258 Waldsee/Gem.
Feldberger Seenlandschaft
Landkreis Mecklenburg-Strelitz

Schwer zu finden ist das Jagdschloss Waldsee, zu dem man über Waldwege gelangt. Es liegt im Müritz-Nationalpark, angrenzend an die Feldberger Seenlandschaft, südöstlich von Neustrelitz. Das mit Holz verkleidete Jagdschloss wurde im Jahre 1900 für Großherzog Adolf Friedrich V. zu Mecklenburg-Strelitz erbaut. Die Anlage bildet heute ein Ensemble aus Fachwerkhaus, einem „Reethaus", zwei Ferienhäusern, einem Gästehaus, Wellnessbereich und zahlreichen Freizeitangeboten sowie Restaurant mit einer Sonnenterrasse. Von der Anlage erreicht man schnell den Schulzensee mit schwedischer Holzofensauna, Grillplätzen und einem Backhaus sowie hoteleigenem Strand.

Herrenhaus Walow

17209 Walow
Landkreis Müritz

In den Jahren 1870/71 wurde in Walow, südlich von Malchow, durch Hans von Flotow ein Herrenhaus im Stil der Neogotik errichtet. Es gab hier bereits zuvor ein Herrenhaus an anderer Stelle, das im Dreißigjährigen Krieg abbrannte. Schon im 6. bis 9. Jahrhundert war die Region von Slawen besiedelt und später eroberte Heinrich der Löwe im „Wendenkreuzzug" das Land. 1228 wird Heinrich von Flotow vom Kaiser zum Ritter geschlagen. 1230 in Mecklenburg erstmals erwähnt, begründete er die über Jahrhunderte währende Besitz- und Machtpräsenz der Familie. Die von Flotow besaßen das Gut ununterbrochen über Jahrhunderte hinweg, bis sie nach dem Einrücken der sowjetischen Truppen 1945 vertrieben und enteignet wurden. Später wurden hier Flüchtlinge und ab 1958 eine Schule untergebracht. Bis zur Wende diente das Haus außerdem als Dorfkonsum, Gaststätte und Friseursalon, als Räumlichkeit für eine Blaskapelle und schließlich als Sitz des Gemeinderats. Seit Jahren ist es im Besitz eines Investors. Der Zustand des Herrenhauses wurde bereits öffentlich kritisiert, doch auch 2009 hatte sich am weiteren Verfall dieses prächtigen Gebäudes nichts geändert. Auch die Parkanlage mit den großen Rasenflächen ist in keinem besonders guten Zustand. Nahe dem Herrenhaus befindet sich ein historisches Wirtschaftsgebäude.

Oben: Herrenhaus Walow

Unten: Herrenhaus Wardow

Herrenhaus Wardow

18299 Wardow
Landkreis Güstrow

Der erstmals 1270 urkundlich erwähnte Ort liegt östlich von Laage. Wohl auf einer einfachen

Burgstelle saß 1374 Geuerd Moltke zu Wardow. Ab 1852 befand sich das Gut im Besitz der Familie Mierendorff. 1894 ging es an die Erben Hedwig Groth und Amanda von Ammon. Errichtet wurde das Herrenhaus 1840 an der Stelle eines Vorgängerbaus als neogotischer Putzbau im Tudorstil. 1934 löste man das Gut auf. Es wurden Neubauernstellen geschaffen und die Wirtschaftsgebäude für die Siedler umgebaut. 1945 diente das Herrenhaus als Unterkunft für Flüchtlinge. Darauf wurde es Typhus- bzw. Tbc-Krankenhaus, später Kinderheim und Schule. Eine Sanierung bekam der Bau 1970, wobei dem Herrenhaus durch starke Vereinfachung viele schmückende Elemente, wie Zinnenkranz und die Ecktürmchen der Mittel- und Seitenrisalite, verloren gingen. Die neuen Eigentümer sanieren das Haus, an das sich ein kleiner Park anschließt, seit 2008. Entstehen soll ein Hotel mit Restaurant.

Herrenhaus Wedendorf

19217 Wedendorf
Landkreis
Nordwestmecklenburg

In Wedendorf, nördlich von Gadebusch, hatte bereits 1255 Johann von Bülow einen Besitz, der 1680 an den Geheimrat und braunschweigisch-cellisch-hannoverschen Premierminister Andreas Gottlieb von Bernstorff verkauft

Herrenhaus Wedendorf

wurde. Das zweigeschossige barocke Gebäude entstand 1697. 1805 wurde es von Friedrich Rabe aus Berlin umgebaut. Der Gutsbereich entstand von 1905 bis 1907 nach Entwürfen von Paul Korff. Das Herrenhaus bekam eine Aufstockung zu drei Geschossen und eine klassizistische Umgestaltung sowie zwei neue übergiebelte Seitenflügel an der Hof- und Gartenseite. Um das Hauptgebäude gruppieren sich umfangreiche Wohn-, Verwaltungs- und Wirtschaftsbauten. Im Jahre 1931 ging der Besitz wegen Konkurs des Grafen Hermann von Bernstorff an den Lübecker Konsul Hagen. Zwei Jahre später, 1933, wurde das Gut aufgesiedelt. Das Herrenhaus wurde nach dem Zweiten Weltkrieg von den Sowjets besetzt, worauf 1945 die Enteignung der von Hagen folgte. Das Haus wurde Gewerkschaftsschule. 1966 restaurierte und 1980/81 malte man einige Räume auf der Grundlage von erhaltenen Malereien im pompejanischen Stil von Guiseppe Anselmo Pellicia aus dem Jahre 1815 aus. Ein ansehnlicher Park mit Kastanienallee gewährt den Zugang zum Wedendorfer See mit eigenem Bootssteg, geschaffen vom Düsseldorfer Gartenarchitekten Richard Hoemann. Das Herrenhaus ist heute ein Hotel mit Restaurant und Café. Im ehemaligen Marstall befindet sich ein großer Tagungs- und Veranstaltungsraum.

Herrenhaus Wendorf

Herrenhaus Wendorf

19412 Wendorf/
Gem. Kuhlen-Wendorf
Landkreis Parchim

Wendorf liegt am Rande der Mecklenburgischen Seenplatte, nordöstlich von Schwerin. Hier hatte das Grafengeschlecht derer von Schack seinen Sitz. Von 1220 bis 1895 bestand in Wendorf eine Ritterburg. Nachdem sie abgetragen worden war, errichtete auf dem Gelände der Architekt Paul Korff das heutige Herrenhaus, das 1906/07 im neobarocken Stil für die Familie von Mackensen von Astfeld fertiggestellt wurde. Unter Mitwirkung von Richard Hoemann legte man die Parkanlage an. Die Familie von Mackensen besaß das Gut bis 1945, worauf es als staatliches Kinderheim genutzt wurde.

Herrenhaus Wendorf, Wendorf-Möllenhagen

Als dieses aus dem Herrenhaus auszog, wurde der prächtige Bau von einem privaten Unternehmer aus Österreich zum Schlosshotel ausgebaut und im Frühjahr 2009 eröffnet. Ausgestattet mit antiken Möbeln und Kunst, mit Bibliothek, Spielzimmer, Orangerie und offener Tagesbar bietet es dem Urlauber einen angenehmen Aufenthalt. Der Spa-Bereich, die Terrasse und der schöne Park mit 600 Jahre alten Eichen, der Garten sowie ein angeschlossener Reiterhof erfüllen alle Freizeitwünsche.

Herrenhaus Wendorf

17219 Wendorf-Möllenhagen

Landkreis Müritz

Der frühere Herrensitz preußischen Adels von Wendorf liegt zwischen Waren und Penzlin an der B 192. Er hat stürmische Zeiten erlebt. Ludwig Wilhelm von Bülow erwirbt 1835 das Gut. Zehn Jahre später zählte unter Carl Friedrich von Bülow der Ort 17 Häuser und 153 Einwohner. Von Bülow war auch der Erbauer des 1880/81 im Tudorstil errichteten Gutshauses. 1881 zerstörte ein Großbrand fast das gesamte Dorf. Der Park aus dem 19. Jahrhundert wurde großzügig als englischer Landschaftsgarten mit Kastanienallee gestaltet. Bis Anfang des 20. Jahrhunderts erfolgten auf Wendorf häufige Besitzerwechsel. 1931 wurde der Ort aufgesiedelt, nicht aber Herrenhaus und Park. Der Kreis Waren erwarb 1940 den Besitz und die Frauen (weiblicher Reichsarbeitsdienst) der hier angekommenen Bauern aus dem gesamten Deutschen Reich wurden teils im Herrenhaus untergebracht. Den Siedlern bot es ein Sprungbrett zum eigenen

Anwesen. Während des Krieges fungierte das Gebäude als Lazarett und nach dessen Ende diente es als Unterkunft für 75 Flüchtlinge. Während der DDR-Zeit wurde das Herrenhaus als Dorfgemeinschaftshaus genutzt und in den 1980er-Jahren erwog man den Abriss. In den 1990er-Jahren entstand das Herrenhaus anhand historischer Zeichnungen auf eine Initiative der Gefährdetenhilfe Scheideweg e. V. neu. Heute gehört das Haus zur „Arbeit der Gefährdetenhilfe Waren GmbH", in der ehrenamtlich engagierte Christen gefährdeten jungen Menschen Aufnahme in eine Familie und Berufsausbildung bieten. In ruhiger, naturreicher Umgebung werden Freizeit- und Sportmöglichkeiten, verschiedene Veranstaltungen und Führungen auf Anfrage geboten. Übernachtungsmöglichkeiten und ein Café sowie ein Schlosslädchen laden zum Verweilen ein.

Burg Wesenberg

17255 Wesenberg

Landkreis Mecklenburg-Strelitz

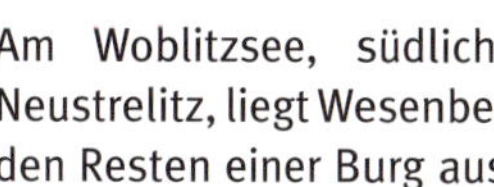

Am Woblitzsee, südlich von Neustrelitz, liegt Wesenberg mit den Resten einer Burg aus dem 13. Jahrhundert und Teilen der Umfassungsmauer. Sie steht im Südosten der Stadt auf einem Hügel und wurde erstmals 1282 erwähnt. Im Laufe der Zeit wurde die Anlage mehrfach verändert. Ende des 13. Jahrhunderts war hier als Lehnsvogt Henricus Misnerus eingesetzt. Als die brandenburgische Markgrafentochter Beatrix 1292 heiratete, kam Wesenberg an Heinrich II. von Mecklenburg. Seine Frau gebar ihm keine männlichen Erben und die Brandenburger forderten die Mitgift zurück. Das verweigerte Heinrich II., wodurch die Markgrafenkriege entbrannten. Heinrich gewann 1316 die Entscheidungsschlacht und ein Jahr später wurde Frieden geschlossen. Johann von Werle gelang es in weiteren Auseinandersetzungen, 1322 die Burg in seinen Besitz zu

Burg Wesenberg

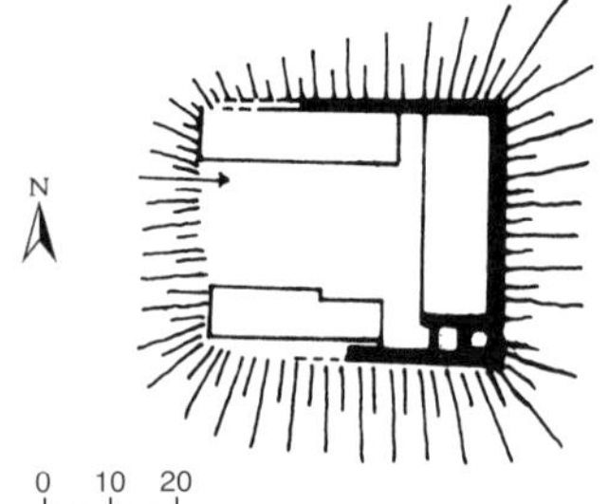

Burg Wesenberg, Grundriss

bringen. Wesenberg kam später an den Ritter Wedege von Plote, dessen Familie bis 1458 hier verblieb. Danach fiel die Burg in den Besitz der Herzöge von Mecklenburg-Stargard, die zu Beginn des 16. Jahrhunderts aus Wesenberg ein fürstliches Amt machten. 1618 übernahm Hans Jürgen von Glöde das Amt als Pfand von Herzog Hans Albrecht, das nach seinem Tod 1702 an Jaques Pignier ging. Nach häufigem Besitzwechsel kam es 1731 an Herzog Carl, den Prinzen von Mirow, und als dieser 1752 verstarb, kam das Amt an die herzogliche Kammer. Ende des 18. Jahrhunderts wurde es aufgelöst. Zu dieser Zeit war die Burg bereits größtenteils zerstört, vermutlich durch einen Brand 1630, und wurde bald unbewohnbar. Im Jahre 1773 wurden die Reste der Anlage zum Abbruch verkauft. Von 1780 bis 1812 folgten verschiedene Pächter und die herzogliche Kammer kam erneut an die Anlage. Ein um 1850 errichteter Neubau brannte 1917 ab und wurde erneut aufgebaut. In der Folge wohnten auf der Burg bis 1939 Fischer und Förster, wobei bereits 1935 die NSDAP und ihre Organisationen in die Burg einzogen. 1945 wurde auch das noch bestehende Wohngebäude von einem Brand vernichtet und ab 1950 baute die Forstverwaltung die Burg für Wohnungen und eine Darre aus. Die Burg ist heute im Besitz der Stadt. Seit 1994 gibt es in Wesenberg einen Burgverein. 1996 zog das Fremdenverkehrsbüro in Verbindung mit einer Heimatstube auf die Burg.

Herrenhaus Wesselstorf

18195 Wesselstorf/Gem. Selpin
Landkreis Bad Doberan

Gelegen am Rande des kleinen, 1232 erstmals erwähnten Dorfes nordöstlich von Laage, befindet sich die für das Jahr 1460 belegte Gutsanlage. Ihre Besitzer haben über Jahrhunderte hinweg häufig durch Verkauf und Vererbung gewechselt. Während des Dreißigjährigen Krieges saß hier die Familie von Moltke und danach hatten das Gut die Familien von Bassewitz, von Grävenitz und schließlich bis zum Ende des Zweiten Weltkrieges wieder die von Bassewitz inne. Auch diese Gutsanlage teilte nach

1945 das Schicksal vieler anderer, das der Flüchtlingseinquartierungen und des allmählichen Verfalls. Später kamen Mietwohnungen, ein Konsum, ein Kindergarten, ein Veranstaltungsraum und Büros in das Herrenhaus. Die angrenzende Garten- und Parkanlage mit wertvollem altem Baumbestand verwilderte im Laufe der Jahre. In den 90er-Jahren des vergangenen Jahrhunderts wurden fast alle historischen Wirtschaftsgebäude abgerissen, nur der Stall für die Reit- und Kutschpferde sowie die Remise blieben erhalten. Seit 1998 befinden sich das Herrenhaus und Teile der einstigen Anlage wieder in Privatbesitz und wurden saniert. Zwei Ferienwohnungen wurden im Herrenhaus, das von einem gepflegten Landschaftsgarten umgeben ist, eingerichtet.

Herrenhaus Wichmannsdorf

18236 Wichmannsdorf/ Stadt Kröpelin
Landkreis Bad Doberan

Der Gutshof Wichmannsdorf liegt westlich von Bad Doberan und südlich von Kühlungsborn. Der Architekt Paul Korff plante gegen Ende des 19. Jahrhunderts den Bau eines repräsentativen Herrenhauses, das heute wieder im neuen Glanz erstrahlt. Historisch ist nur wenig über die Gutsanlage und den Herrensitz bekannt, außer dass auf dem Gut ein häufiger Eigentümerwechsel stattfand. Es gab zu jener Zeit nur den Gutsherren und keine Einzelbauern. Zur Arbeit wurden Tagelöhner oder freie Arbeiter angestellt. Später stand das Gebäude viele Jahre leer. Bereits zu DDR-Zeiten wurde

Herrenhaus Wesselstorf

Wiepkenhagen

Herrenhaus Wichmannsdorf

das Haus unter Denkmalschutz gestellt. 2001 wurde es von dem Dortmunder Unternehmer Josef Leifeld aus dem Dornröschenschlaf geweckt. Vorgesehen ist die Nutzung für kulturelle Veranstaltungen und Theateraufführungen, auch unter Einbeziehung des großen Parks.

Herrenhaus Wiepkenhagen

18320 Wiepkenhagen/ Gem. Trinwillershagen

Landkreis Nordvorpommern

Das Herrenhaus von Wiepkenhagen, südlich von Barth, mit zweigeschossigem Mittelrisalit und Dreiecksgiebel, wurde um 1880/90 errichtet. 1745 wird hier als Patron des Gutes der Erbherr Philipp Christian von Normann erwähnt. Noch vor Beginn des Zweiten Weltkrieges wurde das Rittergut, dessen Vorbesitzer die Familie Rewoldt gewesen war, aufgesiedelt. Ein Rostocker Rechtsanwalt kaufte das Herrenhaus und sanierte es ab 1993. Heute beherbergt es Wohnungen und Ferienwohnungen. Der Saal wird für unterschiedlichste Veranstaltungen angeboten. An der noch vorhandenen Treppe ist erkennbar, dass sich im Mittelrisalit einst ein Eingang befand. Die ursprünglichen Rechteckfenster sind nur noch teilweise vorhanden und im Drempelgeschoss befinden sich kleine Rundfenster. Der einstige Landschaftsgarten ist nur noch in den Grundstrukturen zu erkennen.

Herrenhaus Wiepkenhagen

Herrenhaus Wietzow

17129 Wietzow/Gem. Daberkow
Landkreis Demmin

Das im Kern barocke Herrenhaus mit dem großen, englischen Park liegt am Rande der Tollense-Niederung, südlich von Jarmen. Wietzow wurde 1428 erstmals erwähnt, als Heinrich von Moltzahn (später Maltzahn) dem pommerschen Herzog Geld lieh. 1494 hatten die Brüder Perselyne den Besitz inne. Dann folgte ein häufiger Besitzerwechsel. Ab 1738 waren die von Blücher Eigentümer, die an die Familie von Linden verkauften. Um 1750 kam das Gut an die Familie Heyden-Linden und ab 1838 war Ludwig von Netzow auf Kagenow Besitzer des Gutes. Im nach 1750 angelegten, englischen Landschaftspark findet man zahlreiche, seltene Gehölze. Nach 1945 wurde das Gut unter Neubauern aufgeteilt. Mitte des 19. Jahrhunderts überformte man das Haus im neugotischen Stil. Zu Beginn der DDR-Zeit wurde es einfach verputzt, die neugotischen Schmuckelemente entfernt. Heute entspricht das Herrenhaus nach aufwendiger Restaurierung wieder denkmalpflegerischen Vorgaben. In den Park führen Treppen und Terrassen und im Innern sind ansprechende Ferienwohnungen sowie ein Saal für Festlichkeiten entstanden.

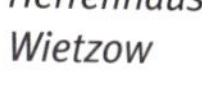

Herrenhaus Wietzow

Schloss Wiligrad

19069 Wiligrad/Gem. Lübstorf
Landkreis Nordwestmecklenburg

Schloss Wiligrad liegt nordwestlich des Schweriner Sees, inmitten eines Waldgebietes unweit von Lübstorf. Die Gebäudegruppe entstand zwischen 1896 und 1898 im Stil der Neorenaissance mit Terrakottaplatten nach Plänen des Architekten Albrecht Haupt für Johann Albrecht, Herzog zu Mecklenburg-Schwerin, und Elisabeth von Sachsen-Weimar. Der Schlossname wurde 1898 aus dem Slawischen für „Große Burg" abgeleitet. Die Gesamtanlage besteht aus einem umfangreichen Waldpark, bestückt mit Skulpturen und zahlreichen Wirtschaftsgebäuden. An der Giebelseite des Backsteinflügels befinden sich als Mosaik das mecklenburgische Wappen und neben der Tür die

Schloss Wiligrad

Wappen des Fürstenpaares. Im Innern befindet sich eine neubarocke, über zwei Etagen reichende Halle. Die Bibliothek ist in Rokokoformen gehalten, ein sogenanntes Kaminzimmer im Stil der Renaissance mit Vertäfelung und Sandsteinkamin mit dem Wappen der Familie Hahn aus der zweiten Hälfte des 16. Jahrhunderts. Nach dem Zweiten Weltkrieg diente das Schloss kurzzeitig als Landesparteischule und später als Weiterbildungsstätte der Polizei. Heute ist es Sitz des Landesamtes für Bodendenkmalpflege und der Verwaltung des Archäologischen Landesmuseums. Ein Kunstverein nutzt einen Teil der Räume zu Ausstellungszwecken. Seit 2003 ist die Verwaltung der Staatlichen Schlösser und Gärten für die Instandsetzung und Pflege des Parks sowie die touristische Erschließung verantwortlich. Im Schloss werden Führungen angeboten. Der Kunstverein lädt zu regelmäßigen Ausstellungen, Konzerten, Seminaren und Lesungen ein.

Herrenhaus Wrodow

17091 Wrodow/Gem. Mölln
Landkreis Demmin

Westlich von Neubrandenburg steht das im 19. Jahrhundert im Stil der Gründerzeit erbaute Herrenhaus von Wrodow anstelle einer ehemaligen Burg. Es wurde später mehrfach erweitert und umgebaut. Das Gut gelangte durch Verpfändung in den Besitz des Bernd von Maltzan. 1656 erhält es Joachim Engel als Pfand. Im Jahre 1717 ist die Familie von Barner im Besitz des Gutes, das 1751 an die Familie von Peccatel geht. 1758 gelangt es durch Verkauf erneut an die Familie von Maltzan, dann an den Hauptmann von Ziethen, der es Ende des Jahrhunderts an Karl Martin Greffrath verkauft. Die Familie Neumann besaß das Gut ab 1817. Nach 1945 wurden im Herrenhaus Flüchtlinge untergebracht und in den 50er-Jahren stand es leer. Der Berliner Freundeskreis „Kunstverein Schloss Wrodow" erwarb 1993 das Gebäude und sanierte den Bau für Konzerte, Lesungen und Ausstellungen. Zu besichtigen sind afrikanische Masken und Werke von Sylvester Antony. Im Park befinden sich Skulpturen internationaler Künstler.

Herrenhaus Zahren

17219 Zahren/Gem. Penzlin
Landkreis Müritz

Der eingeschossige Putzbau mit zweigeschossigem Mittelrisalit aus der Zeit nach 1750 steht südwestlich von Penzlin. Hofseitig ist das Herrenhaus mit Lünetten und zum Garten mit einem Dreiecksgiebel geziert. Das Portal und die Gebäudekanten sind mit Pilastern eingefasst. Das Gut befand sich im Besitz der Familien von Peccatel und von Raven, denen die von Bardenfleth folgten. Ab 1519 saßen die von Holstein, von Heydebreck und von Erlenkamp auf Zahren. 1715 war die Familie von Hacke und 1782 die von Oertzen Eigentümer des Anwesens. Die letzten

Herrenhaus Wrodow

Herrenhaus Zahren

Besitzer, die Familie von Arenstorff, übernahmen das Gut von 1836 bis zur Enteignung. Im Jahre 1992 erwarb der Verein „Blaues Kreuz Groß Vielen e. V." das Herrenhaus, der sich der Rehabilitation von Alkoholkranken widmet.

Herrenhaus Zapkendorf

18276 Zapkendorf/Gem. Plaaz

Landkreis Güstrow

Das Herrenhaus ist ein um 1750 errichteter zweigeschossiger Putzbau, gelegen nordöstlich von Güstrow, in Nähe des Recknitztales am Rand der Waldfläche „Mühlenbruch". Von dem wenigen, das zur Historie ermittelt werden konnte, ist bekannt, dass im Jahre 1758 die Familie von Buch im Besitz des Gutes war. Zu DDR-Zeiten gab es hier eine Einrichtung des Gesundheitswesens und heute ist das Herrenhaus das Pflegeheim „Abendsonne" der Volkssolidarität. Ab 1995 fanden umfangreiche Rekonstruktionen am Gutshaus, dem Marstall und den Wirtschaftsgebäuden statt.

Herrenhaus Zapkendorf

Herrenhaus Zettemin

17153 Zettemin

Landkreis Demmin

Im 18. Jahrhundert befand sich das alte Maltzan'sche Lehen in der Hand des Axel Albrecht Freiherrn von Maltzan, wohl auch der Bauherr des symmetrisch angelegten Komplexes, der südlich von Stavenhagen liegt. Der zweigeschossige barocke Mittelbau besitzt einen übergiebelten Mittelrisalit sowie anschließende ursprünglich eingeschossige Nebenflügel. 1852 kaufte Helmut von Heyden-Linden aus dem Hause Tützpatz die Anlage. Dessen Enkelin war mit einem Grafen Schwerin verheiratet, womit der Besitz durch Kauf an

die Grafen von Schwerin ging. 1945 wurden die Besitzer enteignet und starke Veränderungen des linken Flügels für dessen Nutzung als Wohnungen und Kinderkrippe vorgenommen. Auch der Rat der Gemeinde, ein Konsum und die Post zogen im Herrenhaus ein und der ehemalige Gutsbetrieb wurde LPG. Der einstige schöne englische Landschaftspark vom Gartenarchitekten Peter Joseph Lenné ist nur noch in Resten erhalten. Der heutige Gutsbetrieb ist privat und das Herrenhaus bewohnt.

Herrenhaus Zierow

23968 Zierow
Landkreis
Nordwestmecklenburg

Das im Klützer Winkel gelegene Gut, nordwestlich von Wismar, befand sich von 1386 bis 1767 im Besitz der Familie Negendank, die dann ausstarb. Ihnen folgten wechselnde Besitzer, bis der Besitz 1785 an den braunschweigischen Geheimen Justizrat Christian Andreas Biel ging. 1790 wurde Biel in den Adelsstand erhoben und seine beiden Söhne Wilhelm und Gottlieb widmeten sich der Zucht von Mecklenburgischen Vollblütern. Gemeinsam mit Graf von Hahn, Freiherr von Maltzahn und Graf von Plessen gründeten sie 1822 einen Reitverein und veranstalteten die ersten Rennen zwischen Bad Doberan und Heiligendamm. Das im klassizistischen Stil errichtete dreigeschossige Herrenhaus mit einem Mittelrisalit und einer Uhr im Dreiecksgiebel stammt von 1824. Der letzte Besitzer auf Zierow war 1945 Heinrich Freiherr von Biel, der mit einer Engländerin verheiratet war. Er wurde wegen Beteiligung am Hitlerattentat vom 20. Juli 1944 in ein Strafbataillon verbannt und überlebte. Nach Kriegsende half Biel als erster Oberbürgermeister von Wismar, das Flücht-

Herrenhaus Zettemin

Ziesendorf

Herrenhaus Zierow

lingschaos in der Stadt zu bewältigen, doch die Familie verließ Zierow und ging in den Westen. Zu DDR-Zeiten wurden hier Agraringenieure ausgebildet. Heute ist das Herrenhaus ein Berufsschulzentrum des Landkreises Nordwestmecklenburg.

Herrenhaus Ziesendorf

18059 Ziesendorf
Landkreis Bad Doberan

Ziesendorf, 1298 als „Cisendhorp" erstmals urkundlich erwähnt, liegt südlich von Rostock und nordwestlich von Schwaan. Die Gemeinde Ziesendorf liegt in einem Grundmoränengebiet zwischen dem Waidbach und der Beke. 1870 kaufte Herr Iven das Gut von der Familie von Nussbaum und baute sich auf dem Gelände ein Herrenhaus. 1895 ging Ziesendorf an die Familie Brumme, die es bis zur Enteignung 1945 besaß. Nach erfolgter Sanierung und Umbau wurde das Haus, das von einem Landschaftspark umgeben ist, eine Kindertagesstätte.

Herrenhaus Ziesendorf

Herrenhaus Zinzow

17392 Zinzow/Gem. Boldekow
Landkreis Ostvorpommern

Zinzow liegt nördlich von Friedland, direkt am Landgraben zur Grenze Mecklenburgs. Maximilian Graf von Schwerin ließ sich 1908/09 im neobarocken Stil ein Herrenhaus mit Mittelrisalit errichten. Über dem Mittelrisalit der Vorderfront befindet sich ein Rundbogengiebel mit dem Wappen der Grafen von Schwerin. 1939 war Jürgen Werner Graf von Schwerin im Besitz des Gutes, das 1945 enteignet wurde. Das Herrenhaus wurde von der Gemeinde genutzt. 1997 ist es in den Privatbesitz von Dr. Vielhaber übergegangen und zu einer Ferienidylle gestaltet worden. Den weitläufigen englischen und denkmalgeschützten Landschaftspark mit wertvollem Baumbestand an Rotbuchen, Blutbuchen und exotischen Exemplaren gestaltete ein schwedischer Gartenbaumeister im Auftrag von Maximilian Michael Georg Graf von Schwerin-Zinzow. Das Herrenhaus wurde 1999 aufwendig restauriert und mit dem Bundespreis „Handwerk in der Denkmalpflege" ausgezeichnet. Auf dem Gelände befindet sich ein faszinierendes technisches Denkmal, eine alte Schnapsbrennerei aus dem Jahre 1850.

Oben: Herrenhaus Zinzow

Unten: Herrenhaus Zubzow

Herrenhaus Zubzow

18569 Zubzow/Gem. Trent
Landkreis Rügen

Zubzow liegt im Nordwesten der Insel bei Trent auf der Halbinsel Schaprode. Hier gab es das alte Lehnsgut der Familie von Platen, die schon im 13. Jahrhundert nachgewiesen ist. Zwischen 1430 und 1536 gehörte Zubzow dem adligen Jungfrauenkloster in Bergen, worauf es an die pommerschen Herzöge ging. Nach ihnen erhielt die Familie Platen ihren einstigen Besitz zurück, die bis Ende des 19.

Jahrhunderts hier sesshaft war. Das Herrenhaus entstand um 1871 im Stil der Neorenaissance anstelle eines alten Gutshauses durch die Familie Ehrhard. Nach einem Brand wurde es weitgehend im selben Stil wieder aufgeführt, brannte jedoch 1910 abermals ab. Nun entstand ein neues Herrenhaus im Stile der Gründerzeit. 1945 wurde die Familie Ehrhardt aus Stralsund enteignet. Im Jahre 2004 wurde eine umfassende Sanierung des Herrenhauses für Wohnzwecke abgeschlossen. Ein Park mit altem Baumbestand schließt sich an.

Herrenhaus Zühr

19243 Zühr/Gem. Körchow

Landkreis Ludwigslust

Herrenhaus Zühr

Der stattliche zweigeschossige Fachwerkbau mit hohem Walmdach vom Anfang des 18. Jahrhunderts wurde für Thomas Friedrich von Züle erbaut und liegt westlich von Hagenow. An der Hofseite besitzt der Bau einen dreiachsig übergiebelten Mittelrisalit. Bereits im 14. Jahrhundert befand sich das Land im Besitz der Familie Züle. Um 1740 ließ der sächsisch-polnische Feldmarschall Thomas Friedrich von Züle das zweigeschossige Herrenhaus errichten. Während sich die Hofseite in Fachwerk zeigt, besteht die Parkseite aus Backstein. 1830 erwarb die Familie von Graevenitz das Gut, dessen Wappen mit drei Eichenblättern an einem Ast sich über der Eingangstür befindet. Das Gebäude wurde 1863 mit einer Veranda versehen. Die Besitzer verkauften 1930 das Gut an eine Siedlungsgesellschaft, zur Zeit der Nationalsozialisten nutzte der Bund Deutscher Mädel das Anwesen. 1945 wurde im Herrenhaus die Kapelle St. Josef geweiht, später zog ein Altenheim der katholischen Kirche in das Haus. Heute befindet sich hier eine Wohn-, Arbeits- und Lebensgemeinschaft der Caritas e. V. Im rückwärtigen Bereich schließt sich ein gepflegter Landschaftspark an. In einem Teich liegt ein Turmhügel, der durch eine Holzbrücke mit dem Ufer verbunden ist.

Objektregister

Objektregister

Objektregister

Objektregister

Objekt	PLZ/Ort		Seite	Objektnr.
Herrenhaus Kartlow	17129	Kartlow/Gem. Kruckow	134	**127**
Herrenhaus Kartzitz	18528	Kartzitz/Gem. Rappin	135	**128**
Herrenhaus Katelbogen	18249	Katelbogen/ Gem. Baumgarten	136	**129**
Herrenhaus Kittendorf	17153	Kittendorf	137	**130**
Herrenhaus Klein Kussewitz	18184	Klein Kussewitz	138	**131**
Herrenhaus Klein Nienhagen	18236	Klein Nienhagen/ Stadt Kröpelin	139	**132**
Herrenhaus Klein Plasten	17192	Klein Plasten/ Gem. Groß Plasten	140	**133**
Herrenhaus Klein Trebbow	19069	Klein Trebbow	141	**134**
Herrenhaus Klein Welzin	19209	Klein Welzin/ Gem. Gottesgabe	142	**135**
Burg Klempenow	17089	Klempenow/Gem. Breest	142	**136**
Herrenhaus Klenz	17168	Klenz/Gem. Jördenstorf	144	**137**
Herrenhaus Klink	17192	Klink	144	**138**
Herrenhaus Klockow	17099	Klockow/Gem. Galenbeck	146	**139**
Schloss Bothmer	23948	Klütz	146	**140**
Herrenhaus Kölzow	18334	Kölzow/Gem. Dettmannsdorf	148	**141**
Herrenhaus Kotelow	17099	Kotelow/Gem. Galenbeck	149	**142**
Herrenhaus Krassow	23992	Krassow/Gem. Zurow	149	**143**
Herrenhaus Kressin	19399	Kressin/Gem. Neu Poserin	150	**144**
Herrenhaus Krönnevitz	18445	Krönnevitz/Gem. Preetz	150	**145**
Herrenhaus Krukow	17217	Krukow	151	**146**
Herrenhaus Kummerow	17139	Kummerow	152	**147**
Herrenhaus Kurzen Trechow	18249	Kurzen Trechow/Gem. Bernitt	153	**148**
Herrenhaus Leezen	19067	Leezen	153	**149**
Herrenhaus Lehsen	19243	Lehsen	154	**150**
Herrenhaus Leizen	17209	Leizen	155	**151**
Herrenhaus Lelkendorf	17168	Lelkendorf	156	**152**
Herrenhaus Leppin	17349	Leppin/Gem. Lindetal	157	**153**
Herrenhaus Libnitz	18569	Libnitz/Gem. Trent	158	**154**
Herrenhaus Libnow	17390	Libnow/Gem. Murchin	159	**155**
Villa „Schloss Lichtenstein“	18528	Lietzow	159	**156**
Herrenhaus Lischow	23974	Lischow/Gem. Neuburg	160	**157**
Burg Löcknitz	17321	Löcknitz	161	**158**
Herrenhaus Löwitz	19217	Löwitz/Stadt Rehna	162	**159**
Eldenburg Lübz	19386	Lübz	162	**160**
Herrenhaus Lübzin	18249	Lübzin/Gem. Warnow	164	**161**
Herrenhaus Ludorf	17207	Ludorf	164	**162**
Herrenhaus Ludwigsburg	17509	Ludwigsburg/Gem. Loissin	165	**163**
Residenzschloss Ludwigslust	19288	Ludwigslust	166	**164**
Herrenhaus Lühburg	17179	Lühburg	168	**165**
Herrenhaus Blücherhof	17194	Lütgendorf/Gem. Klocksin	169	**166**
Herrenhaus Lützow	19209	Lützow	169	**167**
Herrenhaus Mallin	17217	Mallin	170	**168**
Herrenhaus Marienhof	18292	Marienhof/ Stadt Krakow am See	171	**169**

Objektregister

Objektregister

Objektregister

Quellenverzeichnis

Georg Dehio, Handbuch der Deutschen Kunstdenkmäler, Mecklenburg-Vorpommern, Deutscher Kunstverlag, 2000

Bruno J. Sobotka/Jürgen Strauss, Burgen, Schlösser, Gutshäuser in Mecklenburg-Vorpommern, Konrad Theiss Verlag Stuttgart, 1993

Dieter Pocher, Schlösser und Herrenhäuser in Mecklenburg-Vorpommern, L & H-Verlag Hamburg, 2005

Hubertus Neuschäffer, Vorpommerns Schlösser und Herrenhäuser, Husum Druck- und Verlagsgesellschaft, 1993

Hubertus Neuschäffer, Mecklenburgs Schlösser und Herrenhäuser, Husum Druck- und Verlagsgesellschaft, 1991

Lukas Meerman/Caroline Kazianka, Zeit für Burgen und Schlösser, C. J. Bucher Verlag GmbH München, 2004

Christoph Freiherr Schenk, Schenck's Schlösser und Gärten, Schenck Verlag GmbH Hamburg, 2007

Schlösser, Parks und Herrenhäuser, Staatskanzlei Mecklenburg-Vorpommern Schwerin, 2004

Marlis Scharnweber, Festung Dömitz. Der historische Ort, Berlin 2003

Des Weiteren wurden uns Auskünfte (mündlich und schriftlich) sowie Schriftstücke, Auszüge, Kopien u. a. Materialien von Besitzern der Anwesen, Gemeinde- und Verwaltungsgemeinschaften, Stadtverwaltungen, Hotels, Museen und Fremdenverkehrsvereinen freundlichst überlassen, wofür wir uns an dieser Stelle recht herzlich bedanken.

Zur Nachrecherche nutzten wir Quellen aus dem Internet.